白雲度山

醫者——林元清

林元清————主述

曾多聞————撰文

林元清——主述

　　生於福建廈門，後回返南投集集，於台北完成學業。建國中學初中、高中部，臺北醫學院醫科畢業。後赴美於巴爾的摩協和醫院及約翰霍普金斯大學醫院完成外科實習、住院醫師及骨外科總住院醫師、骨外科臨床研究員訓練。學成留美，於南加州執業，成立泰平醫療網，協助投資經營信安醫院、嘉惠爾醫院、蒙特利醫院、宏恩醫院、惠堤爾醫院、聖蓋博醫學中心、安納罕醫學中心等。併購中心健保任總裁，為紅藍卡退休長者管理醫療保險。曾任聖瑪利諾市市議員及三屆市長，二〇一七年八月，往華府就任美國衛福部副助理部長及少數族裔健康辦公室主任。

曾多聞——撰文

　　旅美新聞工作者、自由撰稿人，專長醫療及文教新聞。曾任編譯、記者、電視節目主持人，現職台灣親子天下雜誌特約研究編輯，另長期供稿美國婦幼人權團體MomsRising。著有散文集《微足以道》、童書《那年的暑假》、《小紅的主播夢》

北醫及台灣之光 創造美國華人奇蹟

　　林元清醫師是北醫之光也是台灣之光，他於一九七一年畢業於臺北醫學院醫科，當年是柔道、橄欖球及足球校隊，雖然在台灣只作了幾年的住院醫師即赴美深造，但從不忘回饋母校，他和吳醫師代表美國仁愛醫療體系捐贈了幾百萬美金給北醫，且在擔任董事期間，也不忘帶領北醫團隊至各國義診，深得北醫人的敬重。

　　他在美國所獲得的不凡成就及多采多姿的人生，仔細拜讀後覺得每一項作為都是充滿艱鉅困難、波折起伏，但因他的堅持與努力，都能獲得很好的結果，樣樣值得作為我們一生的表率。我就舉六件成就非凡的事來讓大家了解林醫師。

　　一、突破逆境與歧視。他常常提及他剛到美國發展的時候，不論申請住院醫師及開業都受到很多不公平的待遇及歧視，但反而激起他更加努力，後來不但擔任骨科主任及外科部主任，甚至成為醫院董事及醫師資格審查會主委，完全超越當年看不起他的人的想像。

　　二、愛心足跡遍全球。林醫師是骨科權威，也是醫療

慈善家，只要全球各地發生災難或者醫療資源嚴重缺乏的地區，就可以發現他的足跡，從玻利維亞、馬拉威、四川汶川、尼泊爾、海地、聖多美普林西比、史瓦濟蘭、薩爾瓦多⋯⋯等，無役不與。

三、行醫中的創新經營。他不但在骨科醫術精湛，廣受加州及洛杉磯病人喜愛，他也懂得經營與創新，如創建泰平醫療網，嘉惠民眾，建構信安骨外科醫學中心，信安醫院，設有全方位的骨科醫療服務，在蒙特利公園市創設全新的國際癌症中心，協助創設北加州大學醫學院，任副校長及教授，兼任美國醫院投資顧問公司董事長。

四、共創華人最大醫療體系。二〇〇四年之後與吳醫師及幾位董事，共同接辦六家醫院、中心健保及兩家療養院及安養中心，並任副董事長。該體系在全美 Becker's Review 私人醫院排名第十一，在極端複雜的美國醫療環境中繼續壯大，被稱為「美國的華人醫療奇蹟」。

五、投身教育及人才培育。林醫師一直熱心於醫學及臨床教育，培育人才無數。他身負臨床重任，且兼任南加

大講師、韋士頓大學醫學院骨科教授，並擔任臺北醫學大學董事、仁愛醫科大學董事長及北加州醫學院副校長。

六、三任市長及出任副助理部長。林醫師對公眾及社區事務非常投入，就像他在全球及美台義診一樣。他從二〇〇一年擔任加州聖瑪利諾市議員，二〇〇三後連續出任三任市長，二〇一七年他以豐富資歷獲川普政府器重出任美國衛福部副助理部長及少數族裔健康辦公室主任，實至名歸。

我不知道林醫師如何有這種三頭六臂的能耐，在繁重的骨科生涯中，能同時完成這麼多複雜困難的工作，但經過仔細的觀察，可能的因素有：待人誠懇、為人謙虛、親和力強、領導魅力、人際廣博、激勵別人、視野寬闊、執行力強……等，不過在這麼多特質之外，最重要的是他有一個最強的祕密武器——賢內助何玉珠女士。

前衛生福利部部長 邱文達

台灣囝仔闖出一片天

　　林元清醫師是一位不平凡的北醫傑出校友，數十年來，他總是笑容滿面，做事不疾不徐，說話條理分明，待人熱情誠懇，令人如沐春風。

　　他是個台灣囝仔，成長在南投集集小鎮，在集集國小二年級即單獨北上求學，考入建中初、高中，之後考上臺北醫學院（臺北醫學大學前身）醫學系，是第六屆學生。雖已過了半個世紀，他還是念念不忘當年的陳年往事，一再說北醫七年是他一生中最快樂的歲月。

　　就讀北醫期間，除了積極鑽研醫學基礎與臨床課程外，林元清也展現卓越領導能力及過人體魄，大一到大四參加北醫柔道隊、橄欖球隊及足球校隊，並擔任柔道隊隊長，南征北討，贏得無數冠軍。他常笑說，自己是醫科體育系的學生。

　　儘管常在運動場上揮汗奔跑，並未因此而荒廢學業，至今他仍非常感念當年多位北醫恩師，比如足球隊領隊陳定堯教授、橄欖球隊教練黃德修教授及柔道教練李清楠老師。當年這些老師要求非常嚴格，加入球隊的先決條件是

功課一定要好，且運動不可荒廢學業，每年雖有三、四次全國性比賽，他可以打球念書兼顧，成績甚至還名列前茅，充分展現過人之處。

　　一九七三年六月，林元清離開台灣，飛越太平洋來到美國，就只帶著一大箱泡麵及母親縫在衣服內裡的三百美元，在人生地不熟的他鄉異國展開人生另一段旅程。四十年歲月倏然而過，他從一個窮苦的北醫畢業生，一路打拚到經營南加州規模龐大的醫療企業，並當上美國加州聖瑪利諾市百年來唯一非白人亞裔市長，連任三屆，當地民眾尊稱他為「城市建設之父」（The father of urban construction）。由於表現優異，二〇一七年再上層樓，出任美國衛福部副助理部長及少數族裔健康辦公室主任，充分展現他的領導風格與政治魅力，為台灣及母校北醫爭光。

　　體育、醫療及政治之外，林元清也本著醫療無國界的人道援助情懷，長期投入國際醫療與海內外賑災救助，台灣九二一大地震、八八風災、南亞海嘯、玻利維亞水災、薩爾瓦多地震、四川汶川大地震、紐奧良卡崔納風災、海

地地震、尼泊爾震災等大型災難，都可看到他的身影。近年，他更風塵僕僕遠赴非洲史瓦濟蘭王國及聖多美普林西比共和國義診，展現醫者大愛。

《白雲度山：醫者林元清》是一本值得推薦的好書，一個出身平凡的鄉下孩子，憑著自己努力，走出一條不平凡的路。林元清能有今天的成就，除了與生俱來的聰明才智與後天奮發向上的鬥志外，他樂於服務，善於分享的胸襟，以及開闊寬宏的視野，更是成功致勝的關鍵。

身為北醫的資深學長、前董事及傑出校友，他奉獻於醫療與醫學教育的奮鬥與成就，都在他這部作品裡完整呈現，這本書，非常值得所有一心向醫的學子們深讀領略，衷心推薦《白雲度山：醫者林元清》。

臺北醫學大學校長 林建煌

一位建中傑出校友的生命故事

　　二〇一七年二月寒假期間，台北校友會許監事告知，有位南加州的校友返台，有意邀請餐敘認識。我看到一位文質彬彬、風度翩翩的醫師，原來是念了六年建中、一九六四年畢業的大學長。席間，他慈祥和藹，常點頭微笑，說的話很少，至於他在南加州的醫療事業和豐功偉績，都是經由許監事轉述的。這是我第一次見到的林醫師。

　　同年六月十一日，我與家長會唐會長應邀參加南加州建中校友會十八週年年會。在洛期間，他偕同夫人全程陪同我們參觀漢廷頓圖書館、年度古董車展、加州理工學院等地，並邀請二十位當地校友舉辦了一場溫馨的家庭聚會。我發現他是一位謙和有禮、體能極佳、精神奕奕的長者，雖然身為骨科名醫，學識淵博、事業成功、人脈廣闊、資歷豐富，但十分平易近人，對夫人和我們晚輩都非常客氣隨和，更深受當地各界的敬重，不禁讓我由衷感佩。這是我第二次認識的林院長。

　　同年八月，從媒體得知林院長受川普總統任命為美國聯邦衛生福利部副助理部長，兼少數族裔健康辦公室主

任，主管全美少數族裔的健康及醫療事務。我非常欣喜，隨即報告台北校友會陳理事長，並在校務會議和校友會理監事會分享。因為這是華人的榮耀，也是建中人的典範。雖然我知道林部長要面對的醫療和健康挑戰很多，加上族裔問題，這是一份很吃重的職務，但我認為他一定能以智慧圓融善巧的方法，迎刃而解，為美國人的醫療健康做出貢獻。

　　今年欣逢建中一百二十週年校慶，我將推薦這本好書，作為校慶的生日禮物，分享傑出校友林部長的成就。本書他以優美流暢、淺顯易懂的筆調，述說自己從一位鄉下小孩，不斷努力，進入醫學界成為名醫；從臨床走向經營，累積人脈，進而從政成為閣員的生命故事。雖然其間蘊含了人生智慧與對年輕人的殷殷期勉，但讀來就像在聽故事一般，高潮迭起，一氣呵成。特別是對我而言，先認識其人，再細讀他的自傳，更有一種親切又讚歎的感受。

　　因此，我鼓勵年輕人閱讀，肯定能幫助您了解觀照自我，堅信自己的未來就像白雲一樣，有無限多種可能，

不斷充實自己，掌握好的機緣，活出璀璨美好的人生；我也鼓勵家長和教師閱讀，肯定能幫助您相信孩子，把握每個重要的人生轉彎處，陪伴並激勵孩子開創屬於他們獨一無二的人生。

建國中學校長 徐建國

山高豈礙白雲飛

　　出版林醫師的書，書名原先認定應是簡單明瞭的：北醫畢，赴美四十五年，西岸骨科名醫，三屆洛杉磯聖瑪利諾市長，旗下有七家醫院，一家保險公司，還創辦了一間醫學院，最近更志願地搬離二十多個房間的加州豪宅棲居於華盛頓小公寓內，暫任美國衛福部的副助理部長……。這個人生洋洋灑灑的履歷，任選其中一項已是萬人欽羨的成功典範了，但他不要編輯原先屬意的強調功成名就式的制式自傳體式書名，反倒一直希望有個「雲」字能嵌於書名中。當然元清醫師的這個異常要求，我約莫能體會。幫他想貼切的書名，反而比此書初稿原先之二十餘萬字而說服他可否刪去些許，更是棘手了。

　　謙沖自牧是我對他的第一印象，而他總是能在忙碌的醫師生涯安排多次多國異地的旅行或行醫經驗，也讓我斗膽地邀他到青海幫著那些來自可可西里的鄉村醫師（赤腳醫生）與僧侶講些基本的骨科知識，他總是說我來安排看看，隨後二話不說兩次飛越太平洋隨著台灣的「藏友會」進到青海窮鄉間。我相繼知曉從台灣的九二一地震、南亞

大海嘯、四川汶川地震、海地地震、尼泊爾地震……，世間的重大災情，他總是身先士卒，積極投入。當然記者的好奇心，讓我一直嘗試想了解這個台灣培養出來的醫生，不僅是浪漫而已，而更是率性「任俠」。至於如何赤手空拳地到美國，克服種族歧視，在高度競爭的醫療領域裡建立自己的醫療體系，更是不在話下了。

　　聯繫《經典》的特約作者曾多聞來與林醫師相談出書的過程應是順遂，但前後也是兩年半的時間了。在有限的訪談時間中能將主角的人生長河不保留傾洩而出，更在有限的文字空間中，能精華出意義，本就不是易事，感謝多聞一年間寫出了二十餘萬字的故事。但隨後的精實，對林醫師來說應才是煎熬，另一個一年，他當了副助理部長，在有限的時間仍要專注於本書文字的精準，在他大姐幸惠與我的要脅下，他不情不願地自己動手刪減了約六萬字（這已是坊間一本書的內容了）並專注於圖片的搭配。我無法形容林醫師多麼驚人的記憶力，他對童年親友的溫情回憶點滴，成長時師長的啟迪教誨情境，挫折時的轉念奮

發場景，順境時的感恩義舉行動。我終才知曉這是他為何遲遲無法割捨，因為這是他人生的另一個價值：「有情」。

　　宋・道川禪師詩云：「舊竹生新筍，新花長舊枝。雨催行客到，風送片帆歸。 竹密不妨流水過，山高豈礙白雲飛。」終究，我從若干的「雲」中尋到了，且更多了呼應醫生白袍的「白」字。於是「白雲度山：醫者林元清」這書名就此底定。但在私底下，我仍想望為之增添上「任俠」與「有情」這兩個不尋常的形容詞。

經典雜誌總編輯　王志宏

漂泊遠鄉的白雲

在籌寫這本書時，我的內心，充滿了感激。

首先，我要感恩我的父親和母親，他們生我、養我、育我、扶我，把一生的愛和所有最好的一切，都給了我們，到了晚年時，還陪伴著我們的子女兒孫成長。

也要感謝我的內人玉珠，我們都是在貧困的生活中成長，相識以後，這四十六年來，她一路陪伴著我，不離不棄，生兒育女，孝順公婆，整理內外，善解包容，協助我的醫療事業、企業經營、投資管理以及兒孫的教養成長。我們退休後，她將重擔交棒給子女，仍來華府陪伴照顧我，讓我能夠實現我的夢想——濟世救人。她是我這一生最重要的幕後推手，更是最好的牽手、伴侶、朋友及知音。

要感謝我的四個兒女：奕君、賢達、士程、士勳、及孫子女佳俙、沛汝、佑隆及俊瀚。他們在我忙碌的醫事生涯中卓然成長，同時給了我希望、快樂、目標和鼓勵。

也要感恩我的兄弟姊妹，大姊幸惠，二妹津津，二弟元彬，三妹娟娟，三弟元灝及其家人，我們一起成長，一起孝順父母，陪伴他們，互相扶持。

更要感謝過去陪伴教導及鼓勵我的師長、同學、同事

和朋友們：從集集國小、幸安國小、西門國小，直到建國中學初中及高中部齊久的老同學（初中七班，高中九班，六年同窗的同學會，稱齊久同學會），乃至臺北醫學院（今臺北醫學大學）同窗七年的友朋，及空軍總醫院、耕莘醫院、約翰霍普金斯醫院及協和醫院的師長同事們，還有在洛杉磯四十年的朋友夥伴、議會及醫師同事志工及接受我醫療的病患，和一起旅遊、登山、散步、救災及查經的夥伴，還有始終深刻感化我的證嚴上人、花蓮靜思精舍的常住師父，和慈濟的師兄姊們；還有常常啟發鼓勵我的劉富理和蔡茂堂兩位牧師。最後要感謝王志宏總編的啟發，幸惠大姊的指引，多聞的訪談撰文及文村師兄的用心編纂。

　　寫這本書，是要獻給所有我認識以及不認識的故舊友朋，希望你們看到這朵漂泊遠鄉的白雲，能夠體會到，您們的人生，可以比我更快樂，更健康，更精采，只要您願意，願神祝福您。

林元清

元清七十歲生日，全家於夏威夷海灘合影。左起孫女沛汝、長媳一琤、孫兒俊瀚、佑隆、長子賢達、三子士勳、玉珠、元清、次子士程、長女奕君、孫女佳伙（右圖）。約一九五六年，父親林智煉與母親吳和，偕大姊幸惠（上圖前排左起）、二弟元彬、三妹娟娟、二妹津津及元清遊木柵指南宮。一九八七年，父親八十歲生日，家族於元清家中合影。右起幸惠、津津、娟娟、元清、元彬、三弟元灝（下圖）。

目次

第一部 杏林世家

第二部 意外旅程

第一部

杏林世家

第一章　走避兵災　醫生返鄉

一九四九年八月二十四日清晨，廈門高崎機場停著一架小飛機，正在加油。開飛機的是一個小伙子，他是中華民國空軍的飛行員，煩躁的他把軍帽摘了下來，拿在手上搧呀搧的，加油的技師低聲咕噥著：「日本人來了，日子也是一樣過。國民黨來了，日子還是一樣過。共產黨來了，不也都一樣嗎？」

小伙子本來是要在漳州降落加油的，但是晚了一步，當時正是漳廈戰役期間，漳州機場已經被共產黨的解放軍占領了，隨時可能打到廈門來。

加好油了，小伙子做好了最後檢查，正準備起飛，機場經理氣喘吁吁地跑來：「等一等，等一等！跟你說的林醫師一家來了！」

小伙子探頭，只見一對中年男女，拖著兩個小孩子，穿過停機坪跑來。男人臉龐清瘦，戴著一副黑框眼鏡，看上去很斯文，卻跑得又急又快，跟他文弱的外表有點不相

稱。在他身後半步跟著一個女人，綁著烏油油馬尾大辮，一個看來很溫柔的女人，但現在跑得急了，臉上的表情有一點激動的樣子。男人兩手各牽著一個小孩子，女人手裡則抱著一個特別大的包袱。一家四口都穿著普通的家居衣服，顯然是出門來得匆忙；衣服底下都鼓鼓的，一望而知是綁著些東西。他們漸漸跑近了，小伙子這才看清楚，女人手上那個「特別大的包袱」其實是一個嬰兒。

這是原籍台灣、現在於廈門執業的林智煉醫師一家人。等他們全部登上飛機坐定，向著站在停機坪目送他們起飛的機場經理和技師，小伙子抬手行了一個標準的軍禮。在引擎的隆隆聲中，飛機起飛了，機上的三個大人都鬆了一口氣。五歲的阿惠和三歲的阿清興高采烈，因為這是第一次坐飛機，也是第一次回台灣南投的老家，以前只聽見過父親提到台灣，這次是真的要回去了。

阿清靠在父親身旁坐著，除了興奮以外，他還有一點緊張。剛上飛機的時候，父親要抱他坐在自己的腿上，但這阿清從小頑皮膽大，又剛做了哥哥，為了表現自己已經是一個大孩子了，他堅持自己坐。不過小飛機起飛時難免有一點搖晃，阿清靠緊了父親。

時值第二次國共內戰，從年初就戰雲瀰漫。林智煉眼看解放軍就快接近廈門，又想到孩子，便與妻子吳和商量逃離廈門。後來決定回故鄉台灣避難，事不宜遲，林智煉便四處打聽，可是當時局勢已經很緊張，去台灣的船和飛

機都沒有了。智煉四處奔波請託。終於，這天清晨，高崎機場經理打來電話：「林醫師，你不是要回台灣嗎？現在有一架飛機，馬上就要起飛了，你來不來？」林智煉一聽，二話不說叫來妻子，夫妻倆馬上簡單收拾了幾件衣服，一點銀元，綁在自己和孩子們身上，一家五口人就趕往機場。

小飛機爬升到一定高度之後，就不再那麼搖晃了，阿清與阿惠從小窗望出去，看到窗外白色的浮雲，彷彿從自己臉旁拂過似的，覺得很新奇。

阿惠和阿清雖然眼睛看著窗外的雲朵，但也豎起耳朵聽著父母的談話，有好些話他們都聽不懂，但也分明感覺到，在這茫茫的世上，父母正帶著他們冒險逃出一個危險的地區。

一九四九年八月二十四日下午，小伙子飛行員和林智煉一家人從廈門、經香港、最後降落在高雄小港機場。這是廈門高崎機場飛往台灣的最後一架飛機，飛機上乘客只有五人。隨後，中國人民解放軍在漳廈戰役中大勝，廈門變色，高崎機場關閉。

高崎機場關閉的時候，林家人已經回到智煉出生的老家：南投的小鎮集集。踩在寶島台灣的土地上，呼吸著自由的空氣，吳和心裡踏實了，孩子們只知道興奮，林智煉則想起唐朝詩人賀知章的那句詩「少小離家老大回」，心中百感交集。他離家時才十七歲，孑然一身；此時回家的他，正值四十歲的壯年，不但有一身豐富的醫師經歷，更

建立了自己的家庭、生育了後代，與當年離家時的煉仔完全不同了。

　　林智煉生於一九〇九年，在家中排行老三。他從小就是村子裡的孩子王，常常帶著大家到處去玩，玩的名堂還特別多，他會砍木頭來削成陀螺，也會到溪裡去抓魚蝦，上山下水無一不精——阿清的頑皮膽大，大概就是遺傳自爸爸智煉。

　　有一回，大家又來到溪邊，孩子當中有人看到水裡有隻大鱉載浮載沉，歡喜大叫，但沒人敢下水去抓，只有智煉膽大包天，二話不說就跳進溪裡。

　　大鱉往水深處逃命，智煉哪肯放他走，緊跟在後面追。雖然父母平日一再告誡智煉，水深危險，但這鱉實在是太大了，值得為牠冒一次險。

　　智煉就這麼游著，越游越深，其他孩子見阿煉下水這麼久還不上來，水面上又見不到他的身影，都沒了主意，有些孩子以為煉仔一定是淹死了，馬上回家報告，林家的大人聽說這個可怕的消息，都急得跳腳，老祖母慌得哭起來，爸爸林俊與叔叔一行人趕緊衝到溪邊去查看，都找不到智煉，面面相覷，人人心裡都想：「難道好好一個孩子，真的就這麼沒了？」嘴上卻沒人敢說出來。

　　其實，這個時候，智煉還在冷冽的溪水裡游著，也不知游了多久，大鱉還是追丟了。他覺得力氣快要用盡，就上岸了。上岸以後看看，沒想到已經離下水的地方很遠，

若不是為了抓鱉，智煉還不知道自己這麼善泳呢！

　　正痛哭不已的大人們，看見全身濕淋淋的智煉出現在眼前，一時之間，又氣又喜，忙把智煉帶回家。

　　先前哭得死去活來的老祖母見了，大發雷霆，說什麼也不能輕易放過他，於是抓起掃把，一陣亂打下，竟失手將智煉的右半邊臉打腫了。

　　智煉的牙齦受到重擊受了傷，整個發炎紅腫，後來潰爛化膿，人也一直高燒不退，祖母好生後悔，父母也著急不已。在那個年代，在抗生素取得不易的鄉下，發炎可是不治之症！等能吃的中藥都吃遍了，智煉仍然不見好轉，鄰居都認為這個孩子已經沒有救了，但家人說什麼也不放棄，幾經打聽，有人告訴林家人，說彰化有家洋人開的醫院，乾脆送智煉去試試看，說不定這條小命還有救。

　　彰化來了幾個洋人醫生的這件事，在地方上是很轟動的，但是當時的人生了病，並不習慣找洋人醫生，只有遇到中醫都治不好的症狀，才去找洋人醫。眼看智煉就要一命嗚呼了，家人終於決定，把他送去洋人醫院治療看看。彰化離南投很遠，但是，只要能救回智煉，就算彰化遠在天邊也要去。大人們把智煉抱上輕便車（人力板車），父親林俊和家裡有力氣的壯丁輪流推車，朝彰化基督教醫院前進。

　　執醫的是一九八六年來台的英國基督教宣教士蘭大衛醫師。他立刻為智煉進行手術，切除牙槽內的膿骨，智煉

約攝於一九一五年的家族照。
前排右一戴帽孩童為父親林智
煉，隱約可見右臉頰腫脹。後
排中立者為祖父林俊，其前坐
者為曾祖母吳塗，左邊手抱嬰
孩坐者為祖母陳鳳，吳塗右手
搭肩孩童為二伯父林智旭。

的體溫馬上就下降，病情也穩定下來。

智煉被蘭醫生從鬼門關救回來。之後幾個星期，家人定期推著那破舊的輕便車，送智煉到彰化，請蘭醫生幫他換藥，每次來回要一天一夜，這樣一直到智煉的傷完全康復為止。

這次意外，使得智煉的右顎短少一截，一直到成年以後，他的嘴還是有點歪，留下了永遠的缺憾。但是蘭醫師那濟世救人的回春聖手，卻在智煉幼小的心田裡埋下了奇妙的種子。

父親林俊本身與醫學界也頗有淵源，他是一個走方郎中，在地方上還小有名氣。他看兒子智煉聰明靈活，常常令智煉跟在自己身後，上山採藥、包藥包、讀藥方。智煉小小年紀，就做了父親的得力助手。

這樣的父親，卻不幸在智煉十二歲時，被老鼠咬傷左腳大拇指，導致感染，因為延誤就醫而不幸去世。林家驟然失去男主人，母親陳鳳要想辦法開源節流，就替鄉親縫補衣服，賺點小錢來貼補家用。

智煉頑皮歸頑皮，寡母一有時間就坐在縫紉機前縫縫補補的身影，他全都看在眼裡，決定自己也要想個頭路來賺錢，幫補母親。才讀到小學三年級的他於是輟學，幫助家計。智煉看到大個子的朋友幫人挑水，就跟著去挑。他小小身量，挑起水桶真的很吃力，但是他硬是一星期挑五天，賺點力氣錢。

雖然智煉一片孝心，未幾母親陳鳳卻也追隨父親林俊於地下；至此，智煉真的無依無靠了。

　　從此，在老家集集一帶，為了賺取生計，林智煉放過牛、伐過木、打過醬油、賣過空心菜，跟至聖先師孔子一樣「少也賤，故多能鄙事。」後來在父親舊識、中寮一位楊杉發醫生的診所找到個好差事，做了兩年學徒，攢下十四個銀元。少年林智煉拿著這筆錢，想赴廈門闖蕩，到母親墳前拜別，哭了許久，終究還是搭上了船。同船有個中年人，聽說這個少年帶著十四個銀元，屢次纏著他說：「這個時機來廈門最好了，投資機會大大地好，不如你把銀元交給我，我幫你投資，不出一兩年，肯定賺錢。」林智煉以為遇到熱心同鄉，便把身上的銀元全數交給此人，怎知船在廈門靠岸後，那人一下船就消失無蹤，林智煉自此一輩子再也沒見過他。

　　失去全部身家的林智煉站在廈門街頭，一時不知所措，姑且找了家麵攤，洗碗打雜，有時也「跑水貨」——就是有人進口走私的貨物，他就幫忙銷貨。後來林智煉找到一份挖煤礦的差事，雖然比較穩定，但整天弄得灰頭土臉，正想著年紀漸長，這樣下去終究不是辦法，但機會卻已悄然來到。

　　一九三八年，日軍占領廈門；位於西仔路頭的日本博愛醫院招考醫護人員，林智煉決定報考博愛醫院，他寫了一封信給故鄉的楊杉發醫生，請楊醫生幫他開一紙「曾受

過五年臨床醫學訓練」的證明。

林智煉以第一名的優異成績考取博愛醫院，一做五年半，得到日本政府頒發的「限地醫生」（限於無正式醫師執業之鄉村開業）執照。之後轉任廈門監獄醫官，當時獄中很多被日本人抓來的政治犯，因為營養不良，獄中腳氣病流行，很多押犯雙腳腫脹發黑、最後心力衰竭而死。林智煉看到這種情形，心裡非常難過，每個月領了薪水以後，就去米店買樁糙米剩下的米糠，拜託米店的老闆娘，幫忙炒熟。老闆娘好奇地問智煉炒米糠要幹什麼用？智煉解釋這米糠富含維生素 B，是要救命用的。老闆娘很受感動，義務幫智煉炒米糠。智煉把熟米糠磨成粉末，用紙包成一小包一小包，分送給病人服用，從此獄中死於腳氣病的人大大減少，從本來一週死亡十幾人降至一到兩個人。

也是在博愛醫院執醫期間，林智煉經過朋友介紹，認識了來廈門探親的台灣姑娘吳和小姐。

吳和生於一九一七年，是台南商人吳景福的女兒，家中有姊妹八人。吳和是八姊妹中最聰慧的一個，很會念書，每次考試都穩坐榜首，儼然是家中的女秀才，又生得清秀窈窕，姿容端麗，深得長輩們喜愛。

吳家家境不錯，女兒們都得到很好的栽培。吳和不但會讀書，還擅長縫紉，一雙手巧極了。十四歲那一年，吳景福因病過世，家中頓時失去經濟來源，吳和一邊讀書、一邊做針線幫助家計，供給姊妹們的生活費，完全沒有大

昭和十八年三月二十五日結婚紀念

一九四三年三月二十五日，父
親林智煉與母親吳和於廈門結
為連理，許諾終生。

小姐的嬌氣。

　　吳和台南高女畢業後，又去補修教育學分，進而參加教師資格考試，取得教師執照，成為作育英才的老師。一九三〇年，吳和開始擔任小學老師，學校分配宿舍給她，孝順的吳和就請母親來跟她一起住，以便就近照顧母親。

　　在教學工作和奉養母親之間，吳和轉眼已是二十六歲。以當時的標準來說，到這個年紀還沒有出嫁，就算是大齡「剩女」，連母親都著急了，屢次勸她不要太掛念老母，多想想自己的終身大事，但吳和卻心平氣和的，一點也不擔心，相信自己只是良緣未到。

　　那年夏天，吳和住在廈門的五妹，邀請姊姊到廈門過暑假。就這麼一次偶然的邀約，促成了林智煉與吳和日後長達五十五年的恩愛姻緣。

　　當時智煉正值人生的黃金時期，想幫他做媒的人很多，醫院裡也有年輕漂亮的護士小姐頻頻對他表示好感，但是智煉受到童年時母親教誨的影響：「查甫人千萬不可太早娶某，否則會讓某囝阻礙你的前程。」一直沒有成家的想法。直到經人介紹與吳和見面，才第一次感覺到愛情。吳和的身材苗條纖細，黑亮的眼睛蘊藏著靈氣，談吐之間氣質高雅，令智煉一見傾心。

　　一九四三年，由日本駐廈門領事主婚，林智煉、吳和結為夫妻，後來在廈門陸續生下三個孩子：阿惠、阿清、阿津，建立了一個美滿的家庭。可惜成家於亂世，阿清出

生正逢國共內戰爆發；阿津出生時，廈門已是人心惶惶。

　　帶著妻小飛渡台灣海峽、搭上回集集的火車，林智煉在廈門經營多年的診所、房舍……那帶不走的一切，從此只能在記憶中數算。◆

第二章 親重學業
頑童北上

　　林家在集集是個大家庭，智煉堂兄弟共九人，老二智旭遷居台北，其餘各房多在集集落地生根，人丁興旺，就像一棵枝繁葉茂的大樹。智煉此番回來，受到熱烈的歡迎。

　　智煉在集集火車站對面的集集新街，向當地的地主租了一間宅子，安頓家人。這宅子進門是一小廳，小廳之後是臥室，最後面是廚房，有個用土磚砌的灶頭。

　　安頓下來以後，智煉花了兩年時間考取台灣的醫師執照，次年當上集集衛生所的所長，吳和又為他生了個可愛的小兒子阿彬。事業順利，家中添丁，智煉春風得意，但卻有一樁煩心的事。

　　智煉常常要出診，他總是騎著腳踏車，將出診用的皮包夾在前面的橫桿；回來時，也常常幫吳和帶些青菜蘿蔔回來。他每次騎腳踏車出去，都撞見大兒子阿清在外面玩得灰頭土臉，有時候也看到阿清在河邊玩水，總忍不住皺起眉頭。

林智煉雖然只上過三年小學，但卻深知教育的重要；而吳和本就出身小康之家，知書達禮，小學時代成績都是名列前茅，台南高女畢業後又接受教師資格教育、通過教師資格考試、取得教師執照，並在小學任教七年。有這樣的背景，吳和自是重視子女教育勝過一切。因此在這一點上，夫婦兩人意見是完全一致的。

　　偏偏夫妻倆寄予厚望的長子阿清，跟小時候的爸爸阿煉一樣，是個孩子王，不愛學習，整天就是呼朋引伴上山下水，到處玩耍。

　　阿清是個活潑爽朗的孩子，來到集集，很快就交上朋友，跟當地孩子玩得很融洽。他的第一個朋友是阿雄。阿雄算是阿清的堂兄，比阿清大四個月，是個癩痢頭的拖鼻涕孩子。彼時阿清也經常拖著兩條鼻涕，兩個人算是半斤八兩，一起去集集國民學校附設的幼稚班上學。

　　阿清和阿雄家住得很近，都在集集火車站對面。阿清家住的集集新街，街上第一間是智煉服務的集集衛生所，第三間就是阿清家。阿雄家則在集集火車站的正對面開著一片小雜貨店。阿清有時候跑到店裡去找阿雄，阿雄的繼父紀芳慶就會給阿清一顆甘仔糖，或一點其他的小零食。

　　集集小鎮野外的山坡地上，長著許多野生的草莓叫覆盆子，顏色鮮豔紅紫，春天的時候長得特別多，平常也有，集集人叫它「刺波」。阿清和阿雄兩個拖鼻涕孩子，常常一起到野外或山坡上去尋找這些可口的覆盆子，找到以

後，就用芒草莖將它們一個一個地串起來，帶回家慢慢吃。找不到覆盆子的時候，他們連稻米穗也可以拔了來生吃，或找野生的花生或蕃薯。吃飽了，就在田野中的小徑上奔跑，有時候在水田裡捉青蛙、泥鰍、螳螂，有時候在溪水裡抓魚抓蝦。

在集集的日子，阿清過得逍遙快活，智煉卻認為兒子是快活得太過分了。他對長子阿清期望最高，但是膽大貪玩的阿清卻是最不聽話，有時候甚至玩到忘記回家吃飯，智煉氣急了，就拿藤條或細竹枝鞭打阿清，發起脾氣來也會罵疼愛子女的吳和：「寵豬抬灶，寵子不肖！」

溫柔的吳和挨了丈夫的罵，從不回嘴，只是低下頭，默默紅了眼眶。阿清挨了父親的打，就去找母親，躺在地上哭鬧要賴。有時候吳和背著小弟阿彬，正在灶頭升火煮飯，阿清也不管，就趴在地上，抱住母親的腳搖晃，怎麼也不肯放手。吳和見狀，總會放下手邊的工作，輕輕地把兒子抱起來，讓他坐好，再溫言指導他要如何處事、如何與父親溝通，而不是企圖用胡攪蠻纏的手段達成目的。

吳和對長子阿清的期望也很高，但與丈夫的威嚴正好相反，她用溫和寬厚的方式來感化頑皮的孩子，給他們十足的關愛。阿清五歲從幼稚班畢業，吳和雖然有好多事情忙，又要照顧嬰兒，還是買了一塊亞麻布料，親自剪裁縫製，給阿清做了一套西裝。穿上當時村子裡唯一一套幼兒的西裝，阿清神氣極了，儘管年幼懵懂，也深深感到母親

民國四十七年七月二十四日

一家七口合影，當時元清（右三立者）十二歲。右為二伯父智旭及其長孫耀堂。

對自己殷切的愛。

吳和在家裡後院養了幾隻雞，總是等著牠們下蛋時，很快地拿走還溫熱的雞蛋，敲開一頭，然後拿給阿清，讓他趕緊把雞蛋生吃了。那生蛋黃吃進嘴裡，黏黏滑滑的，阿清並不喜歡，但他明白這是母親對他的愛心，總是乖乖吞下去。拍幼稚園畢業照那一天，吳和還幫阿清梳了個西裝頭，這阿清在孩子堆裡越發顯得與眾不同。

吳和特別喜愛阿清這個長子，把阿清看得特別重。她讓阿清在關愛下長大，但也不縱容阿清。智煉總是擔心吳和太寵孩子，擔心阿清太頑皮，其實阿清雖然貪玩，還是有分寸的。一個炎熱的夏日午後，阿清、阿雄和四、五個孩子一起去河邊玩水，一群人爬到大岩石上，看那河水十分清涼，當中有個叫俊平的孩子，他父親是鎮上的義勇消防隊長，這孩子也識水性，就率先把衣褲脫了，從高處一躍而下跳進水裡，其他孩子紛紛跟著跳下去。阿清也跟著脫了衣褲，但看看那水似乎很深，他想了想，就帶著阿雄把衣服穿上，又爬下岩石，到水淺處去玩耍。

由於父母親的態度完全不相同，阿清與母親很親近，對父親則是又敬又畏，闖了禍以後為了怕皮肉受苦，也會躲著父親。

林家人到了台灣以後，阿惠就進入集集國小就讀，她循規蹈矩，念書從來不用智煉、吳和操心。阿清隨後也進入同一所小學，雖然頑皮，但在父親的嚴厲教訓和母親的

循循善誘下，上了小學以後成績也不錯。

阿清的確是個得天獨厚的孩子。那一年鎮上舉行小學生書法比賽，老師讓每個學生都寫一張，拿去比賽。結果阿清忘記寫作業，下課時，老師就拿著毛筆、宣紙和另一位同學的作業，讓阿清臨摹著寫一遍。一寫完就飛奔回家，又去找小夥伴們玩耍了。直到有一天驚奇萬分地得知這紙書法作業竟然得獎了，智煉、吳和都很高興，但阿清心裡並不以為得意。當選班長的時候，阿清的心情也是一樣，並不覺得驕傲，他好玩依舊。阿清很喜歡上學，但是他喜歡的是下課時間跟同學們在操場上玩耍。

這一天，阿清終於惹火導師了。

當天早上，阿清到柑仔店找阿雄一起去上學，芳慶給了阿清一點花生，阿清便把花生放在口袋裡揣著。在學校上課時，阿清一直想著口袋裡放著的花生，好想吃啊！他倒還知道規矩，上課時間不敢偷吃東西。好不容易捱到下課，導師叫全體學生到教室外面列隊集合，孩子們亂紛紛往外跑時，阿清就抓了幾粒花生米吃了起來，這時候導師看到阿清嘴裡嚼著東西，以為上課時這孩子就一直在偷吃，登時大怒。

這位導師姓林，是個女教師，平常對孩子們倒還和藹。這個時候，她把阿清叫出列，阿清自知闖禍了，就乖乖走到老師前面，沒想到她二話不說就「啪」的一聲，熱辣辣一個巴掌就甩在他的左臉上。

眾目睽睽之下，阿清先是愣了一下，接著便感到既難堪又氣憤，他覺得導師冤枉自己了，卻也不敢辯解。那清瘦的女教師，沒想到打人巴掌竟這麼痛，但倔強的阿清只是直挺挺地站著，痛著嘴，臉上一點表情也沒有。

　　阿清在學校裡受了氣，放學回家了也無心玩耍，就到廚房裡，纏住母親。吳和正在那個土造磚砌的灶頭前，燒柴生火，準備煮飯。阿清心裡雖然氣憤難受，但也不敢把這個事跟母親說。他在廚房裡賴著，吳和問他有什麼事，他就說：「阿母，我給妳去撿些柴火，好不好？」

　　燒灶用的柴火就堆在廚房牆邊，如果少了，智煉和阿清就會去野外或山上撿些乾的樹枝，背回來供家裡使用。

　　吳和看看灶邊，慈祥地說：「柴火還很多呢！」

　　阿清只是想找話在母親身邊磨纏。吳和微笑著說：「你想在這裡待著就待著吧。」於是讓阿清幫著洗菜。

　　這件事，讓阿清氣了整整一個禮拜。雖然阿清沒有說，但是吳和看到兒子的模樣，心下明白他在學校肯定出了什麼岔子。吳和早就在擔心，雖然阿清念書從來沒有什麼困難，但是這樣貪玩成性，一直在鄉下玩下去，以後恐怕很難有什麼出息。

　　吳和建議丈夫去跟遷居台北的二哥智旭商量，讓阿清搬去二伯父家住，以便在台北上學。

　　智煉有點猶豫。他很贊成妻子的意見，覺得鄉下教育資源有限，阿清又頗有自己當年的模樣，聰明好動，如果

舉家遷居台北，元清（五排左
二）就讀西門國小，五年級遠
足，地點在陽明山。

不好好導入正軌，這個孩子恐怕會被糟蹋掉。但是他有個心結，就是自己當年計畫去中國大陸求發展時，想要有件新衣服，好體面出行，於是到當時還住在鹿谷的二哥家，拜託二嫂吳伴幫他做件新襯衫，結果吳伴不但不幫忙，還取笑：「一窮二白、又黑又瘦的，學人家穿什麼新襯衫？」

　　這件事，一直是智煉心裡的一個疙瘩。吳和見丈夫猶豫，便自己去與吳伴商量，讓阿清搬去台北寄宿。這吳伴嘴巴雖然厲害，心腸還是溫熱的，滿口答應照顧姪兒阿清。

　　於是，小學二年級開學前夕，阿清帶著兩件簡單的行李，隨父親搭車到了台北新生南路的智旭家。那是一間老舊的日式宿舍。父子分別，智煉只板著臉，交代了阿清一句：「要用功讀書、聽大人的話。」就回去集集，把阿清單獨留在那日式宿舍裡了。

　　阿清雖然在廈門出生，可是三歲就到了集集。八歲的他心目中，集集才是他的故鄉。離鄉背井，對任何人而言，都是艱難的功課。饒是如此，小小年紀的阿清，奉父母之命，八歲就告別了故鄉，開始了獨在異鄉為異客的生活。

　　看著父親走了，阿清一下子不知所措，覺得孤零零的。其實這間屋子裡的人非常多──二伯父和伯母有養女素娥、養子春盛、親生女兒幸子；當時春盛新娶妻子佩玲，素娥則是早已招贅了一個女婿傅建興，還生了兩個兒子。這一家九口，加上堂兄阿雄同母異父的姊姊玉香、姊夫楊蒼會跟兩個孩子仁贊、仁吉，全部十三個人，都住在這

十五坪大的三房日式民宅裡。

　　儘管有這麼多人，擠在這麼小的空間裡，阿清還是覺得寂寞，大概是不習慣台北這個所在吧。那個時候的台北，跟那個時候的阿清一樣，正在茁壯成長。至於日後會長成什麼模樣，在當時還是難以想像的。

　　雖然一開始有點寂寞，阿清倒是很快就習慣了台北的生活。智煉交代他的那句「要聽大人的話」對阿清非常受用，這個屋子裡最不缺的就是大人，永遠有人指示阿清該做什麼、不該做什麼，讓他永遠有事做，在陌生的環境裡也不致手足無措。

　　到台北的第二天，智旭就帶阿清去附近的幸安國小註冊。隨後就開學了，阿清每天早上跟著幸子堂姊走路去上學。學校離家很近，走路只要五分鐘。年長阿清兩歲的幸子功課很好，又是班長，還是校內演講比賽冠軍。她很照顧阿清，不時還會指導阿清的功課。

　　放學以後，阿清有時候幫著智旭擦車子，有時候幫著素娥帶孩子。素娥的小兒子耀騰剛滿一歲，阿清放學以後，就用背巾背著小耀騰出去散步，讓素娥去廚房做飯。直到耀騰睡著了，阿清再背著他回家，放在素娥和建興的床上。如果耀騰一直醒著，阿清就得背著他一直走到晚餐時間。

　　如果放學時耀騰已經睡著，阿清就不用背孩子出去了，遇上這種時候，他就去幫智旭的忙。智旭是個老好人，在工礦公司做主管的司機，生活節儉而規律。他開著一部

工礦公司的黑色轎車，每天都起得很早，吃過早餐以後，就拿一支雞毛撢子撢撢車上的灰，然後開著車去上班。除了極少數需要加班的時候以外，他每天下班的時間也是固定的，一回家又拿著那雞毛撢子去撢車上的灰。阿清不用帶孩子的時候，就幫伯父擦車子。

吃過晚餐以後，阿清和幸子就坐在客廳的榻榻米地板上，就著一張小几寫功課。寫完功課，他們把茶几推到一邊，在同一塊榻榻米上掛起蚊帳，就睡在那裡。

到了台北以後，阿清的生活算是被學校、功課、家事填滿了，再也不能像在鄉下時那樣隨心所欲地玩耍。但是阿清覺得很自在。因為人家的飯可不能白吃，勤快的阿清就覺得他在很多方面對二伯父家是很有用的。

智旭家吃飯的時候很熱鬧，一大家子十四個人，圍著一張圓桌吃飯，但是桌上往往只有兩、三道菜，吳伴常常盯著孩子們，讓他們不要「唬菜」——就是只顧著吃菜而不吃飯。吳伴對阿清很滿意，因為阿清從來不搶菜吃。其實阿清最愛吃的是豬油拌飯，他覺得豬油很香很好吃，如果再加點醬油，那就是人間美味了。

智旭看阿清聰明機警，對阿清越發喜愛。每次阿清幫忙擦車子，智旭都很高興，有兩次還給了阿清一個銅板。這兩個銅板，是阿清十歲以前拿到過僅有的零用錢，他一直珍藏著。

在鄉下的時候，阿清讀書從來沒有什麼困難；到了台

北以後，有幸子堂姊從旁指導，他也進步得很快，成為老師喜愛與看重的學生。那個時候他迷上漫畫，沒事自己也愛畫上幾張。後來九一八金門空戰期間，阿清也畫了一本十幾頁的台灣軍刀機對大陸米格機空戰漫畫。阿清對國民政府的宣傳堅信不疑，他漫畫冊裡的軍刀機都是無庸置疑的英勇。

　　一個黃昏，阿清將睡著的小耀騰放在房裡床上，走回客廳，經過廚房時，素娥正好拿著一大鍋燒燙燙的熱湯出來。阿清個頭小，素娥完全沒有看見阿清就站在那湯鍋下面，只忙把湯放在桌上，結果湯沒放到桌上，倒放到阿清頭上去了！她才轉身，那鍋湯就翻了下來，一整鍋熱騰騰的湯當頭淋在阿清身上，那灼痛深入骨髓，阿清疼得都叫不出聲了。

　　素娥倒是立刻尖聲喊叫了起來：「燙到阿清了！」當時在廚房裡的還有佩玲、玉香，趕緊喊人來救。素娥看到阿清皮肉都變成煮熟蝦子一般的紅色，嚇壞了。

　　家裡的大人都急忙跑到廚房來，小孩子跟在後面。剛下班的智旭正從門外進來，也聽見喊叫聲，隨後跟了來。吳伴正在房子後面洗衣服，沒有聽見騷動，還是幸子去向她報告的。她一聽說，心想阿清受傷了，這下子怎麼跟鄉下的小叔小嬸交代，一盆水都打翻了，濺得上衣褲子濕淋淋，顧不得收拾，也三步併作兩步跑到廚房來。

　　廚房裡的人擠得滿滿的，吳伴開始拿冷水給阿清沖傷

口。阿清身上起了許多白色的大水泡，佩玲、玉香看著都嚇傻了，素娥躲在後面，不住地哭。這個時候，平日以踩三輪車為業的蒼會正好回家吃飯，智旭忙把阿清抬到三輪車上，催著蒼會把車踩去萬華的一家小醫院。

智旭和蒼會陪著阿清在醫院接受急救，剩下一屋子女人孩子在家，大家都無心吃飯了。吳伴說：「阿清若有什麼不幸，咱們還有什麼臉見阿叔？」

素娥只是哭。吳伴看素娥也受了驚嚇，心立刻軟下來，覺得不必為了姪兒罵起自己的養女來，就說：「我看阿清的情形倒還算好，咱們吃飯吧。」那一天家裡鬧得沒個安靜，智旭和蒼會整個傍晚都陪阿清待在醫院，醫生幫阿清洗了傷口以後又敷了藥。

事後幾天都沒上學。阿清傷口還疼，在床上躺著，時睡時醒，朦朧中又看見了家鄉集集的水稻田、甘蔗田、香蕉園，藍天上的白雲，還有母親溫柔的笑臉。之後阿清又回醫院去換了好幾次藥，都是坐蒼會的三輪車，有時候由智旭陪著，有時候由素娥陪著。素娥因為內疚，每次陪阿清換藥時，她都哭喪著臉兒。阿清心裡倒不怪她，但換藥很疼，他只能齜牙咧嘴地忍耐，素娥看到阿清一臉痛苦的樣子，心裡就更加難受。就這樣，診療室裡的氣氛總是很凝重，阿清和素娥都覺得很不舒服。過了幾個月，阿清的傷口才慢慢癒合，這時候暑假已經快到了，夏天的暖風拂面，豔紅的鳳凰花已然綻放。 阿清在台北的第一個學年就

這樣結束了。他的燙傷完全康復，每天放學後還是一樣跟大家一起圍坐在桌子前面吃飯，一樣跟幸子坐在榻榻米上就著小几寫功課，一樣幫著二伯父和素娥做事。

　　有一天，阿清去倒垃圾，看到垃圾堆裡有一輛玩具軍用吉普車，跟他的巴掌一樣大，雖然少了一扇車門和一個輪子，但在阿清眼中卻是個寶貝，他很珍惜地把這輛玩具吉普車帶回家洗乾淨。在鄉下的時候，阿清也有過心愛的彈珠和尪仔標，但是來台北的時候，他把那些都分送給阿雄和俊平了。這輛小車成為阿清唯一的玩具，陪伴他度過了無數個純真的、甜蜜的童年日子。◆

第三章 舉家北遷 骨肉團聚

一年後，一個沁涼如水的秋夜裡，木柵衛生所主任林智煉在一天的忙碌後，拖著疲憊的身體，騎了約莫半小時的腳踏車，回到新生南路一段的住所。他把腳踏車橫停在一戶日式宿舍門口，拿起一個小紙包揣在懷裡，輕手輕腳地開門進屋。夜已經深了，屋子裡靜悄悄的。廳裡打著地鋪，上面掛著一頂蚊帳。他的妻子和五個孩子在地鋪上並排躺著，發出均勻的鼻息，大概已經睡下一陣子了。

智煉輕輕搖晃兩個較大的孩子，壓低聲音喚道：「阿惠啊、阿清啊！」

兩個孩子悠悠醒轉，坐起身來，看著父親，眼神朦朦朧朧的，一半是因為疑惑，一半是因為還沒睡醒。智煉從懷裡取出那個紙包，從裡面拿出一塊奶油麵包，小心翼翼地掰成兩半，分別遞給孩子，小聲說：「喏，這個是吐司麵包，還抹了奶油的，這很好吃，平常沒得吃的，快吃，快吃。」

那奶油麵包已經冷了，仍然散發出幽微的誘人香味。入口還很柔軟，有點兒甜，有點兒鹹，真好吃啊！十歲的阿清覺得這是他生平吃過最好吃的東西了。姊姊阿惠坐在旁邊，也珍惜地一小口一小口吃完她那一份麵包，小心不讓麵包屑掉下來。

　　「好吃吧？好吃吧！」智煉看看兩個孩子吃得津津有味的樣子，清瘦的臉高興地笑開了，眼睛在黑框眼鏡後面彎彎地瞇縫起來。

　　吃完這塊珍貴的麵包以後，兩個孩子重新躺下，智煉稍微收拾一下，也在妻子兒女身邊躺下休息了。阿清在黑暗中咂著嘴，回味著那塊麵包的味道，覺得有父母家人在身邊真是好，日子像奶油麵包一樣，過得有滋有味。

　　阿清升上小學五年級之前的那個暑假，智煉辭去了集集衛生所的工作，全家人搬到台北，都住進智旭家的客廳。這一家七口總算團圓了，阿清開心得不得了。

　　這兩年來，阿清其實是非常想家的，尤其是燙傷在床上躺著的那段時間，特別想得厲害；不但想念父母親，也想念姊姊、妹妹、弟弟。在那之後，阿清只見過家人一面，就是燙傷好了以後的那個夏天，他一個人搭火車回鄉過暑假，火車開進集集火車站時，看見妹妹阿津正拿個瓢兒，就在火車站前的水溝旁玩水、流紙船。阿清好高興啊，竟不等火車停穩，就跳下車去。阿津抬頭看到阿清，也歡喜地大喊了一聲「哥哥」。阿清家就住在火車站對面，吳和

那時正在灶腳忙著，一聽見喊就急忙放下手邊的工作，一邊在圍裙上擦著手一邊跑出來，緊緊抱住阿清。全家人都興奮極了。

　　林家在集集親友眾多，阿清難得回來一趟，當然要各家都去拜訪一下。當天阿清跑去小叔智豔家玩，小嬸秀娥抓著阿清的兩隻手，上下打量，不住地說，沒想到才過一年，阿清就長得這麼大了，去年還是個拖鼻涕的小孩子呢。智豔一高興，要秀娥煮飯請阿清吃。秀娥煮了一頓大餐，讓阿清著實大飽了一頓口福。

　　往後幾天，阿清忙著找阿雄、俊平等舊時的小夥伴們玩耍，非常開心快活，卻也隱隱感覺到自己的心情，似乎跟以前不同了。

　　五〇年代的台灣，城鄉差距還是很大的。然大家都還是小學生，但台北的學習生活，跟鄉下真的是完全不一樣。看看小夥伴們都還是老樣子，相較之下自己卻變了很多，阿清第一次體會到環境對人的影響。

　　暑假匆匆過去，阿清又一個人搭上回台北的火車。火車開動那一刻，阿清望著月台上向他拚命揮手的吳和，心情很複雜。那年夏天，阿清的心陡然長了好幾歲。他模模糊糊地感覺到，兒時的心境，就像隨水流去的紙船，是再也找不回來的了。

　　阿津在水溝前玩水的身影，成為阿清記憶中永難忘懷的一幕。他不知道，父母親其實也是同樣的想念他，智煉

十四歲時全家合影，手足六
人，左起元清、娟娟、津津、
元彬、幸惠及元灝。

帶他坐火車上台北的時候，吳和躲在房裡默默地哭，姊姊阿惠看見了，但是阿清一直不知道這件事。

智煉跟吳和決定舉家搬到台北來，起因也是為此。雖然當初只有阿清一個孩子北上求學，但智煉其實想讓所有的孩子們都來台北念書，先讓阿清來的原因，一則因為阿清是長子，二則因為阿清頑皮、阿惠乖巧，他還放心讓阿惠暫時待在鄉下，至於阿清，只怕再多待些日子，就會玩野了。

阿清那次返鄉探親後不久，智煉就跟妻子討論是否要全家北上。吳和的意見與丈夫一致，但是要考慮的事情也很多。集集衛生所長這個職位，在地方上算是個受人尊敬、每個月有九十元台幣收入穩定的鐵飯碗，丟下這個鐵飯碗，全家跑到陌生的台北去，還是有點冒險了。阿清離家以後，吳和又生下第五個孩子，現在這個最小的女兒阿娟才兩歲，一家七口食指浩繁，真的是輕易動不得。

智煉幾經考慮，眼前難免要犧牲一點既得利益，但是為了孩子的將來，犧牲是值得的。吳和也對丈夫有信心，這事就這麼定了。

鎮上的人聽說林醫生要搬去台北，都很捨不得，家裡的人則是覺得智煉太任性了。紀芳慶說：「台北是個什麼所在？一個小鎮醫生在那裡能有出頭嗎？」大伯母也說：「小孩子都嘛是天生天養，能多有出息全看小孩造化，大人能給他們吃飽飽、有書讀就很好了，還要為孩子搬家？」

智煉跟吳和的決心並不因為眾說紛紜而有所動搖，吳和是堅信環境對孩子的影響。次年夏天，他們真的舉家搬到台北去了。

　　智煉一家初到台北，就借住在智旭家的客廳，阿惠、阿津也在安排下進入台北的學校就讀。玉香的弟弟、阿雄的哥哥經訓不久後從南投北上求發展，也住在智旭家。

　　這樣一來，這十五坪大的三房日式宿舍裡，竟然住了二十一個人。智旭、吳伴都是很寬宏的人，並不計較，總是說：「自家兄弟，添雙筷子而已，沒事！沒事！」但現在這房子裡真的連轉身的空間都嫌小了。為了騰出空間給智煉一家，吳伴重新安排了一下房間，幸子搬去智旭和吳伴的房裡住，蒼會和玉香一家四口的房間最小，只有兩個榻榻米大。智煉一家住在客廳裡，晚上掛起帳棚、全家人都睡下以後，這房裡人已無法走路進出，智煉睡在門邊，夜裡如果有人要出去方便，智煉就得起身讓道。

　　智煉夫婦非常感恩二兄嫂的照顧，但是心下明白這絕非長久之計，但彼時智煉剛找到木柵衛生所長的工作，存款一時還不夠租房買房，在台北也還沒找到合適的房屋，只好忍耐著，一邊等待時機成熟，一邊叮嚀孩子們：住人家的、吃人家的，凡事要勤謹些，吃飯要慢慢地吃，幫忙做事要快快地做。

　　智煉和吳和的這種心情，當時阿清並沒有體會到。他在這個日式宿舍裡已經住得很習慣，如今父母手足也都來

了，骨肉團聚，他感覺到久違的一個完整家庭的團圓氣氛，
已經心滿意足了。

　　吳和搬到台北以後，雖然比在鄉下的時候更忙，要操
勞家務，又要照顧孩子，但每天一定會抽時間幫阿惠、阿
清、阿津看功課。阿惠乖巧用功，從來不需要吳和操心。
阿津聰明伶俐，念起書來沒有什麼大問題。阿清的學習成
績也越來越好，吳和十分安慰。不過，對於念書這件事，
吳和一向認為，是再怎麼用心都不過分的。

　　阿清即將升上小學五年級的時候，吳和想到兒子即將
要考初中了，於是拜託朋友，讓阿清轉學到西門國小。

　　剛轉入西門國小的阿清，還沒意識到這一點，他還是
跟以前一樣愛玩。西門國小離智旭家比較遠，阿清沒辦法
跟以前一樣走路上學，必須搭公車到中華路，然後走路到
學校。那中華路一路上都是電影院，阿清常常一路看著電
影院的海報走到學校，放學以後也是一路看著電影海報走
到公車站。有一天阿清回到家，竟然發現自己沒背著書包，
想來想去，恐怕是把書包掉在電影院前面了。

　　後來書包沒有找回來，書都得重新買過。買了書以後，
家裡一時沒有錢買新書包，吳和只好拿個布包給阿清暫時
充當書包。她幫兒子把這件事瞞過了丈夫，卻暗暗為兒子
的貪玩迷糊而煩惱。

　　貪玩迷糊的阿清，沒多久就受到第一次震撼教育。那
一天，老師舉行隨堂抽考，阿清考了九十三分。這在幸安

國小已經算是很好的成績了，但西門國小的老師竟然抄起竹條，叫沒考滿分的學生都到教室前面排隊，少一分打一下手心。阿清嚇了一跳，卻看到同學們都愁眉苦臉地魚貫走到教室前面，似乎習以為常的樣子，只好戰戰兢兢地加入隊伍。

阿清被打了七下手心，痛極了，這位老師叫邱阿台，生得四方臉孔，身材精瘦，打起人來比智煉還痛。上課頑皮了也打，考試考壞了也打，開學沒幾天，全班同學都被打過一輪。這下子阿清見識到新學校的厲害了，知道不努力讀書準備考試是不行的。

阿清再也不敢頑皮了，在西門國小，他變成一個規矩的好學生。但是好學生也是需要休閒活動的，那時候阿清跟一群小朋友最喜歡玩的遊戲是「王、三寶、口之口、水獺」（日語音譯）。

這是一個規則複雜、但內容幼稚的捉人遊戲。其規則複雜的程度，剛好符合小學高年級生的喜好。

阿清出身鄉下，腿腳有力，跑得比台北孩子快，因此經常扮「水獺」，負責捉對方的「王」。有一次，他這水獺就快捉到王了，忽然腳下一滑，摔到地上。同學們看到阿清左邊膝蓋破了流出血來，都大喊大叫，亂哄哄地把他抬到保健室去，那次的遊戲就沒有輸贏了。所幸西門國小對面就有診所，學校立刻把阿清送去急救，並且通知了家長。吳和趕到醫院時，醫生正在幫阿清縫合傷口。那傷口

深可見骨，縫了十幾針。

傷口很痛，可是在醫院急救的時候，阿清覺得很安心，因為母親就在身邊。他想起上一次去醫院急救，是三年前被熱水燙傷，由伯父陪著來的。

蝸居在智旭的日式宿舍裡，智煉一家過了清苦、但在阿清記憶中卻是幸福無比的兩年。直到一九五七年，時機終於成熟，彼時智煉存了點錢，便辭去木柵衛生所的工作，找到位於建國、信義路口的信三藥局，與藥局主人分租了三分之一的店面。智煉在門口立起一塊鐵皮招牌，用白漆寫上「信安醫院」幾個大字，正式掛牌開啟診所，主治小兒科、內科、氣喘專科。一家人也就搬離了智旭家，搬入信三藥局廁所後面的一個小屋裡。

這間小屋原本是做倉庫堆放貨物用的，差不多就只有兩坪大，也沒有窗戶。房東林港把它簡單整理以後，租給智煉一家充作住所。這小屋比智旭家的客廳小，阿惠、阿清、阿津還是跟以前一樣，每天放學以後就趴在地上寫作業，寫完作業以後收拾一下，掛起蚊帳，一家七口還是一樣睡在同一個蚊帳裡，躺下以後還是連走路的空間都沒有。這裡也沒有任何家具——因為放不下！真正是名副其實的「家徒四壁」。

廚房和廁所都在小屋前面，很是克難。這裡的廚房爐子是燒煤球的。每天傍晚，吳和用煤球爐生火燒飯，燒好了飯就端到房子裡去吃，吃飽以後吳和再把煤球燒出來的

熱水兌上冷水，全家人輪流在廚房裡擦洗身體。吳和在廚房燒煤球煮飯的時候，阿惠、阿清、阿津三個在屋裡寫功課，阿彬和阿娟就在屋子前面玩耍。

有時候下起雨來，煤球受潮了，生起火來，一屋子的煙，六個人都被那煤煙燻得眼淚鼻水直流，煤球爐挨著的那面牆上也被燻得黑糊糊的。

創業維艱，這是吳和嫁給智煉以後，最辛苦的一段日子。在廈門的時候，智煉正當年輕有為，事業向上發展，婚禮由日本駐廈門領事親自主持，體面隆重。其後智煉在鼓浪嶼的診所遠近馳名，一家人住在一戶西式住宅的二樓，居住環境也很好，吳和風風光光做個醫生娘，閒暇時還可以帶阿惠、阿清姊弟倆，去五老峰的南普陀寺參拜。在集集的時候，智煉擔任衛生所長，是個穩定的好職位，在地方上也深受尊敬。他們在集集的住宅寬敞，後院裡養雞種菜，孩子天天吃上新鮮雞蛋，生活頗有餘裕。

如今來到台北這個首善之都，先是住在智旭家，如今好不容易自立門戶，居住環境、生活品質不但無法跟在集集鄉下的時候比，比之從前在廈門的好日子更是往事如夢。智煉不以為意，他從小就是孤兒，很能吃苦，對於得來不易的機會特別珍惜，他覺得來台北就是要為孩子們尋找好的機會，吃一點苦不算什麼。吳和是一個守得貧、耐得富的賢妻良母，要安於眼前的環境，對她來說也沒有什麼困難。

智煉一家搬進這小屋的時候，正值初中聯考前夕、全國學子把握最後時間衝刺備考的關鍵時刻。在這樣的環境下，阿清拚命用功，順利考上第一志願建國中學初中部。吳和甚感欣慰，智煉也十分高興。◆

第四章　年少輕狂
建中歲月

　　建國中學歷史悠久，是台灣最早設立的公立中學，也是台灣地區首屈一指的男子重點中學。聳立在校門後的第一幢建築是一棟宏偉的紅磚樓，命名為「紅樓」。紅樓後面就是操場，是一片寸草不生的黃沙地，每當天氣晴朗起風時，飛沙走石，塵埃蔽天，站在操場上竟如置身沙漠一般，操場兩側的紅樓、木造樓在黃塵籠罩下，看起來也變得特別遙遠，因此建中學生一向戲稱學校是「沙城」，自稱為「駝客」。

　　阿清對於這片寸草不生的黃沙地，印象是很深刻的。

　　他當初在西門國小老師軍事化訓練的強力鞭策下考進建中，但進入以自由學風著稱的建中初中部以後，所有的緊迫盯人和嚴格教學都消失了，阿清也一下子放鬆下來，坐在教室裡，少了壓力，腦筋一片空白，對課業也沒那麼專注了，好像又回到集集國小時代，只等著下課鈴響，好衝出教室和同學們踢足球。

初一的功課，阿清輕輕鬆鬆地應付過去了，但是到了學年末了，收到成績單的時候，竟然發現體育是五十分、不及格，面臨留級危機。阿清搞不清楚自己為什麼體育不及格，他猜測自己可能是體育考試忘了去，但也不是很確定。不但不確定，還不以為意，覺得留級就留級，沒什麼大不了。

　　吳和聽說兒子可能留級，卻是十分擔心。幾經思索，她想起自己有一個表姊住在二水，這位表姊的女兒美齡，嫁了一個丈夫楊義賢，正在建中高中部教生物。吳和便挑了一天，備了一點禮物，帶著阿清去拜託姊夫，看看有沒有什麼辦法可想。

　　楊義賢身材清瘦，蠟著一個服貼的大背頭，高高的鼻梁上架著一副眼鏡，很有知識份子的派頭。雖說是姊夫，他也是阿清的老師，坐在他家客廳，阿清有點緊張。美齡端上茶水，楊義賢坐得直挺挺的，拿著阿清的成績單細讀。阿清挨著母親坐在一邊，連大氣都不敢喘一下。

　　楊義賢看了阿清的成績單以後，對吳和說：「表姨，我來幫阿清安排補考吧。」有了楊義賢這句話，吳和母子走出楊家大門的時候真是千恩萬謝。後來楊義賢果然也盡心幫忙，阿清通過補考，過了這一關，升上二年級。

　　俗語說：不經一事，不長一智。但阿清經這一事，並沒長一智，還是天天等著下課鈴響，好衝出教室去踢足球。吳和每天早上都給孩子們準備便當，阿清常常利用上午課

建中九班同學，前排左起白陽
亮、王和生、楊伯仁、戴怡德、
施建中、劉光復。後排左起林
清修、杜長華、黃忠志、元清、
陳明潔。

間時間把便當吃完，以便在中午休息時有更多時間踢足球。班上有幾個從香港來台讀書的僑生，香港足球運動風行，這幾個學生足球也踢得很好，花式又多，阿清常常跟他們一起玩，練就一身功夫，比賽時射門強勁，遠射也準，越玩越有興趣，對自己的球技也越來越有信心。

　　某天下課後，阿清經過建中對面的植物園，看到一個租小說的攤子，一時興起，租了一本諸葛青雲的《一劍光寒十四州》。這本書講的是武林世家呂懷民一家遭仇家滅門，呂家獨生子崇文倖免於難，呂懷民義弟慕容剛帶世姪逃出生天，呂崇文上山拜師學武，欲報殺父之仇。

　　《一劍光寒十四州》第一集寫到這裡就結束了，阿清看得欲罷不能，急於知道呂崇文後來的際遇，就一本接一本地租來看。上課時偷偷把小說放在桌板下偷看，回家後趁著上床睡覺、還未熄燈之際躲在被窩裡偷看。

　　平時阿清的學習成績雖不是班上最好的，卻也還不錯。但這回他真被武俠小說給害了。

　　日子一天天過去，初二下學期將近尾聲。阿清藏在桌板下的那本《一劍光寒十四州》裡，呂崇文在歷經奇遇之後，已經學成下山了。

　　上理化課的時候，阿清又把書放在桌板下面偷看。呂崇文正與四靈寨令主宋三清展開正邪之爭，宋三清使出蕩魄魔音，書中呂崇文一時驚心悸耳，書外阿清也看得驚心動魄。

正隨著宋、呂二人過招而心蕩神馳間，阿清忽然感覺到一道凌厲的目光，抬頭一看，教理化的易緒謹老師正站在面前，低頭表情嚴肅地瞪著自己。阿清心中一悸，乖乖把書交出來……。

期末考，阿清理化考了八十分，相當好，但老師為了處罰他上課偷看武俠小說，成績單上只給他五十九分。阿清自知理虧，不敢去爭，不巧他今年音樂和童軍兩科也不及格，這下又得留級了。

所以吳和又帶著阿清去請楊義賢幫忙。坐在楊家的客廳裡，楊老師看著阿清的成績單，表示這回他也一籌莫展，三科不及格一定要留級。

吳和聽了，臉色一沉，立刻決定讓兒子重讀一次初二。有兩個理由，第一，她認為阿清的毛病大體上是心性不定，唯一有效的方法是給他一次教訓。第二，她覺得兒子這一年來沉迷武俠小說，雖然成績表面上看起來還過得去，但恐怕學得不夠紮實。她這樣想，便謝過楊義賢，帶著阿清告辭了。楊義賢也覺得讓阿清重讀一次初二是最好的安排，並表示歡迎阿清來他家補習。

對阿清，這留級的決定不啻是一個壞消息，毫無疑問。吳和也把此事想了一遍。她心裡暗想，阿清這樣不能專心，需要特別督導，她必須對阿清更加嚴格。可是她不願意打罵兒子，因為兒子漸漸大了，打罵既破壞親子關係，又達不到督促的目的。想來想去，開學以後，吳和開始天天親

自送便當給阿清。

那時候，阿清在教室裡的座位正好靠窗，每天近中午時，往窗外望去，就會看見當時已經懷了第六個孩子的吳和，挺著便便大腹，手上提著便當，從紅樓底下走來，穿過黃沙滾滾的操場，蹣跚走向木造教學樓。從信安診所到建國中學，要先走路到東門，乘公車到南海路，再走到學校。阿清偶爾會因為貪睡而上學遲到，但吳和幫阿清送便當卻從來沒有遲過。送到阿清手上的便當，總是熱騰騰的，而且都是滷味、雞蛋等好料。捧在手裡，份量特別覺得重。送來便當時，吳和還會叮嚀阿清幾句，不外乎叫他上課要專心、讀書要用心等。

多年以後，年事已高的阿清，每當回想起那片黃沙滾滾的操場，以及黃沙中母親送來便當的身影，除了感恩之外仍有欲哭的衝動。

阿清知道母親對自己寄予很重的期望，因為他是長子。那時他已經十五歲，進入心情不定的青春期了，對於母親無微不至的關愛，他有時候覺得感動，有時候又覺得彆扭。在慈母天天送便當的督促與感化下，那一年，阿清再也不敢馬虎，也不敢在上課時偷看武俠小說了。他的英文、數學、理化都學得更用功，下課後又去楊義賢家補習，每次考試、每一科成績都在九十分以上。

便當裡能夠天天帶上滷味、雞蛋這些豐盛的佳餚，一方面是因為智煉與吳和都把好菜留給孩子，一方面也是因

為智煉開始執業後，家裡的經濟情況漸漸好轉了。

信安醫院開業後不久，有一天，一位七孔流血的病人被送進來，智煉一看，知道這患的是血癌，已到末期，只怕無藥可醫。但看旁邊的家人哭得那麼傷心，智煉心軟，想幫他止止血也好，就徵得家屬同意，用父親林俊留下來的老方子，將砒霜與蛋黃攪勻，放在酒精燈上炙烤，烤焦成粉末後，塗在病人的牙齦上。

奇妙的事情發生了，病人果真不再流血。

這事傳開了，智煉的診所門口開始有人排隊。他擅長治療氣喘病，患氣喘的人最怕舟車勞頓，但來信安醫院求醫的病人，竟有遠從汐止、基隆、甚至桃園來的。有的病人信誓旦旦說，大老遠來到信安醫院，還沒看到林醫生呢，只遠遠看到信安醫院的招牌，病就好了一半。這麼口耳相傳，智煉的診所生意更是蒸蒸日上。

家中環境好轉以後，智煉便想為家人換一個好一點的居住環境，剛好房東林港要將診所二樓的住宅出售，智煉想買下來，但是手頭的現金有些不夠。智煉有一個當年在集集鄉下一起賣空心菜的朋友，名叫林有福，這時已經當上彰化銀行的東門分行經理，對投資理財一竅不通的智煉，就去請教林有福。林有福指導智煉申請銀行貸款，買下了林港的房子。

買下這房子以後，智煉一家八口、包括剛出生的小兒子阿灝，總算搬出了那個小倉庫，搬進了這有兩房兩廳的

住宅。這住所比以前寬敞多了，智煉與吳和都有苦盡甘來的感覺，智煉又在頂樓加蓋了一個小鐵皮屋，作為孩子們的書房。有生以來第一次，阿清不必再趴在地上寫作業。

這時智煉已經很有名氣，診所的病人絡繹不絕，智煉請了一個藥局生叫吳忠科做幫手，吳和有空時也去診所幫忙。有時候診所的病人實在太多，藥局生忙不過來，吳和又沒有空的時候，即使阿清功課繁忙或即將考試，智煉也會叫阿清來幫忙。

在診所，阿清看到父親總是把病歷分為兩大疊，其中一疊是免費看病的窮苦人家，另外一疊則是普通的收費病人。有些病人不但沒有錢看病，還有一餐沒一餐的，智煉知道了，就囑咐阿清包點錢在藥包裡，讓病人去買米買菜吃。智煉對阿清說：「他們生活困苦，我們如今熬出頭了，應該多幫助他們才對。」

阿清就這樣在智慧與慈悲的教育環境中長大。若是把父母對阿清的影響劃分個界線的話，母親給了他追求智慧的言教，父親給了他慈悲濟世的身教。初中時代的阿清，還沒有仔細考慮過自己的未來，但不知不覺間，已經把報考醫學院當作理所當然的志願。

阿清能考上醫學院，也是經過一番努力的。初三那一年，在楊義賢老師的監督下，阿清功課很好，初中畢業很順利就考進建國中學高中部。這次他被分在高一九班，正是楊義賢擔任導師的班級。開學第一天，阿清走到教室門

口，聽見裡頭鬧哄哄的，往裡一瞧，看見好多熟面孔，原來這九班是好班，幾乎都是初三直升高中的同學，好多都是以前七班的，也多在楊義賢家補過習，彼此都熟。阿清看了很高興，趕快跑進教室加入大夥兒，同學們看見他也都笑容滿面，大家問好、打鬧，上課鐘響，也不理會。

楊義賢走進教室，大聲責備：「怎麼上課了還這樣吵吵鬧鬧呢？你們若不趕快好好坐下，我要教訓你們。」大家才趕緊坐好。

剛上高一的時候，功課比較緊，楊義賢也比較嚴格，不時隨堂抽考，同學們都很努力，自是不在話下。考試的時候，楊義賢都坐在教室最前面看報紙，其實他在報紙上挖了兩個洞，一面看報一面監考。學生也都知道他那報紙是有做過手腳的，沒人敢投機取巧。

楊義賢教學認真，也會帶學生們出外旅遊，調劑一下。開學沒多久他就帶全班同學一起去旅行，一群少年穿著建中的制服、戴著帽子，坐著小火車，上阿里山去看那出名的雲海、日出、晚霞。

阿清覺得上阿里山的這一次旅行是他畢生難忘的。那個時候他們的高中國文課已經教過《孟子》了。孟子曰：「孔子登東山而小魯，登泰山而小天下。」阿清沒有去過泰山，但是他覺得登泰山大概也跟登阿里山差不多。置身阿里山山頂，看朝陽下那風起雲湧、氣象萬千的雲海，阿清覺得自己的眼界陡然開闊了。他陷入沉思，恍然間覺得

四周的一切彷彿都在急速地後退，老師、同學都不見了，天地間只剩下自己和這片一望無際的雲海。他腦海中的思潮不停翻滾，好像那山上白雲的湧動。在那個頃刻，他感到自身是非常的渺小，同時又感到此心是如此的寬廣；他覺得自己不過滄海之一粟，同時又覺得此身必能有大用。他年輕的腦子還不能把這許多思緒一下子組織起來，但這次的經驗使他愛上了大自然，更愛上了登山。後來他陸續又登了三次台灣第一高峰玉山、兩度攀登世界第一高峰喜馬拉雅山。隨著年歲漸長，每次登頂看著山上的白雲，他的心情都有所不同。

阿清的建中高中生活就在這種輕鬆的氛圍中展開序幕。這一年過得很有意思。老師同學當中不乏有趣的人物。英文老師是回教徒，很和氣。數學老師譚家培是個憤世嫉俗的知識份子，常常手在黑板上寫著幾何公式，嘴上就開始罵人。他常說：「龍生龍、鳳生鳳、烏龜生的兒子挖牆洞」，學生都知道他這是在罵另一位老師偷他的題，每次聽到這句話就掩嘴而笑。

阿清最喜歡國文老師杜聿新。杜聿新講話聲音很輕，但條理分明，非常斯文。除了課本上原有的題材以外，他也常常教些課外的唐詩、宋詞、古文等。講得最多的是南唐李後主和明末金聖歎的作品。他把這些詩詞寫在黑板上，然後講解這些詩詞的來龍去脈。阿清聽得有趣，總是把杜聿新寫在黑板上的題材，仔仔細細抄在課本上，回家

以後讀了又讀。他原本喜愛生物、化學這些科目，對國文缺乏興趣；但是他很喜歡杜老師，不知不覺念了許多文學作品。後來阿清旅美多年，再也沒有機會運用這些國學知識，但李後主的〈破陣子〉、〈望江南〉、〈相見歡〉等詩詞他一直熟記心中，閒來無事都能朗朗上口。

高中第一年，阿清像在快樂的象牙塔裡，盡情求學、參與體育活動。也見過一次太保打架——那時他們班上有幾個同學，本來跟幫派有些瓜葛，能考進建中，都是絕頂聰明，也都立志讀書，但以前跟他們一起廝混的小太保，常會來學校騷擾他們。在阿清的同學當中，就有這樣的學生：包同學是個大帥哥，還有甘同學、陳同學兩個朋友。

那時他們發憤讀書，但人在江湖，身不由己。包同學為了躲避從前廝混的太保，上課常遲到。終於有一天，校外太保來班上尋仇，中午跟他們一夥約在植物園裡開打，好多同學都跑去看熱鬧，阿清也跟著跑去，一到場就看見對方的老大拿著木刀往包同學頭上砍下去，只見他彎腰低頭，很輕鬆就閃過了，又揮拳踢腿把對方打退。小甘和小陳也出拳追打其他幾個小混混，把他們趕跑。其他同學都看得目瞪口呆。完事之後，他們三人像沒事一樣走回學校，其他同學也靜靜地走回去上課，沒人敢去向楊義賢報告。

阿清不會學人打架，但運動四肢發達，在許多課外運動項目中十分活躍，參加田徑隊、足球隊，打球累了就跑到水槽旁邊，打開水龍頭，自來水灌到飽。平時要好的朋

友，一個邱漢民、一個王和生，也是些學習成績好、運動神經又發達的同學。高二時校慶舉行大隊接力賽，阿清和好友們組隊參加，為比賽努力練習了很久，還特地做了淺藍色的新運動服。比賽當天，大家穿著嶄新的運動衫，精神抖擻。和生是班上跑得最快的，漢民也努力地跑得飛快，傳棒時差點喘不過氣。結果跑了第一名，大家興奮極了。

沒想到，宣布名次的時候，第一名卻是其他班級，大家都嚷起來。升上二年級以後重新分班，楊義賢已經不再擔任九班的導師，現在的導師是教化學的女教師盧世棽。她對學生說，沒有關係，大家盡力就好了。但是同學大家夥兒不服氣，去向學校抗議，得到的結果是跑第一棒的郭博資有可能踩到了邊線，所以不算。

這郭博資也是阿清的好友，他們從西門國小五年級就同班，初中聯考博資考上成功高中，高中才考上建中，高二重新分班時進入九班。阿清和小學同學重逢，當然很高興，經常一起玩。聽到這答案，阿清更不服氣，他本來就是一個特別積極的人，於是寫了一封信給學校的體育組敘述當時的情況及裁判的不公，但也不了了之。

九班最後得了精神總錦標。大家聚在一起討論獎盃要怎麼處理。漢民說：「我看，賣掉獎盃，大家分錢好了。」

漢民是從屏東北上來念書的，他跟阿清家庭背景類似，父親也是開業醫師。他生得濃眉大眼，跟鮑塞並稱班上的兩大帥哥，但他的態度更風流倜儻一些。他很有才氣，

不但會念書、會運動，還多才多藝，精通圍棋和油畫，且對歷史掌故頗有研究。

這時大家並沒有聽他的意見。

博資說：「不如大家輪流保管，從第一個結婚的人開始輪。以後誰結婚，就在婚禮上交接獎盃好了。」這個提議大家都贊成。又決定在第一個同學結婚之前，先把獎盃放在盧老師家。

阿清在足球隊的表現也相當活躍，他踢中鋒，跟另一位中鋒林吉昌搭配起來，防守天衣無縫。

孩子在運動場上太活躍，在學習上就比較難專心了。到了高二下學期，阿清連續幾次化學小考，都只考二十幾分。導師盧世棽找他去談話，微笑著說：「元清，你這幾次小考都沒有考好，大概最近沒有用心讀書吧。我看你很聰明，只要你肯用功，應該可以讀得很好的。」阿清一句話都沒有說，但決定要開始用功一些了。他跟和生一起去盧老師家補習。高中時也和同學曾憲章等人參加了張世傑老師辦的中華合唱團，唱了許多當時的愛國歌曲，像《中華頌》。

高二在打鬧中過去，不覺中鳳凰花又開了。學期結束時，阿清的名次排在全班第五十二名，扣除轉組的同學，他就是最後一名。盧世棽又把阿清叫到辦公室：「元清，明年就要大專聯考了，只剩下一年，不努力是不行的。」

阿清靜靜在家待了一個禮拜，不時拿起成績單來看

看，想起盧世棽說過的話。高中生涯已經過了三分之二，沒想到兩年竟然這麼短。只剩下一年，只怕也將如飛而去。就憑自己這樣的成績，不要說醫學院，考任何一所大學都會有問題。到時候，不但父母會大失所望，自己也會意志消沉。這樣一想，阿清終於明白，再不努力真是不行的了。

他理了一個大光頭。回到家，把課本全找出來，決定利用這個暑假，把過去兩年的英文、數學、化學、生物課程，全部溫習一遍。第二天開始，阿清每天一早就開始專心讀書、劃重點、做筆記。七月天裡，智煉在頂樓加蓋的書房，熱得像烤箱一樣。那頂樓曬了一天的熱氣，直到太陽下山後許久，還直冒出來，把屋裡的人烤得汗流浹背。這當然很不舒適，但正合阿清的意。他在桌腳放了兩個水桶，如果睡意來了，他就把腳浸到冷水裡，這樣來振作精神，每天都讀書到深夜。吳和看到兒子的改變，十分欣慰。每天晚上，她都會煎一顆蛋，煮些宵夜，在午夜時分靜靜地走進書房，悄悄地把盤子放在桌旁，又默默地離去。

阿清持續努力，一直到高中畢業。冬去春來，轉眼又是另一個炎炎夏日。鳳凰花又開的時候，他幸運地考取臺北醫學院。智煉、吳和都很高興，智煉覺得自己那小小的信安醫院後繼有人，更是得意。

阿清就這樣踏上了他懸壺濟世的第一步。弟弟元彬、元灝隨後也踩著大哥的足跡而至，赤腳醫生林智煉上承父志、下啟後昆，林家成為一門三傑的杏林世家。◆

一九六四年八月，大專聯考放榜後高三九班同學回到建中拜訪盧世棻老師，與盧老師攝於校門口傳達室前。左起吳潤修，陳億慶，陳甫，黃大民，盧正良，楊伯仁，林元清，姚詩訓，杜長華，戴怡德，田克恭，葉祖詒，何其儻，林清修，郭博資，周賢福，劉光復。

繼承父志
勤讀醫科

第五章

　　那年八月，開學的日子，阿清很興奮，一大早就起床了。早餐桌上的清粥小菜，家人的談話，母親的聲音，所有這一切都浮動在愉快的氣氛之中。從今天起，他也將是醫學院的學生了。讀醫學院原本是父母親對他的期望，但不知何時起也成了他自己的願望。現在他只想趕快吃完早飯，好前去註冊。他覺得全身充滿了精力。

　　吃完早飯，吳和放了兩千九百元在兒子手裡，那是註冊的費用。阿清從來沒有在手裡拿著這麼多錢過。他揣著這薄薄一小疊鈔票，覺得自己是大人了。

　　事實上他的確已經長大成人，高大英挺，笑容爽朗，已然是一個出色的青年。大家也都把他當作大人看待，除了家人以外，沒人再使用「阿清」這個乳名，現在都以「元清」稱呼他。

　　臺北醫學院在今天是一個名氣響亮的名門醫學大學，但是在元清考上北醫當時，它還只是一個成立剛四年的學

校，連第一屆的醫科學生都還沒畢業，當然也談不上什麼名氣。那天早上，元清走進的是一個簡樸的校門，校門後面是一排簡陋的鐵皮屋，只有一棟新蓋好的教學大樓，下面有一個寬敞的川堂，看起來還像點樣子。但這學校寒傖的外表，絲毫不減新生的興奮之情。

註冊的地方在教務組，也設在鐵皮屋裡，這時候門窗都還關著，但是已經有好多早到的學生站在門口，等著註冊。元清趕緊走過去，忽然在人群中看見一個熟悉的臉孔，原來是建國初中的同學高謙次。老同學相見，兩人都很高興，馬上聊了開來。

一會兒窗戶打開，謙次讓元清先登記，元清就登記了，這才知道原來學號是按照註冊先後次序來編的，所以元清的學號就是全班第一號。也因為這個學號的關係，他也得到了之後闖蕩新大陸用的另一個名字：馬修。他們大一的英文課，授課講師是一位來自美國的女傳教士，她為全班五十個同學，每個人都取了一個英文名字。因為《新約聖經》第一章是〈馬太福音〉，元清又是全班第一號，她就給元清取名「馬修」。

大學跟高中的氣氛是大大不同。大學聯考招入一百名學生，加上僑生及轉學生、轉系生，這一屆共有一百五十幾名新生。同學當中，從全省各地、各個高中考進來的都有，年齡也參差不齊，除了像元清這樣的應屆畢業生以外，還有已經待過職場、如今重返校園的學生，也有些年少失

學、由職業學校畢業後考進來的學生，學生的背景非常多元，儼然社會縮影，讓元清大開眼界。

雖然是醫學院，但是大一的課程幾乎都是通識教育，主要學物理、化學、生物，還有那個時代必讀的國父思想。對於國父思想，元清向來是有聽沒有懂。跟醫學知識真正有關聯的大概只有生物課，但那是一門「大堂課」，上課的時候，醫學系、牙醫系、藥學系，共三個系兩百多名學生，鬧哄哄地擠在大堂裡，老教授就拿著他那本有二十年歷史的老筆記，照本宣科，當然引不起同學的興趣。

元清有四個高中同班同學一起考上北醫醫學系，分別是他的好友邱漢民、高中時一起踢足球的杜長華、老好人吳潤修。還有幾位同學林吉昌、王以仁、黃崇恆考上藥學系。加上其他班級的葉秀明、江明哲等人，那一年建中考上北醫的真有一大批。

這段期間，元清也與許多從前的同學重新恢復聯絡。熊俊平舉辦了集集小學同學會，元清去參加，這才知道俊平早已來台北了。他從集集初中畢業後，考上台北高工，現在已經畢業，一面做著機械買賣的生意，一面在東海空中大學進修。看到與自己年齡相仿的童年玩伴，已經步入社會、獨當一面，還憑一己之力繼續求學，元清覺得好佩服。這次同學會他玩得很開心，只可惜沒有見到童年玩伴堂兄阿雄。阿雄也已經長大，他姊姊玉香的長子仁贊在越南開了一家工廠，他也跟著去越南打拚，難得回台灣一趟，

要見到他分外難了。

大一的功課，幾乎以前高中都讀過，元清念起來很輕鬆，還一口氣參加了柔道社、足球隊、橄欖球隊三個校隊。這三個校隊經常要練習、集訓及參加大專及社會組的比賽，足球隊每年都會得到醫學杯的比賽冠軍。橄欖球隊得過社會組青龍杯冠軍，柔道隊更曾經贏得了全國大專杯的比賽亞軍。參加校隊也因此占據他不少時間。

他初中時代愛看武俠小說，雖然後來受到留級打擊，沒有繼續沉迷，但《一劍光寒十四州》裡的世界一直讓他心嚮往之，常常想像一些自己隱居深山斷崖、練就絕世武功、到處行俠仗義及救人濟世情節。選了柔道社，覺得學點工夫，多多少少可以滿足自己中學時代的幻想。

每天下課之後，元清就和柔道社的同學們，從儲藏室裡，把三十幾塊榻榻米搬到教學大樓下面的川堂放好，作為臨時的柔道道場，每次練習兩、三個小時，練完以後再把榻榻米搬回儲藏室裡收好。那時候的大學校園裡，很奇異地隱藏著很多出色的運動員，北醫的柔道教練就是亞運柔道選拔賽冠軍李清楠。

李清楠拿下亞運選拔賽冠軍的那一年，由於亞運主辦城市雅加達也同時邀請了中共參加，出於政治考量，中華隊最後並沒有出賽。

連康義勝算在內，柔道社才十多個人，練習時前輩們像林淼塘、李文雄、吳清巖等常常讓著師弟們，故意被師

弟摔個四腳朝天。元清和同學們也知道前輩是故意讓著他們，但這並不妨礙他們建立信心，反而越練越有趣，越練越努力，大家的技巧都進步得很快。當時李清楠在太平國小成立了太平道場，元清柔道練得起勁，除了每天下午在學校練習以外，早晚也會去太平道場練習。

至於足球隊及橄欖球隊，元清是在好友的慫恿下加入的。葉秀明在建中時是建中橄欖球隊「黑衫軍」的明星跑鋒，上了大學以後，他看北醫沒有橄欖球隊，就想組織一個。正好，醫學系四年級有位學長黃博正，也是建中橄欖球隊老將，兩個人到處拉人，秀明找了元清和明哲，博正另拉了三個人，這樣湊齊七個人，北醫橄欖球隊就成立了。元清在足球隊踢後衛，橄欖球隊踢中鋒。

柔道、足球、橄欖球每年都有三、四次比賽，每次賽前都有四週集訓，加上平常的練習，真是占了元清不少時間。好在高中時代打下的好基礎，大一的課程他念得很輕鬆，應付三個校隊猶有餘裕，沒事還跑去參加攝影社和土風舞社的活動，或跑去漢民跟明哲的宿舍找他們下圍棋。他們幾個男生下起圍棋，往往廝殺到晝夜不分。有一回明哲的女友吳幸秋來找他，左等右等也不見棋局結束，還氣得走過來翻了棋盤。

元清的大一生活過得相當痛快，簡直就像在念體育系一般。期末考也考得很順利。放暑假時，他和高謙次、江明哲，和另一位同學袁柏耀，一起去福隆參加基督教青年

元清（上圖後排右一）擔任社長的北醫柔道社，贏得全國大專院校柔道團體賽亞軍。一九六五年，元清（左圖前排右一）所屬北醫橄欖球隊榮獲社會組青龍杯冠軍。元清大學四年參加的柔道、足球及橄欖球隊都是歷年醫學杯的冠軍。

會為期一週的夏令營。

夏令營對年輕人有種特殊的魅力。福隆的營火旁，一群青年在火光映照下唱著山歌，紅了臉龐。暑假過完，他們滿載而歸了。明年，又有一批青年來坐在這堆營火旁唱山歌，等著打包他們自己的人生經驗帶回去。正是人生代代無窮已，江月年年只相似。別說那江上的月亮，這海邊的營火不也是如此？

一九六五年的這個夏夜，在營火滅了以後，有四個青年還躺在沙灘上，望著滿天的繁星。忽然其中有一人開口：「這星空多遼闊啊，世界真大！我當完兵以後一定要出國去看看。」

這四個青年就是林元清、高謙次、江明哲和袁柏耀。在這之前，元清從來沒有過出國這個主意。儘管沒有認真想過，在他心中，總隱隱約約地認為，自己的未來大概就是繼承父親的信安醫院，也許可以把那小醫院的規模再擴大點，這就是他年輕的腦子裡全部的計畫了，並且這計畫還沒完全成形。但此時聽到同學發出的喟嘆，他也心中一動：「對啊，這星空多遼闊啊，世界多廣大啊！我為什麼不也出國去看看呢？」他忽然心潮澎湃起來了。高一那年在阿里山上看雲海的情緒又湧上心頭，並且更加具體。他覺得在這廣大的世界上，自己就像那滿天星斗中的一顆，雖然渺小，但也能發光發熱。人生有無限的可能，命運是掌握在自己手裡的，不論遇到什麼，總有辦法克服。

北醫大三時，和蔡健馨、杜長華、陳俊宏（左起）同遊阿里山，於神木前合影。

快樂的暑假轉眼結束，升上大二，開始讀生化、藥理、生理這些課程，元清明顯感覺到，課程沒那麼輕鬆了。他有時候為了球隊和柔道隊的比賽或集訓，無法上課或參加考試，就得向老師請假、申請補考。那一年的期末考，他也為了橄欖球比賽，沒有參加考試，最後是補考過關的。元清的兩個好朋友，高謙次和蔡健馨，功課都很好，元清缺課的時候常常找他們借筆記。在這些高材生好友的幫助下，元清這一年也順利過關，但成績並不是很理想，自己也覺得課業變重之餘，還要兼顧三個校隊比較吃力，但是很奇怪，他從來沒有生起過放棄的念頭。元清從不自稱是一個有毅力的人，但他生就了這麼一個脾氣，凡事做了一個開頭，就要做好做滿，半途而廢對他而言，從來不是選項之一。

　　雖然大二念得吃力，可是升上大三，開始念直接與醫學有關的課程時，元清大感興趣，用心學習，成績明顯進步。大三的重頭戲是解剖課，十三個人一組，在教授的解說下，圍繞著「大體老師」──就是將身體貢獻給醫學院學生解剖的往生者遺體──舉起解剖刀，去了解人體的構造。元清上解剖課很認真，既沒有恐懼，也沒有疑慮，他眼中經常噙著淚水，不知是被泡遺體的福馬林熏的，還是被捨身的大體老師感動的。他這一堂課成績不錯，組織學、生理學也念得很好。

　　大四是醫學院最重要的一年，有內科、外科、婦科、

兒科的課程，還有病理學。病理學的兩位教授陳定堯和黃德修，分別兼任足球隊和橄欖球隊領隊。兩位教授對球員要求特別嚴格，規定球員如果病理學達不到一定的成績，就要勒令退出球隊。元清這一年擔任柔道社的社長，社團活動更吃重，他又喜歡打球，病理課上自然不敢馬虎。

經過四年的相處，醫學系的一百多個學生彼此都已熟識。元清這個時候已經體會到，醫學知識浩瀚，但是如果考試前把筆記溫習好，再看看考古題，都可以過關的。這一年他病理學拿了九十八分，是全系最高分。他對病理解剖特別有興趣，每次在臨床病理聯合會議以後，他總會將所有的案例，在書本上重新溫習一遍。

在大三和大五之間，發生了一些讓元清對醫病倫理深有體會的事。

三年級下學期某一天，忽然有一群陌生人來到他們教室，兩個人守住前門，另有三個人從後門走進來。一班同學正摸不著頭腦，此時看見後門進來的那三個人，後面跟了一個大著肚子的女人，明顯是懷孕了。此時忽然有一位同學，衝到窗邊，打開窗戶，跳窗逃走，大家都嚇了一跳。這位同學是從南部北上求學的，總是騎著一輛老舊的腳踏車來上課，看上去是個忠厚勤樸的人，誰也想不到他會惹上這種事。

那年暑假，他們一班醫學生到衛勤學校（陸軍衛生勤務學校）受訓，這個女人又抱著剛出生的嬰兒來衛勤學校

尋人。那個「忠厚勤樸」的同學當然躲了起來，女人沒有找到人，當然很失望，也不知道這件事最後是如何解決的。

大五那一年，有一次二十幾個同學跟著教授李夢蘭去省立中興醫院內科門診見習。李教授面對這些未來的醫師，語重心長地道：「以後在診治病人的時候，千萬要記住，尤其是對女性的病人，你們千萬不可有任何非分之想或動作。你們寧可到外面花錢去買醉，也絕對不可以對女性的病患，動一根手指，這是絕對的禁忌。」聽到老師的忠言，元清不知道怎麼地，想起那個懷孕的女人，和跳窗逃跑的同學，深深感覺到作為一個醫生，操守是多麼重要。

醫學院五、六年級的學生，上午的時間在學校上課，下午的時間則在醫院見習，更接近臨床。北醫當時還沒有自己的實習醫院，都是十幾、二十個學生跟在一個教授的後面，輪流到不同的醫院見習，每天可以看到不同的病歷，對照教科書上的內容，收穫還是很大。大六下學期末、開始分發七年級實習醫院時，元清已經對自己很有把握了。

在醫學院的這幾年，是元清一生中最快樂的日子。他過得認真而充實，不但在課堂上充分吸收醫學知識，在喜愛的社團運動上也表現出色，還參與了許多課外活動，盡情接觸大自然。

除了讓他眼界大開的福隆夏令營以外，元清在這六年之中，還參加了救國團舉辦的七天行橫貫公路徒步健行隊，看到了台灣的橫貫公路之美。大二的暑假，他參加了

救國團的醫學訓練營和海上戰鬥營，乘軍艦在海上過了難忘的五天。他對新事物都很有興趣嘗試，大四的暑假，偶然在公車上遇見就讀台大化工系的高中同學陳甫，陳甫開口就問他：「我們明天要去溪頭的台大實驗林，你要不要跟我們去？」元清也沒多想就一口答應了。

當時的溪頭，還未開發成觀光勝地，只有一座台大實驗林。第二天，元清跟陳甫的六、七個同學來到溪頭，呼吸著新鮮的空氣，走過大學池上的竹拱橋，漫步在山林小道上，整座森林裡就只有他們這幾個青年。享受著山明水秀的景致，元清真覺得人間仙境，也不過如此。

但最令他難忘的，是大三暑假參加的玉山登峰隊，攀登東亞最高峰玉山。他們一大早由阿里山出發，乘著火車，從車窗望出去，正看見紅色的太陽自樹林的邊緣緩緩升起，枝葉篩落一地金黃的晨光，美不勝收。一行人由塔塔加鞍部登上排雲山莊過夜，次日凌晨四點，就在黑暗中摸索著山壁上的鐵鍊往上爬，一路都是碎石鋪成的路面，另一側便是千尺斷崖。驚險萬分地爬上玉山主峰，正迎上日出，看著朝日在壯麗的群峰間升起，比起阿里山日出，又是另一番風情。

在校園裡，他的學生生活十分單純快樂，課餘去太平道場練柔道，認識了道場裡唯一的外省學生于摩西，也結為好友。大三到大五，元清連續擔任三年柔道隊隊長，練習很勤，有時也去觀摩外來柔道選手的比賽，體會不少。

有一次日本選手來台灣，在菸酒公賣局比賽，元清也去觀看，看到一位日本選手的大外割技巧，非常精湛，左手拉力的速度、著力點的爆發力，都堪稱完美。元清得到很大的啟示，回去以後就跟前輩、同學們切磋練習，完美了自己大外割的速度與技巧。後來在北醫校內舉行的柔道擂台賽以及南北柔道對抗賽，元清憑著這個絕技，連續贏了六位黑帶選手。

　　元清練習柔道，最大的收穫，不是精進了武術，卻是柔軟了身段，也練就了不屈不撓的武者與運動家的精神。真正讓他發洩無窮精力的地方，是在足球和橄欖球場上。他們球隊是風雨無阻的練習，元清最喜歡在雨中練球，因為在雨後泥濘的球場上，不論是攔截奔跑中的球員，或是滑行得分，都比較容易。黑衫軍老將葉秀明是他們當中最厲害的一個，跑的速度很快，方向的變化出人意料，加上假動作技巧純熟，帶球奔跑時兩三個人都很難攔截到他。

　　在一九六〇年代的台灣打橄欖球，與今天完全不一樣，沒有頭盔、也沒有護具，球員以血肉之軀，互相衝撞，每場比賽下來，大小傷總是在所難免。元清大四那一年，北醫橄欖球隊打進醫學盃的冠軍賽，比賽進行到最激烈時，北醫分數領先，大家鬥志高昂，想一舉拿下冠軍。混戰中元清拿到球，立刻抱住球就低頭往前衝，對方的兩個後衛也低著頭飛奔衝撞過來攔截，一瞬間三個人的頭碰撞在一起，元清痛得眼冒金星，但他繼續奔跑並很快地將球

傳給跑在他後面的葉秀明。秀明接過球，迅速閃過兩個人然後順利地跑過對方底線，達陣得分。就在此時，比賽終了的哨音響起，北醫獲得冠軍，大夥兒歡呼起來！

還來不及品嘗一下勝利的滋味，元清就感覺到左眼慢慢開始模糊，接著完全看不見了。隊友趕緊扶著他到場外休息、冰敷。元清拿手遮住右眼，發現左眼真的全盲了，當下第一個念頭是：「如果這隻眼睛失明了，該如何是好？」但他生性樂觀，又想：「還好，還有右眼可以看東西。」心裡就比較坦然了。

同學陪著元清到附近的空軍醫院眼科求診。檢查後，醫師告訴他這是因為撞擊引起眼球的內腔出血，眼角膜及水晶體沒有受傷，判斷應該在三、四個星期以內，待眼球內腔的血液被吸收以後，就可以恢復視力了。

果然，三個星期後，元清左眼的視力就恢復了。但由於這次意外的影響，他升上大五以後，就沒有再繼續參加橄欖球比賽。

足球和橄欖球一年各有三次比賽，時輸時贏，每次比賽完畢後，球員們都到餐館聚餐，小酌一杯，贏了球就開慶功宴，輸了球就開檢討會。他們常常去西門町的紅樓喝紅露酒，贏球了當然豪氣干雲，輸球了也不氣餒，大家笑著鬧著，彼此鼓勵。元清不打球以後，常常懷念這段日子。正是因為這些豐富的球隊和社團生活，在臺北醫學院的歲月才成為他一生中最快樂的時光。

但是，這些校隊及社團活動也讓他在實習醫院的分發上面吃了一點虧。實習醫院的分發是按照學生六年來的成績及志願來分發，一般成績最好的同學會選擇去台北榮民總醫院，成績次之的同學分發去馬偕紀念醫院或三軍總醫院，其他的同學就分散到空軍總醫院、台北市立仁愛醫院、中興醫院、彰化基督教醫院、羅東博愛醫院。元清因為大二時成績不好，影響到平均成績，分發到空軍總醫院。對於眼前的實習醫師生涯，他仍感興致勃勃。

　　鳳凰花又開了。元清感覺到，這個暑假過完，等在他眼前的，將是一個不可知的未來。◆

第六章　急診室裡
巧遇良緣

　　一九七〇年，臺北醫學院醫學系七年級學生林元清，分發進空軍總醫院實習。空總並不是醫科學生的第一志願，功課最好的同學都進了榮民總醫院，次之的也進了馬偕紀念醫院或三軍總醫院。元清知道這是自己六年來校隊比賽多、讀書時間少的結果：他這六年來參與橄欖球及足球校隊，每年南征北討的比賽；又擔任柔道社長及隊長，也經常出外集訓和比賽。因為這樣，學業成績的表現就沒有那麼突出，沒有分發到最熱門的實習醫院，倒也沒什麼可抱怨的。他對於終於可以穿上白袍去實習感到興致勃勃，自己覺得分發進空總也挺好的。

　　那一屆北醫分發進空總實習的醫學系學生共有十幾人，跟元清從高中起就是同學的吳潤修也分發進空總實習。元清一開始被分派到一般內科的第五病房，第一天上班就遇到新病患入院。後來才知道這是比較忙碌的一間病房，新病人多，也住了許多退休的老榮民。病房裡住著有

肝炎、肺炎、肺氣腫、心臟衰竭、高血壓、中風、偏頭痛、胃出血、癌症等諸般疾患的病人，對實習生來說簡直是一本活生生的內科教科書。元清每天抱著拍紙簿跟在內科主任、主治醫師和總醫師後面團團轉，跟著查房、幫著做靜脈注射，以及抽血、寫病歷。實習醫師晚上要輪流值班，輪到值班時就睡在值班室。如果有病人發燒或有突發狀況，就得進病房察看病人；如果一夜平安，倒也可以一覺到天亮。

當時空總的外科總住院醫師胡安杰因肝炎住院，白天的靜脈注射與抽血全部由元清負責。替總醫師治療，元清有點緊張，但也都進行得很順利。他覺得很舒心，這次實習算是有個好的開始。

實習的生活雖然忙碌，但熟悉工作之後，元清發現第五病房的急症患者比較少，上午忙過以後，下午就比較空閒，可以看看書。他決定把握時間，開始為申請 ECFMG 證書而準備相關考試，這是美國對外國醫科學生學位資格的認證，也是取得美國醫師執照的第一步。

大一暑假參加基督教青年會夏令營，受到啟發而有了出國看看的想法，這個念頭元清五年來不曾稍有或忘。隨著年歲的增長，那天星空下的心情已經從一時的心潮澎湃沉澱為深思熟慮後的篤定，也已經有具體的計畫。他有空就複習教科書，也看看美國醫師協會雜誌，在英文的論文上圈圈畫畫，做了好多筆記。

這天晚上，元清值班，有個病人發起高燒，同時出現心悸症狀，元清睡眼朦朧的披上白袍，打著呵欠跑進病房，看見有一位年輕的護士已經在那裡，應該也是值大夜班的，但是精神奕奕，臉上毫無倦意，帶著淺淺的微笑，正在幫病人量心搏。這個護士長得很清秀，臉上有一種讓人看著就舒服的溫婉氣質。元清當下就多看了她一眼。

處理好病況以後，元清想和護士多聊兩句，但護士只客氣地自我介紹說姓何，是從南部派上來的，就推說手邊還有事，走開了。元清有點失望。

往後幾天元清都沒有見到何小姐。但是聽一起實習的同學李政輝說，大夜班有個南部上來的護士，人很善良很和氣，值班時有什麼大小事都可以找她幫忙。元清心想，這說的大概就是何小姐了。後來又說還有同學值大夜班時，買宵夜去請護士吃，元清聽了心裡暗笑，卻忍不住想，不知道有沒有人送宵夜給何小姐。

當時醫學系的男學生都是年輕小姐和家長們眼中的乘龍快婿，實習這一年，對於還沒有對象的同學來說，是親近護士的好機會。但元清倒是沒有這樣的想法，一方面是因為他這時候已經有了出國研習的想法，但是大學六年裡，他花了很多時間在柔道、足球、橄欖球等校隊的比賽及集訓上，因此想要利用這在醫學院的最後一年，好好把握時間學習，補充以前的不足。二方面是因為他想法比較單純，在他的觀念裡，不存在找女生一起玩的念頭。在他

想來，交女朋友自然是要以結婚為前提，要結婚當然是要有點經濟基礎，自己現在還沒畢業，還是等當完兵，找到工作，有一點收入時，再來考慮妻子的人選。

　　大學時代的元清，俊挺又有朝氣，在運動場上表現也出色。來空總實習時，元清並沒有抱著要趁機認識護士的打算。但不知不覺地，他有點注意到何小姐。聽到同學談起她，也會多留點神。可惜他就只見到何小姐那麼一次，不久就調去骨科及外科實習，料想大概也不會再見到何小姐了。

　　在骨外科實習主要的內容，就是在開刀房刷手、做手術。小手術如盲腸炎、疝氣等，醫院方面常常會放手給實習醫生來做。大手術如關節的置換，在當時還不是很常見，經常是主刀醫師率四、五位助手進開刀房，元清這菜鳥實習生就是第五位助手。

　　做完手術以後，每天要固定去查房。骨科病房的查房並不是很愜意的事，一般在骨科病房裡，常常住著十幾個骨折手術後打著石膏的病人，不時有人傷口感染、有人組織壞死，那肢體腐爛的臭味，以及傷口滲透出來的膿血味，終年瀰漫在病房裡，揮之不去。

　　元清第一次走進骨科病房時，那股氣味，讓他腳下慢了半步，當下明白了什麼似的想到：「啊，原來這才是死亡的氣味。」在這之前，他心目中死亡的氣味，是大體解剖課上泡遺體的福馬林的味道。

那個暑假，元清進外科手術室刷了幾十次手、進骨科病房查了近百次房。就算查了近百次病房，他還是難以適應那氣味。他難過地對自己說：「以後絕對不要做骨外科醫生。」當時這個二十五歲的青年還不知道，往後他會做上萬台骨科手術，在骨科病房裡度過無數個晨昏。他更不知道，就算查了上萬次骨科病房，他也不會習慣那死亡的氣味，病人的苦痛帶給他的衝擊，永遠都像剛進醫院實習時那麼新鮮強烈。

　　這都是後來的事。實習時元清只在骨外科做了兩個月，又調去婦產科了。

　　如果說骨外科病房的氣味是死亡的氣味，那麼婦產科恢復室的氣味就是生命的氣味。不論是白天上班，還是晚上值班，都要接生嬰兒。每次聽到新生兒有力的哭聲，元清都覺得很開心，他做得很起勁，那兩個月下來，不分晝夜接生了六十幾個嬰兒。有時候晚上連續接生，白天就精神不濟，在產科門診用聽筒聽胎兒的心音時，在那規律的砰砰聲中竟然就睡著了，弄得產婦莫名其妙。

　　實習的最後四個月在耳鼻喉科和眼科，是最輕鬆的。元清晚上值班時，常常去找何小姐聊天。

　　原本元清調去骨外科實習時，以為自己大概不再有機會見到何小姐了，雖然有點失望，但也沒有什麼特別的想法。沒想到，在骨外科時，他到將官病房照顧因為墜機事故而胸椎粉碎性骨折的飛官鄭德裔中尉時，竟然又見到

何小姐。這才知道，何小姐因為細心體貼而善解人意，被指派為專職負責將官病房大夜班的護士。住在將官病房裡的，都是重要人物。

在鄭德裔住院期間，李筑媛與元清、何小姐成為好友。元清與何小姐也因而熟識了。元清覺得玉珠是南部的女孩，清純善良而有愛心，將來必定會是個賢慧的妻子。

何小姐閨名玉珠，是嘉義人。玉珠的父親何天財是鐵路局的公務員，母親何逢是助產士，家中有一個哥哥、兩個姊姊、四個妹妹，共有兄妹八人。家裡食指浩繁，雖然生活節儉，但天財壓力還是很大。玉珠童年時期最鮮明的記憶，就是從小學校要註冊時，爸爸媽媽就得去標會湊錢，給他們繳學費。因為家裡經濟困難，玉珠小學畢業時幫忙家裡做家庭代工，去附近的食品罐頭工廠拿些芋薯，回來削皮、洗乾淨以後，再送回工廠。

天財是個重男輕女的傳統大男人，因為自己是家中獨子，希望妻子至少生兩個兒子，好使後代香火旺些。於是生下長子以後，夫妻兩人又再接再厲，偏偏事與願違，接連生下七胎都是女兒，最後才無奈放棄。玉珠小妹出生時，天財來到醫院，一聽醫生說生的又是女兒，就氣沖沖地離開了，甚至不願進產房看妻女一眼。當時八歲的玉珠一直在醫院陪媽媽，看到這一幕，明白爸爸看輕女兒，心裡難過極了。此刻的玉珠只想學個好營生的生活技術，幫父母分擔家計。他們村子裡多數婦女在經濟上依賴丈夫，沒了

丈夫以後就只能做些洗衣、洗碗之類的幫傭活來謀生，玉珠看在眼裡，覺得這不是好生計。她認為女人就算不能多讀書，也應該學習一門專業技術。

想來想去，玉珠覺得母親這份助產士的工作，倒不失為一個好生計。她覺得不論時代如何變遷，不論多麼富有或貧窮的人家，總會生孩子，也總會生病。她決定學習醫護工作。

一九六八年，玉珠從屏東輔英護專畢業，在校長介紹下來到台北空軍總醫院擔任護士。因為是國軍醫療機構，在這裡服務的醫護人員都由國家配給大米、油鹽等生活必需品，玉珠按月寄錢回嘉義老家的同時，也將這些補給品源源不絕地送回家，看到父母的負擔減輕，她覺得好開心。

那個時候，玉珠跟元清大概有一個共同點，就是沒有想在醫院裡找對象的願望。

當時在醫院裡，不只是醫科學生利用實習之便追求護士，很多護士也想在實習醫生中找個如意郎君。玉珠的學姊林羨真跟元清的學長祝芳發就是在空總認識然後結婚的。當時他們一起實習的同學姜成佼跟玉珠的室友白玉雲正在交往，還有張葉森也是與護理長經常約會。實習醫生跟護士出雙入對，在醫院是很平常的事。

元清對玉珠有好感，值大夜班時常常去找玉珠聊天，但並沒有進一步的想法。有一天在醫院裡，李政輝來找元清，兩人聊了幾句，政輝忽然說：「我覺得何玉珠是很好

的女孩子，心地又善良，你既然常常去找人家，就應該慎重考慮跟她交往，至少應該多認識一下。」

「啊？」兩人平常很少講這麼多話，元清忽然聽到政輝這樣說，點醒夢中人。他想了一下，還是認為這麼忙碌的一年中交女朋友，不是好主意。但鬼使神差的，過了幾天，兩個人都不值班，元清竟然開口請玉珠出去吃飯了。

玉珠對元清這個陽光男孩其實也很有好感，值夜班時有元清陪著聊天她也很喜歡。但是當元清約她去吃飯時，她忽然有點猶豫了。

玉珠今年已經二十二歲，但是她好像還沒有對任何男生發生過興趣。就連她自己，也是到此時此刻才意識到這一點。她當然聽說過學姊嫁給實習醫師的事，平常也常常看見同學、室友打扮起來出去跟實習醫生約會。但就僅止於聽說或看見，就好像在聽戲或看小說一樣，彷彿男女交往，都是別人家的事。

但現在這別人家的事好像臨到自己頭上了。現在有一個北醫的實習醫生來邀請自己出去吃飯了，並且這個實習醫生還是很俊挺斯文、自己平常也很喜歡的一個。這算不算是約會呢？還是就只是吃個便飯？該用什麼樣的態度去接受，或者去拒絕呢？

如果是吃個便飯，其實也不錯，林元清看上去是一個正派又有才氣的年輕人，自己也很喜歡他，多認識認識也好。如果是約會呢？

元清於空軍總醫院實習，結識未來相
伴一生的伴侶何玉珠。北醫畢業赴金
門服役前，元清帶玉珠參觀母校。

如果是約會呢——想到這裡，玉珠有點遲疑了。玉珠平常就見到元清騎著那輛摩托車往返醫院，有時候北醫跟女校聯誼、開舞會。她以為元清一定早就有女朋友了。這些事情她並不放在心上，還是很樂意跟元清交朋友。但如果說要交往，那她就要考慮考慮了。她還不確定元清對感情的態度。

　　只是吃飯這麼小的事，卻讓玉珠想了好久。最後她還是答應跟元清去吃飯，因為她考慮的結果，覺得這也未必就是約會，不必小題大作地拒絕人家，顯得小家子氣，徒然惹人笑話。

　　從這一天起，他們不值班的時候，經常會一起去吃飯。玉珠後來知道元清並沒有女朋友，不知道為什麼，她覺得很高興。元清再約她的時候，她都爽快地赴約。兩個人熟到一個地步，就算不一起吃飯也會一起出去走走。

　　實習快結束的時候，元清邀請玉珠去看電影，騎著小摩托車去接玉珠。玉珠的宿舍就在空總，是在台北東區。那個時候台北的電影院都集中在西區。智煉的信安醫院就在中間。經過診所的時候，元清對玉珠說有東西忘了拿，要回家去一下，又說：「反正時間還早，不如妳也上樓來坐坐。」玉珠有點意外，但也沒多想，就跟著元清上樓了。

　　那是一個禮拜天，全家人都在家，智煉診所也比較空閒，這時候正在樓上休息，喝口茶。玉珠跟在元清後面進了家門，這是林家長子第一次帶女生回家，一時間全家的

目光，尤其是母親吳和的目光，都盯在玉珠一人身上。這種目光，就算是個遲鈍的女人也感覺到了，何況玉珠是很機靈的。她的五官敏銳地活動起來，她看著元清的家，感覺元清的家。

這種女人身上特別的官能，玉珠有，吳和也有。雖然元清都還沒開口，吳和就已經感覺到了，這就是兒子鍾意的女孩子。於是她立刻離座站了起來，說：「小姐妳坐，喝茶嗎？」

玉珠臉上微微發紅，回答說：「謝謝伯母，您坐著就好，不必忙了。」又向智煉道了個好，才揀了一個邊上的位子坐下。

吳和泡了茶過來，元清也已經在玉珠的身邊坐下。吳和把茶放下，開始與玉珠聊天。這一次見面，大家都聊得很開心，父母親對玉珠印象也很好。

在大學畢業之前，元清與父母親談及玉珠。元清說：「阿母，我即將畢業，馬上就是醫生，我是長子，將來要奉養您跟阿爸的，您們跟我住在一起，我娶媳婦要性情溫柔純樸、會孝順長輩的，那才好。玉珠就是溫柔純樸，又能孝順長輩。台北那些花俏的富家大小姐，哪有她能忍讓？哪有她能孝順？」

吳和聽兒子親口說出要奉養自己的話，真是感動不已，對玉珠的好感度一下子提升了。智煉本來就對玉珠沒有什麼大意見，他的意思是年輕人喜歡、太太也滿意就成。

這樣一來，元清跟玉珠的關係算是得到承認了，元清鬆了一口氣。

實習結束了。接下來就是北醫的畢業典禮。智煉和吳和來參加元清的畢業典禮。典禮結束後，元清脫下黑袍和方帽，站在校門口，回頭望去，看到楓林大道兩側的一片荒草，還有一排一排的鐵皮屋和天上的白雲，想起七年來誨人諄諄的師長、筆硯相親的同學、一起奮鬥歡笑的球隊和柔道隊，眼前起了一片霧氣。他握緊了手中的文憑，轉身踏出校門，再回首望去，看著那殘破的鐵皮屋，望著球場藍天上的白雲，不捨的離開了他這一生中最快樂也最難忘懷的北醫七年學生歲月。◆

（如今五十多年過去了，在胡水旺、徐千田、吳成文、李祖德、張文昌等董事長及胡俊弘、許重義、邱文達、閻雲及林建煌等諸位校長帶領全體教職員和學生們的努力奮鬥之下，北醫大的一校五院及十大學院，在亞洲大學排名前百大的九十一名，QS世界大學綜合排名二〇一八年世界最佳大學，北醫大排名三九八，居全國私立大學之首，北醫人與有榮焉）

一九七一年五月，北醫畢業典禮，元清與父母及好友陳俊宏同學合影留念。

第七章　# 金門醫官
耕莘歷練

　　一九七一年，元清自臺北醫學院畢業，以預備軍官的身份，分發到金門前線五十二師。當時正值戒嚴時期，遙望廈門灣的金門、面臨閩江口的馬祖兩離島，是台灣本島的第一道防線。屆齡役男戲稱發佈到金門、馬祖服役為「金馬獎」，視為苦差事。役男間還流傳許多小伎倆，例如抽籤時手上塗萬金油、在手上畫眼睛等，避免抽到「金馬獎」。元清對這些伎倆總是付之一笑，也許就是因為這樣，他真的被分發到金門前線了。

　　畢業典禮結束，元清休息了幾天就直接乘火車到高雄報到，乘上登陸運輸艇。他們這一梯隊，在海上搖晃了三十二小時，才抵達金門的料羅灣。一路上，每個人都吐得人仰馬翻。元清還以為自己大學時代參加過海上戰鬥營，就算暈船大概也不會太嚴重，沒想到戰鬥營是一回事，真正入伍又是另一回事。

　　好不容易抵達金門前線，元清被分發到五十二師的衛

生營、第二連，駐紮在下浦下。元清醫學系的同學饒奇雲、牙醫系的同學陳明裕也一起被分發到這個單位。三個人看到彼此，覺得有同學作伴，都心安許多。過了幾天，他們又認識了分發到第一連的另一位少尉醫官，是台灣大學醫學院畢業的，名叫鄭錦家。元清和錦家很投緣，兩人結為好友。還有附近裝甲師的少尉排長，名叫陳亮全，是中原理工畢業的，大家都是大專少尉預官，很快就熟了。在金門戰地，他們這群年輕軍官，漸漸培養起革命的情感。

下浦下位於金門島西側，面對大陸廈門市。他們就駐紮在用石塊堆砌而成的長形碉堡裡。連長的辦公室及臥室在最左邊，再來依序是副連長、輔導長、排長、士官長，接著是衛生室，最右邊的房子是元清他們三個少尉醫官住的房子。屋外養了一條名叫「阿里」的軍犬，前面又有約十呎高的土堆做掩護。

現在正是炎日盛夏，金門的夏天其實很美，這個島的四周環繞著碧藍的大海，沙灘上點綴著璀璨的貝殼，遠處可以望見大陸廈門的天際線，那城市的輪廓，淺灰黛紫。全年雨量稀少，天空經常是晶瑩的深藍色，偶爾飄過幾朵白雲。

那個時候，金門砲戰仍在持續。每逢單日晚上七點半，中共會選定一個定點，發射三枚「宣傳彈」。這種宣傳彈裡面沒有火藥，彈體不會炸開，裡面由四面炮彈鋼包覆著宣傳單。砲彈打到金門上空，底座炸開，宣傳單就隨著鋼

片散落於四周，達到宣傳效果。砲擊已經成為金門生活的一部分，金門百姓對於什麼情況下該躲防空洞、什麼情況下不必去理會，也已經摸得一清二楚。

除了元清他們住的這個碉堡以外，海邊另有兩個碉堡，各可以住一班、九個人，但現在已經人去樓空。老士官長告訴新兵，說幾年前的夜晚，「水鬼」摸黑在夜晚上岸，將兩班的士兵全部殺死，又割下了耳朵帶回去。中尉排長常常對元清他們訓話，說自己每天都是「戰戰兢兢手提著腦袋在過日子」，叫他們也「差不多一點」。

衛生連的醫官們白天要輪流在醫務室值班看病人，不看病的時候就常要帶兵出去，最常做的事是去野外挖草皮，拿回來鋪在城裡道路的兩側。晚上要輪流帶著衛兵，沿海岸線查哨。輪值的軍官查哨時，都帶著子彈上了膛的手槍。輪到元清值班的時候，他也會帶一塊饅頭，他們的忠犬阿里就會跟著元清走到海邊的崗哨去查哨，元清也會剝點饅頭給阿里吃。一路遇到崗哨時就查口令暗碼。聽了水鬼傳說以後，他在夜間查哨也有點緊張。出於好奇，元清趁白天的時候特地去那兩個已經廢棄的碉堡看過，裡面臥鋪還在，射擊和監看的窗口也還在，但已經雜草叢生。他伸手摸摸碉堡的石壁，心想在這裡不知曾有怎樣的故事發生。

少尉醫官不但要照顧營內官兵，也要照顧附近民眾的健康，定期為他們預防注射，有時候也會幫他們用局部麻

服役少尉醫官期間，於金門下
埔下的營地，定期為當地民眾
做預防注射。

醉，做些小手術。

　　金門軍民一家親，部隊與當地居民關係都很好。他們的碉堡對面住了一對年輕夫婦，姓蔡，有些小病小痛都會來找衛生連的醫官診治。蔡太太洗多了衣服，手腕常常又痛又麻，晚上睡不著。元清看了以後，知道那是中腕神經壓迫症候群，就教她做拉筋的運動，夜裡用護腕固定住手腕，再固定服藥，很快就康復了。

　　蔡先生不時會拿些金門特產的石蚵來部隊慰勞官兵，他們當中手藝比較好的陳明裕就會下麵線、加上石蚵、撒點蔥花，軍民一起打個小牙祭，聊聊天。

　　有一次元清與副連長下棋，正殺得難解難分，忽然聽到一陣長長的呼嘯聲，接著就是震耳欲聾的爆炸聲，棋盤也震亂了。原來這是個單日，他們卻下棋下到忘了時間，這時一顆宣傳彈就落在距離他們約十公尺的地方。元清一下子愣住，但副連長大概看多了這種陣仗，只是苦笑一下。兩人趕緊抱著棋盤躲進碉堡裡。

　　軍中時間過得快，轉眼就到年三十晚。除夕夜前夕，對岸傳來播音：「國民黨軍官兵們！金門同胞們！為了讓你們和祖國同胞一樣，歡度一九七二年春節，中國人民解放軍決定，從二月十四日零時開始，停止砲擊兩天，以示關懷。」老士官長告訴少尉軍官們，這是兩岸的「默契」，農曆年期間暫停砲擊，十幾年來都是如此。

　　雖然砲擊暫停了，前線官兵還是不能回鄉過年，只能

在部隊裡吃年夜飯。連長邀請了村長一起來過年，過年部隊裡也加菜，有酒有肉，金門最不缺的真的就是上好的高粱酒。營房小，他們把吃飯的大圓桌擺在屋外，元清與連長、副連長、村長坐在同一桌，喝著聊著，非常投機，不覺越喝越多，四個人竟喝了一打高粱酒。

曲終人散，滿地都是高粱酒瓶，老士官長已經趴在桌上打呼嚕，連長也喝醉了，他叫元清送村長回去，逕自回寢室躺下。元清和村長也有點醉意，村長醉得更厲害一點，兩人互相攙扶著，一腳高一腳低地走回村長家。開了門，村長竟然不肯進門，硬是要送元清回連部，結果他們又走回營房。回到營房，元清看看村長醉得很，行路不穩，覺得還是攙扶村長走回家。結果兩個人就這樣來來回回好多趟，實在累了，才各自回去休息。

那次以後，元清就和村長成了好友。村長也姓林，他聽說智煉家在集集的祖墳上寫的是「福建金浦」，就說智煉一家一定是他們村子裡的先人離開到台灣本島去的。元清聽村長這樣說，就去查了族譜，發現自己的先祖林思維，真的出生於金門縣後浦村，一八一六年隻身來到南投的聚集街。智煉是林家來台的第五代傳人，算起來林家祖先到台灣都是兩百多年前的事了。

春天又來的時候，玉珠參加了救國團的金門戰鬥營，到前線來看元清。元清當然很高興。連長看這少尉醫官有朋友來訪，就幫著借來一部吉普車，元清就和陳明裕一起，

帶著玉珠和玉珠同行的一個朋友，駕著吉普車參觀金門島上的景點。

金門處處是林蔭道，筆直平坦的道路兩側，都是漂亮的綠樹。此時樹梢正抽新芽，綠油油的，十分好看。天氣晴朗的春日，開著吉普車駛在林蔭道上，那愜意自不必說。元清和明裕特地帶女生們去看他們新鋪的草皮。不是他們在女生面前自吹自擂，這草皮真的值得一看。須知現在的金門美則美矣，其實它本來是一個貧瘠的海島，山無林木、地多荒蕪，根本無經濟建設可言，歷代人口不但未有增加，且因謀生不易，很多人都去內地或台灣以求發展，元清的先祖林思維就是一個例子。

金門的經濟建設，是從造林開始的。造林的經濟價值不只在生產林木，而且還能改善土壤、保護水土、涵養水源、淨化空氣，實是金門經濟發展的源頭。

可以說國軍奉命廣修水壩、造林護林，才有今日沃野千里、山林青翠的金門。元清來此服役的時候，造林工作已經完成，但綠化工作還在繼續，連醫官也要幫忙鋪草皮。綠化金門，他們也做了貢獻，當然要展示給女朋友看看。

這一趟金門之行，元清和玉珠的感情大有進展。元清告訴玉珠，自己不久後將休假回台灣考醫師執照，屆時希望趁便去拜見玉珠的父母。聽到元清這樣說，玉珠當然也很高興。

春去夏來，元清在金門當兵的一年轉眼就過去了。過

一九七二年春，玉珠參加救國
團的金門戰鬥營與元清面會，
兩人感情彌堅。

了一個多星期，終於等到一艘運輸艦來載他們回台灣。這幾個年輕人，在金門戰地同甘共苦一年，告別連上官兵、村長村民時，元清真有些依依不捨，這是他一生中最悠閒的一年。

在金門的時候，元清對玉珠說自己要休假回台灣本島考醫師執照，並拜見玉珠的父母親。過不久他果然休了五天的假，回台灣參加醫師執照考試，同時也試著申請未來當完兵返台後的工作，也就是醫院的住院醫師。他申請了很多醫院，包括馬偕紀念醫院的小兒科、台北市立仁愛醫院的外科、中興醫院的婦產科、郵政醫院、耕莘醫院等。可是人在外島，面試不容易，可能就是因為無法參加面試，他在金門的最後一個禮拜時，陸陸續續收到醫院的拒絕信。他以為退伍後沒有工作了，正在失望時，竟然意外接到耕莘醫院的通知，錄取他為第一年的內科住院醫師。他很高興。那時候，外科及婦產科最難申請，要成績很好才有機會。元清覺得自己能夠進入內科，也算是很幸運的了。

退伍後他回到台灣，稍事休息，就前往耕莘醫院報到，開啟了他第一年住院內科醫師生涯。耕莘醫院是天主教醫院，內科主任是一位修女，姓陸。陸主任把元清介紹給許宗義總醫師和主治醫師，簡單寒暄幾句，立馬開始上班。

才第一天上班，上午十點左右，急診室就叫元清去看一個病人，是個五十多歲的婦女，由丈夫和姊姊陪同前來。婦人身材略微肥胖，送到急診室時已經神智不清，無法清

楚回答問診，家屬也不知所以然，也說不出是哪裡痛。元清問診、聽診、觸診都診不出什麼結果，做了身體檢查和心電圖也看不出什麼特殊的症狀，X光檢查胸腔腹部結果也都正常。於是為病人抽血做血液檢驗，那個時候血液的報告要一個多小時才有結果，等候期間元清為她靜脈注射生理食鹽水及藥物來維持血壓，但是病人的狀況越來越糟糕，元清看她漸漸昏迷，趕緊請來主治醫師和總醫師支援會診，但是血液報告不出來，主治醫師和總醫師也無法確定到底是什麼問題。

病人陷入休克，兩位資深醫師心裡明白這是凶多吉少了，趕緊叫元清去向等候的家屬說明情況，請他們進來陪病人最後一程。元清到走廊上，艱難地開了口。家屬進來病房，姊姊握住婦人的手，丈夫也在一邊大聲呼喚婦人的名字。

搶救無效，元清眼睜睜看著病人在他面前斷了氣。

婦人的丈夫呆呆地站著，嘴角抽動了一下，好像想說什麼，又沒有說出來。姊姊對醫生全力救治表示感謝，但是妹妹死了，還是很傷心。家屬悲痛又無可奈何的樣子，看在醫生眼裡，心裡是更加地難過。

血液報告在病人死後才送來，原來病人患有糖尿病，送醫當時血糖值高達四百八十，由於血糖過高引起酮酸中毒症，導致重大血液酸鹼度變化而死亡。元清想，如果及早知道是糖尿病引發的酮酸中毒症，在患者來急診室的第

一時間靜脈注射雙碳化鈉，可能會有機會挽回病人生命。

　　無奈千金難買早知道，後悔沒有特效藥。這件事對元清打擊很大，往後他消沉了一個禮拜。當時元清醫學院的同學余文山、謝德勝都在耕莘醫院外科擔任住院醫師，還有姚欽翔、郭清洲兩位同學在耕莘婦產科擔任住院醫師，所以連他在內，北醫總共有五位同學在這家醫院當住院醫師。但是他沒有跟同學們討論這件事，回到家，更不敢對父親智煉說，甚至也沒有對玉珠提起。

　　元清再三檢討，覺得一個病人來到急診室，還來不及做確切的診斷及治療之前，就陷入休克而死亡，是自己診斷不夠快速及確實造成的。他領悟到，迅速正確診斷出病人的病情，絕對是一切治療的根本。

　　從那天起，元清每天都戰戰兢兢地面對病人，深恐錯失任何可以確診疾病的資訊。他也不斷地鼓勵及鞭策自己，持續吸收新的醫學知識及技術，深恐錯失任何可以治療病人的新技術。

　　但是他努力的結果，卻是一次又一次地在命運和死亡的面前，感覺到自己的渺小和無力。在耕莘醫院，他遇到了形形色色的病人，最令他心痛的是那些癌症病人。當時內科住院最多的病人是肝炎及肝癌，癌症病房裡經常有十幾個肝癌末期的病人，身體都很瘦但腹部卻因積水而腫脹，眼瞼呈現深黃色，虛弱地躺在病床上。元清去查房時，病人們都抬起頭來看著醫生，那無助的、求救的眼神，他

一輩子都忘不了。

令他印象最深刻的是一位年輕小姐，年方二十三歲卻已是胃癌末期，元清觸診時摸到她胃部的癌變，比壘球還大些。當時的開刀技術不夠成熟，沒有醫生敢冒險為她開刀，後來決定採用 5- 氟尿嘧啶化療，這是當時最先進的抗癌藥物，但副作用很大，病人接受治療後開始嘔吐、心絞痛，非常辛苦，但始終沒有放棄治療。她一直奮戰到最後一刻，還是走了。

這位小姐隔壁病房躺著一位中年男士，因為腰骨痠痛，服用中藥追風透骨丸，結果不但沒有改善，排便時還開始排出黑色血水，到後來排泄出來的都是烏黑或是烏紅的血水夾纏著糞便，來醫院檢查才知道是胃癌末期，也開始接受密集化療，最後也回天乏術。

對面的病床上躺著一位三十歲的男士，肝癌末期的病徵全寫在臉上：面容消瘦而發黃，眼瞼呈深黃色，顴骨突出，頭髮因為化療的副作用，差不多都掉光了。因為兩人年齡相仿，元清去查房時常常跟他閒談，病人的心情隨病情時好時壞。當時台灣的肝病防治工作還不完善，換肝技術也還不成熟，一旦發現罹患肝癌，幾乎就是死亡宣告。病人也知道自己活下去的希望渺茫，但又不願意放棄一線生機，這種矛盾的心情在言談間表達無遺，元清每次與他談話之後，都難過得不能自已。

有一天元清去查房時，為這位病人檢查，手摸到他的

下身，發現黏黏的，判斷是有出血現象，趕緊拿便盆來接，病人果然排出許多黑色的血便。元清請護士來幫病人清理乾淨，又安慰了病人一番，才走出病房去洗手。肝癌病人到了末期，引發食道靜脈瘤破裂出血、而導致排血或吐血，是很常見的，出現這種情形，就代表病人時日無多了。

相較於這些罹患絕症卻不願意放棄治療的病人，那些不聽醫囑的病人最叫醫生頭痛。元清在急診室遇過幾位氣喘、胸悶的病人，照了 X 光片檢查看出心臟明顯肥大、有時伴隨胸腔積水，一看就知道是心臟衰竭。住院以後，用藥物和利尿劑搭配治療，兩、三天就康復出院了，但沒過兩個月，卻因為沒有按時回診及服藥，又舊病復發，只好回急診室來報到，如此週而復始，始終沒有根治的一天。元清叮嚀他們要按時服藥，但是他們常常都會忘記，令元清好生氣餒。

最棘手的還是那些急性腹痛的病人。在急診室或一般病房，急性腹痛都很常見，病因也最為複雜，可能是盲腸炎、胰臟炎、膽囊或膽管炎、膽結石、胃穿孔、腹膜炎、十二指腸炎、腎結石、輸尿管阻塞、下動脈瘤破裂……。當時還沒有電腦斷層掃描或核磁共振掃瞄來幫助診斷，一般要開刀切片，才能確知病因。有時候元清很肯定病人是盲腸炎，開刀出來卻發現是胃穿孔；以為是大腸憩室炎，開刀出來卻發現是已經轉移的大腸癌。遇到這種情形，他總感到說不出的困擾與挫折感。◆

第八章 元清玉珠 締結良緣

　　住院醫師的生活緊張忙碌，跟實習醫生大不相同。他們醫院裡有六位實習醫師，其中包括一位女生。幾位實習醫生也都很優秀：李潮坤同學大學時代做過學生會長；許肇家同學後來赴美、成為北加州大學醫學院的創辦人之一；林奏延同學後來成為長庚兒童醫院院長、又被延攬為中華民國衛生福利部長；張宗達同學跟唯一的女同學葉麗珠一起創辦骨科醫院；柯文彬成為婦產科名醫。這些都是幾十年後的事，但這批優秀的醫師，在實習當時就都很受小護士們的歡迎。元清每次看到實習醫生跟小護士們出雙入對地出去約會，都想起自己跟玉珠剛開始交往的時候，才不過兩年，現在回想起來卻好像是很久以前的事了。

　　這時候元清和玉珠已經論及婚嫁。

　　元清當兵時，那次放假回台灣考醫師執照，也去嘉義拜見了玉珠的父母親，還帶了一瓶金門高粱酒當見面禮。玉珠的父親何天財當時已經退休，喜歡喝兩杯，對於女兒

男友帶來的這份禮，覺得很滿意。

　　玉珠家住在嘉義北興路，是間水泥平房，用鐵皮加蓋了一個閣樓，相當質樸。天財跟阿兵哥一樣，理著個三分平頭，不像智煉總是梳著油光的西裝頭。兩杯下肚，天財就問元清：「你跟阮查某囝在一起嘛一年多了，啥時陣愛結婚哪？」

　　這突如其來一問，讓元清嚇了一跳，趕快陪著笑臉說：「快了、快了。」

　　後來，玉珠告訴元清，她父母親完全買了元清那句「快了、快了」的帳，開始積極地在準備嫁妝。小時候爸爸媽媽總是去標會讓他們兄妹繳學費，這回又要去標會了，因為天財聽街坊鄰居說，「嫁醫生嫁妝都嘛要一台電冰箱」。玉珠看到父母為了辦嫁妝，又要舉債，心裡難受，勸說父母不必如此，但是天財不聽。元清聽了，就說：「既然都是要標會，我們自己去標會好了，我現在已經是住院醫師了，賺錢還一台電冰箱的錢，不是問題。」

　　林家這一邊也積極籌備訂婚的事。那一年的九月，看好了日子，智煉和吳和備妥戒指、喜餅、金飾等聘禮，上何家提親。吳和特地叫上了元清的四個阿姨，覺得人多才顯得喜氣。何家這邊也很慎重，玉珠為訂婚新燙了頭髮，化了妝，還做了一件新的黃底淺紫花的新洋裝。元清第一次看到玉珠打扮起來的樣子，頗有驚豔之感，好像乍見一座十全十美的大理石像。他想一想，覺得還是平常的樣子

一九七二年九月，元清和玉珠
在嘉義玉珠自宅舉行訂婚儀
式，戴上婚戒，緣定一世。

好，顯得自然親切。元彬幫忙把聘禮搬進屋裡，喜餅和金飾都是放在紅色的箱子裡，擺了一桌子，真是喜氣洋洋。女方收了聘禮，元清和玉珠交換了戒指，這訂婚儀式就算是完成了。

之後元清果然和玉珠一起去標會，買了一台電冰箱，作為玉珠的嫁妝。智煉和吳和開始熱熱鬧鬧地準備娶媳婦，印了紅底金字的喜帖，分寄給親友。為了方便男方來迎娶，玉珠和父母親搬進台北松江路的哥哥家暫住。在大家為準備婚事忙得不可開交的同時，元清卻有另一件事要忙，那就是申請美國的住院醫師空缺。但是，這些日子以來，他出國研習的意願反而沒有之前那麼熱切了，一來他好不容易有了住院醫師的工作，不太願意放棄這舒適的生活，二來一向精神奕奕的智煉這幾年漸漸露出老態，元清每天在晚餐桌上看見父親一臉的倦容，心裡總想：「不如等這兩年住院醫師訓練結束，就回去信安醫院幫助爸爸看病吧！讓他早點退休，他也辛苦一輩子了。」三來是玉珠的關係，畢竟成了家，似乎就應該要安定下來。

此時和他一起在耕莘醫院當住院醫師的余文山與謝德盛兩位同學，都已經開始申請美國的住院醫師空缺。大家都是好朋友，他們也不時鼓勵元清：「喂！你以前不是也說過要出國的話嗎？趕快，我們一起申請啊！」當時正值越南戰爭末期，美國境內很多醫生或自願、或被徵調，前往越南前線服務，以致國內醫院必須招收外國醫生，以補

不足。元清很多優秀的醫學院同學，都想把握住這個機會，前往醫學進步的美國研習。

面對好友的催促與鼓勵，元清不置可否，每天下班以後也不去處理申請的事，只專心幫家裡籌備自己的婚事，他現在心裡對於出國究竟是什麼想法，沒有人知道。

那一年的十一月一日，是元清和玉珠結婚的日子。林家在一團喜氣中忙亂著，千百件為了娶媳婦的事在等著辦。吳和把三樓的房間收拾起來當作兒子和媳婦的新房，一切都要煥然一新。桌椅要擦，地板要刷，被褥要換洗。在講究的人家，這些都要換新的，最好是換上紅色的被褥，門口要貼囍字。不過，智煉現在雖然已經是名醫，畢竟省儉日子過慣了，覺得打掃乾淨就好，沒什麼必要換新東西。

智煉的診所今天休診一天，元彬、元灝也沒去上學，都受差遣去買東西，買糖、買鞭炮。迎娶要有氣派的車隊，智煉去租了三輛黑色方頭轎車，車上裝飾著紅帶子，還請了三個職業的司機。

迎娶的時間到了，車隊熱熱鬧鬧地出發。按照習俗，第一輛「放炮舅仔車」裡坐著元彬和元灝，元清坐第二輛車。伴郎是元清大學同學和軍中同袍陳明裕，伴娘是玉珠的一個同學，他們坐第三輛車。因為沒有媒人，吳和陪著元清一起坐在第二輛車裡。其他不陪娶的家人不必拘什麼禮儀，先早一點出發。陪娶的家人胸前都別上紅色的胸花，綴著灑金的緞帶。他們事先請人看好了時辰，說上午十點

適宜迎娶，於是按這個時間到了玉珠的哥哥家，快到的時候，坐在第一輛車裡的元彬和元灝，按習俗放炮通知女方車隊到了。車隊在門口停下來，卻見玉珠的哥哥一臉尷尬地站在門口：「新娘……還沒回來。」

「啊？她去哪裡？」

「去做頭髮啦！已經去了一個鐘頭了！不知道怎麼可以做那麼久！」

大家聽了都有點發愣，吳和卻笑著，輕鬆地說：「沒事啦！你們查甫人不知道，這個新娘打扮，本來就要好幾個鐘頭。我們等一等。」

元清知道今天這個迎娶的時辰，是母親特地請有名的算命先生挑的，因為吳和非常重視命運、風水一類的習俗。現在對於新娘做頭髮而誤了原本以為很重要的迎娶時辰，卻這麼輕鬆大度地一笑而過，可見母親已經完全接納玉珠這個媳婦了。元清見狀，心裡是又感激、又感動。

大家坐在客廳裡吃玉珠嫂嫂做的湯圓，過了四十分鐘，玉珠才匆匆忙忙地趕回來，手忙腳亂地換上白紗禮服。新郎新娘就在玉珠哥哥家的神明廳裡，向何家祖宗牌位上香，敬告祖先，今天辦喜事，要嫁女兒。

這時有兩把椅子放在客廳的中間，新娘的父母請到上面去就坐，接受女兒的拜別禮。玉珠的父母親都穿上最好的衣服，鞋子也擦得亮亮的，胸前別著紅色的胸花，看起來既喜氣、又莊嚴。看到女兒嫁得這樣的好丈夫，天財一

整個笑容滿面；何逢一開始也含著微笑，可是當玉珠跪在地上說「感謝父母養育之恩，女兒今天就要嫁出去了」的時候，何逢的眼眶就紅了。

何逢含著眼淚幫玉珠蓋上白頭紗，扶著玉珠站起來，天財牽著玉珠的手，交到元清手上。玉珠始終低著頭，只有在母親幫她蓋頭紗的時候，稍微抬了抬下巴。元清就在那一瞬間看見了她的神色，已經是很平靜的樣子，但是他知道她剛才一定哭了，女人不論嫁到什麼樣的人家，在出嫁的時候一定是不捨父母的，這也是人情之常。

元清握住玉珠的手拍了拍，彷彿安慰似的。新郎新娘由玉珠的一個阿姨陪著，後面跟著伴郎伴娘，走出家門。阿姨拿著米篩擋天，意思是結婚當天，新娘最大，但也不能大過天。新娘出家門的時候不可以回頭，玉珠的父母親一直站在門口觀看，直到元清和玉珠上了禮車，才轉身回到屋裡去。

全部人都上車以後，鞭炮響起，車隊出發。三小時以前，元清由母親陪著，就坐在這輛車裡，興沖沖地去何家迎娶。現在又坐在這輛車裡，身邊的人已經換成玉珠。在車上他一直握著玉珠的手，覺得玉珠已經是自己的人了，那麼的理所當然，彷彿她生來就註定要成為自己的妻子。這種既踏實又奇妙的感覺，大概就是所謂的幸福吧，兩個人在車裡，默默坐著，各自品味著此刻的滋味。

那天晚上兩家在台北國際學舍排下喜宴。那是一個文

教社團，在台北信義路近新生南路口的舍址有房間可供國際學生住宿，另有個體育館，適合舉辦各種賽事、展覽、表演、宴會，不但寬敞，且有空調，是很上檔次的場地，台北國際書展、中國小姐選拔都是在此舉辦。

今天這裡作為喜宴場地，門外雖然看不出和平時有什麼不同，裡面卻喜氣洋洋。擺起了三十幾張大圓桌子，桌上罩著雪白的桌巾，擺著紅色的花，牆上貼著紅色的囍字，喇叭播放出輕柔歡快的音樂。辦外燴的師傅和服務生穿著漿得筆挺的制服，裡裡外外地忙著。

傍晚六點多，全部親戚連來觀禮的朋友在內，幾乎都已經入座。有些小孩兒不時跑到門口去觀望，想看新娘子，他們的母親得抓著他們的手，連哄帶拉地拖回桌子前面。會場裡鬧哄哄地擠滿了人，有雙方家長的客人，也有元清和玉珠的同學、朋友。智煉請了一個專業的司儀，也請了曾任台南市議員的二姨丈蔡清塗做主婚人。

司儀宣布婚禮開始，一時樂聲大作，伴郎伴娘先進場，新郎才牽著新娘進場，踩著紅地氈，走向禮台。禮台上掛著紅布幔作為背景，閃爍著金色的囍字，兩邊插著鮮花。布置得這麼齊全完備，但元清走上台階時，只覺得一片金紅，似乎有幾分眼花。

結婚是大事，越是大事越是瑣碎。經過上午的迎娶，元清跟玉珠都覺得彼此已經是夫妻了，但在社會大眾的眼裡卻不是這樣。新人還得在這三百多人的賓客面前，讓主

一九七二年十一月一日，元清和玉珠在台北國際學舍的體育館舉辦婚禮宴客。

婚人宣讀結婚證書，互相行禮，又向主婚人、雙方家長、全體來賓行禮，這才算數。然後，司儀又說了許多吉祥話，祝福新婚夫婦白頭偕老，多子多孫，瓜瓞綿綿。這司儀是做慣了這一行的，好多吉祥話兒，合轍押韻地掛在他嘴上，在場的老人家聽了都很歡喜。

等到儀式都完成了，兩人在主桌前坐下，這才覺得事情好像到了一個段落，緊張嚴肅的部分已經完畢，接下來是輕鬆愉快的部分了。主桌上都是最熟悉、最要好的親人的面容，令人歡喜。新郎新娘的父母親都坐在主桌上，賓客也都是至親好友。

按照習俗，婚宴第一道菜必須是一道拼盤，拼盤當中必須有雞肉，當然還有別的東西，閩南語的雞與家諧音，取結合成家之意。婚宴時新娘穿著那麼合身的禮服，畫著那麼精緻的妝容，又要忙著招呼賓客，幾乎是無法吃東西的，但拼盤總要吃一點。玉珠吃了一點菜，就去換了一套方便走動的大紅窄旗袍，也是新做的，跟元清一起輪流到各桌去敬酒。

元清這才感受到婚禮的樂趣了。自己的親人，智旭二伯一家人，童年玩伴經雄、俊平等人，中學到大學的同學、恩師，軍中的同袍，醫院的同事，全都聚在一個屋簷下。他高興地帶著玉珠一桌桌敬酒，覺得今天這個場合，好像是把自己至今為止的人生做了一個小小的總結。親朋相聚，把酒言歡，真是其樂無窮。

元清高中時代的恩師楊義賢也來了，他也是元清的表姊夫，照理說應當和吳和那邊的親戚同席，但是因為他也是建中的老師，今天又來了許多建中的同學，他願意和學生坐在一起。他們這一桌都是意氣風發的青年，特別熱鬧，因為今天是婚禮，雖然有老師在場，大家也不拘小節，鬧酒鬧得很兇。他們這一群一起由建國初中七班升上高中九班的同學，現在已經組成「齊久」同學會，取「七九」諧音，並有友誼長久之意。

　　曲終人散以後，玉珠當然是和元清回夫家去──現在這也是她的家了。這對新婚夫婦在他們三樓的新房裡休息。這房間本來是他們家的書房，經過吳和一番改裝，布置成一個優雅的臥房。這個房間並沒有照老式新房那樣一切都用大紅色，紅天紅地像個血海似的，倒比較像一個西式的旅館房間。不過桌上有一對銀燭台，燭籤子上插著兩支紅蠟燭，燭身上畫著銀色的龍鳳。只有這對深宵的龍鳳燭有一些傳統新房的氣氛。

　　在燭影搖紅下，元清想著過去，想到未來。◆

意外旅程

第二部

第九章　揮別親朋 赴美習醫

　　元清和玉珠是十一月結婚的。不久，就到了過年的時候。因為家裡多了一個新媳婦，這個年過得特別熱鬧溫暖。雖然窗外下著冬雨，但屋裡開著應時的蝴蝶蘭，廚房裡火勢熊熊地煮著過年吃的火鍋，全家人穿著新衣，歡歡喜喜。準備年夜飯時玉珠一邊幫忙婆婆，一邊自己也做幾道菜，這是要藉此展現一下新媳婦的手藝，所以不能馬虎。吳和看了，非常歡喜，覺得這表示媳婦對公婆的孝敬，覺得玉珠是個賢慧的媳婦。

　　往後幾天，元清陪著玉珠，初二回嘉義娘家，十五去看花燈遊行。新婚生活幸福美滿，元清這一向容光煥發，玉珠也顯得特別嫵媚，家人受到新婚夫婦的感染，也都心情愉快。這是林家父母兒女、兄弟姊妹之間極其平靜、和美的一段日子，單純的快樂滿溢在屋裡。

　　新婚燕爾的元清，對於是否要出國，頗躊躇了一番。雖然一直隱約有這個想法，但真要出國，對家裡將是一個

大變動，何況自己剛剛結婚，還沒找機會跟玉珠商量。但是在朋友們的催促與鼓勵下，他終於也填好了申請表，並請耕莘醫院的陸主任幫他寫推薦信。陸主任說：「你在這裡做得這麼好，為什麼要出國呢？可惜了。」

元清想到陸主任平時對他的照顧，抓著頭解釋說，只是想換一換環境，開開眼界，長長見識，不出一年就要回來的。這的確是他的規畫，不過他也隱約感覺到，這一趟出國，以後會怎麼樣，很難預料，因此對自己不敢說得太篤定。陸主任雖然盡力挽留元清，但最後還是幫他寫了一封推薦信。

元清申請的是外科實習醫師。他在內科住院的這一年，一直在急診、癌症病房和重症搏鬥，經常拚盡了全力去救治病人，最後卻得眼睜睜地看著病人被蓋上白布抬出去。每當有病人被抬出去，元清都深深自責，感到既無力又沮喪。藉著出國研習，他想試著多接觸一些其他領域。

雖然遞出了申請書，但是對於自己會否被美國的醫院錄取，並不是很有把握，所以元清決定暫時不跟家人提起。

五月底，他收到美國馬里蘭州巴爾的摩市協和紀念醫院的來信，通知他被錄取為第一年的外科住院醫師。他搞不清楚巴爾的摩在哪裡，於是問了一些人，只聽說巴爾的摩是一個海港，常常有水手上岸尋樂。

其實巴爾的摩是一個大城市，不但是馬里蘭州第一大城，也是美國東岸第一大港，還是美國歷史上占有重要地

位的軍事要塞。在製造業興隆的時代，巴爾的摩是全美最大的進出口港。製造業沒落後，巴爾的摩繼續以醫學技術超群的約翰霍普金斯醫學院及其附設醫院而聞名。錄取元清的協和紀念醫院，與約翰霍普金斯醫學院有長期的建教合作關係，是醫生研習絕好的地點。

這些元清當時都不知道，對他而言，巴爾的摩只是一個地圖上陌生的名字、從來沒有聽說過的地方。元清回到家，小心翼翼地把這件事提出來和玉珠商量。

沒想到，玉珠很痛快地說：「阿清，你去吧！大丈夫應該行萬里路，到外國開開眼界很好，再說你不是去一年就回來了嗎？」

智煉聽了也說：「不錯，阿清已經長大成人了，應該離開家裡舒服的生活，去外頭闖一闖，這對你有好處。」吳和雖然不放心，聽到丈夫這麼說，也表示支持兒子遠行。這事就決定了。

既然家人都贊成，六月中，元清就去辦理護照和美國領事館的簽證，頗費了一番工夫。他辦完最後一道手續，走出內政部的大門，正有一輛小轎車從他面前呼嘯而過，車尾噴出一股汽油味很濃的廢氣。現在已經是初夏，台北濕熱的空氣夾雜著汽車的廢氣撲面而來，元清一向不怎麼喜歡這股味道，皺了皺眉，忽然想到，自己可能會有好一陣子聞不到這個味道了，這麼一想，心中湧出許多不捨的情緒，過馬路時又深吸了一口氣，才發動機車騎回家。

攝於一九七二年的家庭照。後
立左起娟娟、津津及夫婿吳文
祥、元灝、元清、玉珠及元彬。

往後幾天玉珠幫著元清裝箱子，因為行李不多，所以收拾起來也不麻煩。又訂好了機票。直到機票上印著的日期到來，家人才感覺到元清真的是要遠行了。

　　一九七三年六月二十九日，全家人到松山機場去送元清出國。吳和也去了，雖然她很捨不得，前一天晚上已經哭過了幾次。元清安慰母親說：「我去受訓一年，馬上就會回來照顧您跟阿爸的，到時候在診所招牌掛上『留美醫師』幾個字，多神氣啊！」吳和被逗樂了，智煉也欣慰地點點頭。

　　元清這趟去美國，在林家是一件異常令人興奮的大事，因為家裡還沒有人去過美國。元彬也來送哥哥。智煉、吳和、玉珠和弟弟妹妹們圍著元清，輪流說著送別的話。智煉的話還是一樣的少，跟二十年前送兒子到台北念書時一樣，他只說了句：「要好好努力，聽前輩的指導。」家裡的女人都扯著元清的衣袖，絮絮叨叨地叮嚀他小心財物、注意身體。這些臨別贈言在離人耳裡，總是很珍貴。元清最後對玉珠說：「等我穩定下來，就寄錢回來給妳買機票過去。」說完便轉身走進海關，鼻子有點發酸。他穿著白襯衫，拎著兩箱行李。襯衫內側有母親給他縫的內袋，裡面藏著三百元美金。一箱行李是換洗衣物和教科書，另一箱是生力麵，是吳和與玉珠怕他吃不慣洋人的食物，特地準備的。兩個箱子和三百元美金，就是元清赴美帶的全部東西了。

兩個箱子陪著元清飛了二十六個小時，中間在關島轉了一次機，在夕陽無限好的向晚時分抵達巴爾的摩市。巴爾的摩機場比松山機場大很多，元清一下飛機，看見那麼大的航廈裡，那麼多人腳步匆匆地來來去去，彷彿每個人都有個目標，每個人都對自己的目標很篤定的樣子。這興奮忙亂的景象，就是元清對美國的第一印象。他心想：「美國果然是大國，真不得了，地方大，機場大，什麼東西都大，人也高頭大馬。」這樣想著，他抖擻起精神，拿起行李，邁開大步往前走，這才想起自己還不知道要怎麼去協和醫院。於是搜尋了一番，才找到一位機場人員，結結巴巴地問了路，機場人員教他搭機場巴士到市中心，再攔計程車去醫院。

　　按照機場人員的指示，搭巴士到了市中心，在麥克丁廣場下了車。這個以巴爾的摩前任市長命名的廣場，中央有一個幾何造型、美輪美奐的大型噴水池，十分壯觀，是巴爾的摩的重要地標。和美國許多大城市的市中心公園廣場一樣，麥克丁廣場有草坪、流水，白天是市民休閒散步的好去處，夜裡就成為無家可歸者的聚集地。元清到達廣場時，已近黃昏，正是無家可歸的街友開始聚集之時。從巴士下來，定睛一看，只見噴泉四周，蹲、跪、坐、臥著許多衣衫襤褸的人，而且全是人高馬大的黑人。元清身高五呎八吋，在台灣算是高個子，到了美國卻顯得矮小，而且這輩子從來沒見過這麼多街友，更沒見過黑人，趕緊提

著行李，快步走到廣場前面的計程車排班處。夕陽餘暉下的噴水池金光閃爍，但此刻元清沒有心情欣賞，只急急忙忙乘上排班處的第一輛計程車，把寫著醫院地址的紙條遞給司機，請他開往協和醫院。司機應了一聲好，元清一看，才發現這位司機也是黑人。

大概是太緊張了，計程車一在醫院門口停下來，元清付了車資，行李都沒拿，就衝進醫院找醫務室主任報到。主任的姓很有趣，叫做哈達克，就是英文黑線鱈魚的意思。她看到元清慌慌張張連行李都沒拿的樣子，趕快走出去，看到兩箱行李就擺在醫院門口地上。

哈達克主任帶著元清辦好手續，叮嚀他明天一早去外科部報到，便請人帶他暫時住在醫院對面的醫師值班室。

一切都安頓好了，元清這才有興致好好看看這他即將在此受訓一年的協和紀念醫院。建築既宏偉又古色古香，外牆砌著紅磚，門前立著大理石柱，很有氣派。

協和醫院是一所歷史悠久的醫院。這家醫院是一八五四年，由七位護士、在一棟小樓房裡，以社區醫院的形式建立的，一開始的名字叫做「新教徒協和療養院」，宗旨是「讓貧者、病者、弱者有一個能接受高品質照護的地方」。一八六七年，協和醫院成為全美第一家雖非教學醫院、卻有自己的醫師訓練課程。到一八九〇年，協和醫院不但已有完整的住院醫師訓練體系，還創辦了自己的護理學校。

一九七三年，元清初來美國的
第一個秋天，樹葉都染紅了，
未來，一無可知。

新教徒協和療養院於一九二○年更名為協和紀念醫院，一九二三年蓋起了元清現在看到的這棟宏偉的紅磚樓房。其後醫院的規模不斷擴大，就在元清來報到這一年，協和醫院剛歡慶了它的一百二十歲生日。

　　醫院在本院大樓對面蓋了幾棟平房，充作醫師的值班室。元清在其中一間值班室裡過了輾轉反側的第一個晚上。或許因為時差，或許因為思鄉，總覺得值班室裡那白色的褥子太乾淨，閃爍的日光燈太清冷，難以入眠。天亮了，他頭腦還有點昏昏沉沉，但惦記著第一天上班，要給人一個好印象，一大早就去外科部報到了。外科部主任威爾森醫師一見到這位從台灣來的年輕醫生，馬上踏著大步子走過來，伸出大手握住元清的手，說道：「歡迎歡迎，你昨天飛了大半個地球，才到這裡，一定很累了吧！」

　　威爾森醫師高大英俊，待人親切，在他那明亮的藍色眼睛和誠懇的語調感染下，元清感激地說：「不累不累，謝謝您！」

　　既然元清說不累，威爾森也不客套，接著就叫元清去刷手，準備做手術。刷手的動作元清在空總實習時做過很多次了，做得很熟練。刷好手，就隨主任醫師和總醫師，一起進了手術室，為一個胸部受到槍擊的傷者，進行緊急手術。子彈從傷患的側胸進入，穿過肺部，傷及多條血管，造成大量出血。他們一面輸血，一面進行止血工作，但傷者的血壓一直無法穩定下來。

這就是元清在美國的第一台手術。他這是第一次看到槍傷患者，又是初來美國，手術中大家又都戴著口罩，元清在學校時英文成績很好，但此刻主任醫師、總醫師說的話，他都聽不太懂。開刀到一半，威爾森忽然說了句：「病人過期了」，接著就開始縫合傷口，然後叫元清負責縫合皮下組織及皮膚，就跟總醫師一起離開手術室了。元清雖然納悶，但也依言縫好傷者的皮膚，這才發現傷者已經在手術中死亡。原來在手術室中，英文「過期」跟「死亡」是同一個字。這其實不是什麼大不了的事，但是元清卻很受到震撼。他走出開刀房，默默地除去手術穿的衣服和帽子，暗自下了決心：一定要利用這一年，積極加強英文與專業能力。

　　還沒機會喘口氣，總醫師就來叫元清，要帶他和其他新來的醫師去病房查房。總醫師的姓也很好玩，叫做格蘭柏，就是英文發牢騷的意思。一天之內遇到一位鱈魚主任、一位牢騷醫師，元清不禁想這些美國人的名字還真奇怪。不過，格蘭柏醫師其實是一位爽朗明快的女醫師，一點都不愛發牢騷。她帶著元清去查房，值班的住院醫師看到總醫師來了，都畢恭畢敬地報告每個病人的病情。格蘭柏仔細地看報告，給病人做檢查，跟住院醫師討論後續的治療計畫，也趁機向新進醫師們解釋可能的治療方案，及不同療法的利弊。遇有不常見的疾病，她就要求新進醫師們回去研究以後，第二天再向她做報告。

中午，元清在醫院的食堂匆匆用過午飯，下午又開始看新的住院病人，問診、觸診、審閱檢查報告、製作病例、讓病人簽手術自願書、為有需要的病人抽血及靜脈注射，然後為明天的手術做準備。晚上他到圖書館把今天看過的病例、以及明天要實施的手術，大致地讀了一遍，回到醫師值班室時已經是夜裡十一點多了。

　　這就是元清在協和醫院的第一天。值班室裡還是那套白色的褥子，那根清冷的日光燈管。但今晚，累了一天的他，倒頭就睡，一夜無夢。◆

第十章 名門醫院 菜鳥醫師

在協和醫院第一年的住院醫師，其實相當於實習的性質。今年跟元清一起被錄取為協和醫院第一年外科實習醫師的年輕醫師，一共有十二位，元清是唯一的亞洲人。他們要向資深的住院醫師、總醫師及主治醫師報告。除了病房及門診，他們也要輪流值夜班及急診。急診室的夜班最累人，外傷、車禍、骨折、急性腹痛的病人都有。有時候白天累了一天，晚上又要值夜班，接電話接到一半睡著的情況也發生過。

日子一天天過去，元清的英文會話進步了不少，逐漸習慣了緊湊的生活，也結交了幾位醫師好友。

蕭秋文醫師就是其中一位。他在高雄醫學院以第一名的成績畢業，娶了元清大學恩師許夢蘭教授的女兒，現在正在協和醫院外科擔任住院醫師。因為是同鄉，又有這些淵源，他對元清很照顧。

另一位特別照顧元清的醫師是主治醫師克拉森。元

清在協和醫院的第二天，就隨克拉森醫師做了三台手術，分別是膽囊切除術、疝氣修補術、及糖尿病的足部傷口感染。直爽的克拉森很嚴厲又敬業，每次開刀當中，都會考小醫生很多問題，解剖學方面的問題當然是最常問，也會問些關於手術刀法及常見後遺症的問題。如果小醫生沒有答對，克拉森就會拿鑷子或拉勾敲小醫生的手背，瞪著眼睛說道：「你怎麼了，連這個也不會！」絲毫不給面子。每次跟他開刀，元清前一天一定會把功課做好，不敢懈怠。元清很用功，協和醫院的圖書館二十四小時開放，他常常在圖書館待到深夜，幾乎以圖書館為家。後來克拉森與元清成了好友，總是帶著元清去查房，也提醒元清很多在醫院裡的潛規則。一直到多年後，元清都還是感謝這位良師益友。

急診室主任豪沃醫師為人豪爽，是巴爾的摩業餘橄欖球隊的隊長。他聽說元清大學時也打過橄欖球，就拉著他進了球隊。他們都在星期六下午練習或比賽。有一次他們與馬里蘭州的另一個球隊比賽，戰況激烈，對方球員都很高大，也比較蠻橫，豪沃跟元清都受了一點傷，卻不服輸地繼續奮戰。中場休息喘口氣時，忽然四部警車閃著警燈、鳴著警笛，來勢洶洶地把兩隊人都包圍了起來。幾個警察下車走過來質問他們在幹麻。原來是豪沃醫師在比賽時，左肩受到沖撞受了傷，疼痛難當，於是自行注射局部麻醉劑，止痛後繼續比賽。附近的居民看到了，以為這群人在

一九七五年，元清（前排右四）
在協和紀念醫院接受外科住院
醫師訓練，與醫院同儕合影。

使用毒品，就報警抓人。幸好警察了解狀況後，又看了豪沃、元清和其他醫師的證件，就放他們繼續比賽。

除開打橄欖球這個小娛樂不算，這段日子，元清不是在醫院，就是在值班室，不然就是在往返於值班室與醫院之間的路上。晚上他就住在值班室，煮了一鍋白飯，用醬油滷了一鍋肉和蛋，每天早餐晚餐都這樣吃。這樣省吃儉用了四個月，終於存夠了錢，寄回台灣，讓玉珠買機票來美國。既然要接妻子來，元清也不便繼續住在值班室了。

那年十月，一天早上，飄著細雨，這在巴爾的摩是很常見的天氣。這裡的秋天經常是細雨綿綿的，空氣雖然潮濕一些，氣溫倒是清涼舒適。在雨中出門當然不便，但元清這天早上剛好有空，就去醫院後面的住宅區看看有沒有房子要出租。走到第二條街上，兩側都是高大的路樹，元清看到對面有一棟雙併的紅磚建築，心想他們可能有房間出租，就前去敲門。

來開門的是一位中年微胖的白人男士，看到元清，就笑著說：「林醫師！」

元清愣了一下，對方趕緊解釋，三天前他四歲的孩子提姆從通往地下室的水泥階梯摔了下去，撞到頭部，他帶著孩子到醫院的急診室，剛好元清值班，幫孩子檢查了頭部、照 X 光、包紮傷口，並叮嚀他在七十二小時內要密切觀察，如果有任何腦震盪的現象，要立刻回醫院複診。

元清病人多，已經不太記得這件事了。但這位先生顯

然記得很清楚，他自我介紹說叫泰德‧雪林，請元清到客廳坐下。此時太太葛麗泰也出來招呼客人。元清開口說明來意，直接問這對夫婦有沒有房間可以分租。

泰德說：「這肯定是神的旨意了。」原來這對夫婦是虔誠的基督徒，長期用愛心做服務國際學生的事工。他們將房子裡的六個房間，以很便宜的價格出租給國際學生。最近剛好有一個學生畢業返國，他們便為此事向上帝禱告，希望上帝帶領一個適合的學生來分租這個房間。泰德告訴元清，今天早上他們夫婦正禱告完，就聽見敲門聲，來人正是元清。

在奇妙的命運帶領下，元清很順利就租到了房子。雪林夫婦每個月只收五十美元的房租，以當時的行情來說，的確是非常便宜。

找到了住處，元清接著就去考駕照、買汽車。為了讓玉珠開心一下，元清把他這四個月存下來的錢全部用在這部車上了，買了輛兩千三百美元的別克汽車，貸了兩年的款，每個月得付一百美元的貸款。

第二天他懷著歡喜之情開車去接玉珠。小別勝新婚，在機場看見玉珠穿著當時流行的印花寬褲向他走來時，元清興奮地拚命向妻子揮手，玉珠見到丈夫也很興奮，兩人擁抱了一小會兒。玉珠對元清新買的車子表示稱讚：「看來你在這裡做得很好呢！」

元清駕車帶玉珠回雪林家，因為是第一次開車，很

緊張，途中差點追撞了緊急煞車的前車，幸而有驚無險。雪林夫婦熱烈歡迎玉珠，還幫玉珠娶了一個英文名字叫喬伊，就是喜悅的意思，是基督徒很喜歡用的名字。

十月夜裡的天氣已經轉涼了，那天晚餐後，大家圍坐在客廳的壁爐旁邊，泰德升起火，葛麗泰彈著吉他，教留學生們唱聖歌，接著查經。以後的好多個夜晚，元清和玉珠都是這樣在雪林家的客廳度過的，後來玉珠更向葛麗泰學會了如何烹煮感恩節的火雞。

十一月底的感恩節過完，冬天就真正的來了。巴爾的摩通常在十一月底開始下雪，一直下到次年的四月初才停。下雪天總是斷斷續續的，雪停了之後的第一天，地上就會開始結冰，非常地滑，很多人一走出門就不小心跌倒，導致髖骨或股骨骨折。這些病患不停地被救護車載到急診室來求診，每天總會有十幾、二十個這樣的傷患，在急診室排隊照 X 光，如果確診為需要手術的骨折，院方即會將他們收入住院，等著當日或次日開刀。

這是骨外科急診室裡最忙碌的一個季節，整個冬天，元清和其他醫師們忙著檢查病人，製作病例，向病人解釋開刀的必要性及其風險，然後開刀，有時候要做人工關節的置換、有時候要打鋼釘，一般都是由主治醫師或總醫師帶著資淺醫生做這些手術。因為病患很多，所以年輕醫生有很多機會學習。元清工作勤快，下班後又勤於念書吸取更多醫學知識，因此學得很快。過了一陣子，克拉森醫師

和格蘭伯醫師都發現元清做這些小手術已經很熟練了，格蘭伯認為可以放手讓元清自己去主刀。元清試了幾次，都做得很好，也得到克拉森和格蘭伯的稱讚。克拉森還是不時出些困難的問題來考元清，元清若有答錯或答不出來，克拉森那一臉失望的表情，總令元清心虛不已，因此更不敢懈怠了，每次開刀前一定會先在書本上把病因跟手術過程先看過一遍。威爾森主任每個星期固定帶領外科醫師們研讀最新的外科學會雜誌，元清都積極參與。克拉森醫師有時候會在開刀前帶小醫生們進解剖室練習新的手術技術，元清也認真參加。他在北醫的時候，上解剖課就特別認真，解剖學的成績也很好，現在有機會學以致用，自己也覺得心滿意足。

　　協和紀念醫院的外科住院醫師訓練體系是金字塔型的。第一年有十二位實習醫師，第二年刷下六位、留任六位住院醫師，第三及第四年再刷下三位、留任三位醫師，第五年則只有兩位能夠留任。

　　這第一年對元清來說，非常辛苦。同年進入協和醫院的十二名實習醫師，人人都受過紮實的醫學教育，彼此難分高下。但除去元清以外的十一位醫師，各個英語流利，能言善道，上台簡報時都說得有條有理。而元清蹩腳的英文表達能力，著實讓他吃了虧；只好加倍用功學習，希望勤能補拙。好在多數病人看著東方面孔的他穿著白袍前來問診，也都客氣配合。

元清在醫院裡奮鬥的時候，玉珠也在努力著。她去上成人英語學校，加強語言能力。這個成人英語學校是教會辦的，玉珠在學校裡認識了好幾位華人牧師太太，生活也不再那麼寂寞了。

來自台南、曾經在南門教會牧會的劉晉奇牧師和家人，對元清和玉珠就很照顧，劉牧師很會做糕餅跟點心，常常帶來給元清夫婦吃。住在醫院對面地下室的林慶東牧師夫婦，在元清和玉珠面臨困難時，總是帶領元清夫婦一起禱告。來自屏東、曾經在大溪地宣教的李鴻麟牧師夫婦與雪林夫婦熟識，有時在週日來雪林家做禮拜。雪林夫婦自不必說，是元清和玉珠精神上的支柱，在生活上處處照顧元清夫婦，在生活上指導他們美國人的習俗民情，在困難中帶領他們研讀《聖經》。

元清和玉珠在雪林家住的並不久。第二年的一月，林慶東牧師一家人在市郊租了房子，搬離了醫院對面那棟房子的地下室。元清和玉珠就以月租一百美元的代價，搬進了那地下室居住。雖然沒有窗戶，不通風又見不到陽光，但小倆口總算是有了自己的窩，兩人都很珍惜。玉珠的英文也學好了，開始去醫院做義工服務。

這一年的四月九日，巴爾的摩下了最後一場春雪。之後就開始斷斷續續地下春雨，整個五月差不多有一半的時候在下雨，地下室特別潮濕。就在這種環境下，玉珠發現自己懷孕了。同時，元清也看見自己的名字「馬修·林」

一九七三年七月的巴爾的摩，
元清買了車子，十月玉珠來
美，兩人賃居地下室。

出現在第二年留任住院醫師的名單中。這讓他很意外，因為他以為自己英文講不好，基礎醫學訓練也沒有明顯地比別人好，應該是不太有機會留下來的。雖然一年就返台的計畫因此要順延了，但這算是一件好事，雙喜臨門，元清和玉珠都很高興。

元清打越洋電話回台灣，向父母親報告自己被醫院留任的事情。吳和沒說什麼，智煉只說了一句：「不是講今年就要回來嗎？」語氣明顯有些失望。

儘管如此，當元清解釋說自己也很想留下來多學一點時，智煉與吳和都沒再多說什麼，就同意了兒子的決定。這讓元清鬆了一口氣，也很感謝父母親的體諒。

朋友們聽說玉珠有喜，都為元清夫婦高興。玉珠在英語學校認識的一位丁媽媽，常常帶剛燉好的雞湯來給玉珠補身子。跟玉珠一起在醫院做義工的一位以瑪老太太，有時候會來元清家。有一次玉珠用蔥、薑、辣椒來炒烏賊，因為地下室通風不良，滿屋子都是辣椒的煙味，嗆得每個人都淚眼汪汪地猛打噴嚏。那煙味讓元清想起小時候，和父母手足一起住在小倉庫裡生活的那段日子。那個時候吳和在房子前面，用煤球爐生火燒飯，燒煤球的火很旺，可是嗆味很刺鼻，每次生起火來，一屋子的煙，全家人都被那煤煙燻得眼淚鼻水直流，還趴在地上寫功課。就是在那樣的環境下，十二歲的阿清拚命用功，考上建國初中。

自己在那樣的環境成長，元清並沒有怨言。但還是想

讓即將出生的孩子，有一個好一點的居住環境。於是又開始找房子。

　　剛好葛麗泰的父親在醫院後面有一棟公寓，剛好二樓的住戶準備搬出去，一切都剛好。那年冬天，元清和玉珠的大女兒出生以後，一家人就搬進這棟公寓的二樓。這層樓的月租是一百八十美元，雖然貴了些，但是既敞亮、通風又好，加上初生女兒的喜悅，他倆真覺得自己是世界上最幸運的人了。

　　元清為女兒取名為奕君。奕君出生在一個晴朗的冬日，這種天氣在十二月的巴爾的摩是很少見的。抱著奕君回家的那天，元清和玉珠心情都特別好。那天晚上，玉珠從窗口看見一輪彎彎的下弦月，說道：「你看，還可以看見月亮呢。」

　　於是元清也往窗外看，只見天空有雲，但沒遮住月亮，彎彎的下弦月四周有一圈光暈。元清看到月亮，想起很久以前，父親智煉對他說過的一段往事。

　　一九四五年初夏，智煉三十七歲，還在廈門時，有一天看到奇異的天象，天空被雲分成兩半，一半有雲，一半全無。古諺有云「天分邊，會太平」，智煉把自己的所見所想告訴同事，覺得也許二戰很快就要結束了。此事傳開，日本駐廈門輔助官以「妖言惑眾」為名，把智煉關進監獄。結果不到兩個月，美國就在日本廣島、長崎分別投下兩顆原子彈，日本受到空前重創，日本天皇宣布接受同盟國的

波茨坦宣言，同意無條件投降。日本外相重光葵代表天皇，在投降書上簽字後，智煉也就出獄了。

看著月亮，想起父親說過的往事，元清也有了奇異的聯想：難道越戰也很快就要結束了？

此時元清在協和醫院第二年的一般外科訓練生涯也已經過了一半，越戰仍在繼續，醫院仍在鬧醫師荒，招收了更多外籍醫師，其中也有些華人醫師。元清的同學許耀慶、還有另外兩位來自台灣的醫師詹久松和鄭旋岳，都在此接受婦產科醫師的訓練。

第二年的訓練生活更為忙碌，除了日常的開刀、門診和急診外，也要帶著第一年的實習醫生去查房及做手術。元清不敢懈怠，格外努力，每一次收了新病人以後、或是準備進行新手術之前，都會到圖書館查找資料，研究好手術的過程及解剖、病理、診斷的流程。每天下班以後，他也會到圖書館去看書，常常晚上就睡在圖書館裡，第二天清晨六點起來查房，七點做手術。這樣的努力，使他的外科基礎更為紮實，第二年的住院醫師工作，做起來得心應手，也跟醫院的高層、主治醫師們有更多的接觸。

協和醫院的骨外科技術素負盛名，在全美一向是占領先地位的。協和醫院裡有一位名醫，姓克帝斯，名雷蒙德，已經六十多歲，白髮蒼蒼，看上去是位平凡的老人家，但可是全國知名的手外科大師！經常有世界各國的手外科醫師來協和醫院向他學習，他總是不厭其煩地講解手外科的

元清一家三口，在來美首度購
入的新家前甜蜜合影，玉珠懷
抱初生長女奕君。

精髓，經常隨手拿起筆，就在元清手上畫出手部肌腱、鞘膜、神經血管的分布及病變，指指點點地解釋手部病變最新的治療方向。元清看著這位在他手上畫圖的老先生，心中懷有無限的敬意。

元清在協和醫院的第二年，有機會跟著克帝斯醫師查房或做手術，也因此真正對手外科發生了興趣。克帝斯向來不會考小醫生問題，大概是認為他們也答不出來。但是他熱心指導小醫生，每次都讓元清獲益良多。克帝斯醫師在協和醫院地位很高，當時醫院正在他的擘畫下，籌備成立全國第一個手外科中心。

那年的感恩節前夕，元清在醫院的電梯裡偶然遇到克帝斯醫師。打過招呼之後，克帝斯說：「林醫師，你們一家感恩節有什麼安排嗎？我想請你的家人來我家吃感恩節晚餐。」

元清聽到大醫師這樣開口邀請自己，真是受寵若驚，可是他和玉珠已經講好，要去雪林夫婦家吃感恩節晚餐了，只好婉謝克帝斯的邀請。這頓飯雖然沒吃到，可是元清心裡對克帝斯非常感激，不啻像在他家大吃了一頓山珍海味。這件事也讓元清體會到，有名望的大醫師，隨手的一點親切，就能帶給後生晚輩莫大的鼓勵。當時他就默默地在心裡對自己說：「來日一朝有成，我也要親切對待後輩才好。」

還有一位范蓋斯勒醫師，也是對住院醫師們照顧有

加，凡是住院醫師能做的手術，他都樂意教導。比元清早兩年進醫院接受訓練的學長湯森醫師，對學弟們都很照顧，他跟元清很投緣，常常對元清說，完成訓練以後，要去亞洲的偏遠地區服務，令元清好生佩服。

這一年來，元清一方面努力工作，一方面看著長女奕君漸漸長大，開始會笑、會發出咿咿呀呀的聲音，真是其樂無窮。他們一家搬進現在這棟公寓的二樓以後，把以前那個地下室介紹給李鴻麟牧師一家承租。李牧師一家人剛從大溪地移民來美國。元清想起自己來美第一年生活的清苦，便常常招待李牧師一家來家裡吃飯，週末邀請他們一起出遊。

奕君滿月後不久，骨科主任詹森醫師偶然讓元清替他做一個股骨骨折的手術。手術很順利，詹森主任看了有點驚訝，因為在這之前，他根本沒注意過馬修林這麼一個小住院醫師。他又考了元清一些問題，元清也答得頭頭是道。詹森於是對這個小醫師有了一點印象，又讓元清替他做了幾個類似的手術，都很順利，詹森於是知道這是元清的實力，並非偶然的運氣。

在那之後詹森主任就特別注意元清。有時候兩人都在急診室，詹森會親自指導元清做一些困難骨折的復位術；在醫院偶然碰到時，也會問問他在美國適不適應，家裡的嬰兒好不好。

有一天詹森主任問起元清以前受過的訓練，元清如實

回答了。詹森問：「你以前是學內科的，為什麼現在改學外科？」

元清老實地說：「我覺得外科醫師比較可以直接治癒病人。我在內科的時候，常常要靠猜測來判斷病人的病因，也常常碰到無法治癒的心臟衰竭或癌症病人，很有挫折感。」

那是斷層掃描、核磁共振都還沒有發明的年代。元清講起自己從前在內科住院時，往往拚盡全力，病人卻回天乏術，種種無奈，種種無力，竟有泫然欲泣之感。詹森主任聽他這樣說，點點頭，沒再說什麼。

過了幾天，詹森主任邀請元清和其他幾位比較熟的醫師去家裡玩。元清帶著玉珠和奕君一起去。詹森家住在郊區，庭園很大。元清把車開進詹森家的大院子的時候，第一印象是覺得這裡不像私人住宅，倒像個牧場，有種大開眼界的感覺。房屋很寬敞，但很樸實，壁爐裡燃燒著詹森自己劈的柴，不時發出木頭爆裂的聲音，飄出一陣好聞的木頭香氣。這個場景讓元清想起童年在集集鄉下家中、廚房裡的那個大灶，因此覺得非常有親切感。小時候他常常奉母親的命令，去野外撿樹枝回來當柴火。

詹森主任的兒女都已經長大離家，當晚只有他和太太兩個人招呼客人。詹森穿著休閒的格子襯衫、牛仔褲和球鞋，與平常在醫院裡西裝筆挺、皮鞋打得亮晶晶的形象判若兩人。他捲起袖子給客人夾菜、倒啤酒。元清為玉珠介

紹：「這是我們醫院裡最大牌的主任醫師。」玉珠小聲說：「你不說，我還真是看不出來呢，瞧他一點大牌醫生的架子都沒有。」

　　詹森的確平易近人，元清對妻子的評語表示贊同。事實上，詹森主任是醫院裡最有學問的醫師，他本身也是知名的約翰霍普金斯醫學院的教授。詹森熱衷鑽研新的醫療方式。

　　那晚在詹森主任家的聚會非常愉快，大家陶然半醉，元清也舉著酒杯，與同事們談笑風生，說著兩年前他還聽不懂的英語笑話，感覺到久違的輕鬆。此時第二年的訓練已近尾聲。第一年一起進來的十二位實習醫師，在第二年被刷掉一半只剩六位；第三年六個住院醫師只有兩位能夠留任。元清知道自己雖然很努力，但是留下來的機會相當小；如果被刷下來，也就落實自己原本規畫，回鄉在信安醫院的招牌上加上「留美醫師」幾個字，一邊看診一邊照顧年邁的父母。這麼一想，他心裡就很坦然了。

　　但是命運對元清另有安排。時間像水，看似柔弱無骨，卻悄無聲息地在改變著水面下人們看不見的事物。機會像船，人們往往在還沒有清清楚楚地打定主意以前，就一腳踏上命運之船，隨水流去，終生的方向就這麼定了。

　　過了幾天，詹森主任準備要帶總醫師和元清一起，開一個肩膀習慣性後脫臼的手術。元清從來沒有看過這種手術，因此前一天就到圖書館，把手術的過程及解剖仔細地

讀過以後，又到大體解剖室再將手術演練一次。隔天上午，開始手術時，元清隨總醫師、詹森主任一起刷手，進了手術室，詹森主任將手術刀遞給總醫師，示意讓他做手術。但總醫師說：「不行，我從來沒有開過這種手術。」

詹森有點失望，又把刀遞給元清：「馬修，你願不願意試試看？」

元清沒想到詹森會叫他開刀，先是猶豫了幾秒鐘。想到平日詹森對他的照顧，也讓他做過許多手術，又想到自己昨晚演練得很仔細，應該不成問題，便接過手術刀：「謝謝，我願意試試看。」

他照著昨晚演練的過程，非常小心地開始做手術。手術很順利地完成了。詹森和總醫師一直看著元清。雖然三個人都戴著口罩，看不出彼此的表情，但詹森眼裡分明閃著稱許的光芒。

元清覺得受寵若驚，也非常高興。當時他還不知道，這是扭轉他人生的一台手術──但他這一生，也沒有再做過這種手術。◆

第十一章　# 白色巨塔
霍普金斯

手術結束以後，三人陸續走出開刀房，換下開刀服。詹森主任對元清說：「馬修，有時間的話，一起喝杯咖啡吧！」

他們在茶水間各倒了一杯咖啡，坐下來。詹森忽然很慎重地問元清，有沒有興趣申請約翰霍普金斯醫院骨外科住院醫師的空缺。

元清一聽，又驚又喜，驚的成分比喜的成分還更大些。這所醫院是世界頂尖的約翰霍普金斯大學附設醫院，霍普金斯大學以公共衛生及醫學研究享譽國際，與協和醫院素來有建教合作關係，協和醫院裡多位醫師、包括詹森主任，都在霍普金斯醫學院任教職，因此元清對該醫院的情況也有所了解。他知道霍普金斯醫院的骨外科住院醫師，每年只有三個名額，卻有幾百人申請，聽說去年有八百多人申請，都是醫學院前五名的畢業生才有機會申請到，而且以美國本國醫學院的畢業生為優先，比留任協和醫院的住院

醫師還要難得多。元清自忖要留任協和醫院住院醫師都已經很困難了，要申請上霍普金斯的住院醫師，那真是想都不敢想。

他抓抓頭，誠實地說：「我是很想，但可能沒有什麼機會。」詹森懇切地說：「不要擔心，你就把申請表填寫好，拿來給我，我來看看是不是能幫上忙。」

聽到詹森這麼一說，元清心裡燃起了希望。他依言把申請表填好，交給詹森主任。

過了幾天，協和醫院宣布的三年住院醫師留任名單，元清果然被刷下來了。被留任的兩位住院醫師，也跟元清猜想的一樣，是最優秀、最得威爾森主任信任的兩位醫師。雖然這些都是意料中的事，元清也覺得公平，但還是有點失望。現在他只剩下骨外科住院醫師的這個機會了。他自認希望渺茫，心情很複雜。

住在雪林夫婦家的時候，元清和玉珠接觸到基督教，也養成禱告的習慣。這段期間，元清便經常禱告，在禱告中把一切都交託給上帝，祈求不論是回台灣還是留在美國，都能有神的帶領。

在忐忑不安中過了幾個月，就在協和醫院的第二年住院醫師工作即將結束的時候，有一天，詹森主任忽然來找元清，叫他到辦公室坐。元清戰戰兢兢的走到詹森的辦公室坐下，他試著緩和一下自己的呼吸，但還沒緩過來，詹森就大聲說：「恭喜你，你已經被錄取了！」說著便伸出

在日本行醫的高中同學楊伯
仁，來約翰霍普金斯醫院拜
訪，兩人於醫院前合影。

手來與元清握手。

　　元清的手被詹森握著，一時興奮激動不已，急急忙忙地胡亂說了些「非常感謝」之類的話，差點沒被自己的口水嗆著。接著就跑出辦公室，飛奔回家找妻子。

　　一進門，元清還氣喘吁吁的，不急著喘口氣，先急著對玉珠說：「我被詹森主任錄取了！」玉珠知道這個機會對丈夫而言意義重大，因此也非常高興。

　　元清明白，這可能是他人生最大的轉捩點。此刻，他心中滿懷著興奮和感激之情，夫妻兩人在窗前跪下禱告，求神繼續帶領元清的工作。

　　從那一天起，元清就開始為進入霍普金斯醫院擔任住院醫師做準備。霍普金斯醫院的住院醫師訓練為期三年，第一年在霍普金斯醫院受訓，第二年在巴爾的摩市立醫院及兒童醫院受訓，第三年分發到各合作醫院接受骨外科總醫師的訓練。在這三年期間，受訓住院醫師們同時也在霍普金斯醫學院教授們的指導之下，擔任醫學院的骨外科研究員三年。

　　一九七五年七月一日，元清懷著興奮和感激的心情，精神抖擻地到霍普金斯醫院的骨科部報到。同時報到的另外兩位住院醫師都是名校出身，一位是斯文的柯爾醫師，是個性格隨和、不拘小節的人。另一位是理著光頭、剛從越戰退役回國的米爾醫師，是個性粗獷、話很少，直截了當的一個人。此時越戰已於當年四月結束，在前線服役的

醫師都紛紛回國。美軍全面撤出越南，距離元清和玉珠在窗下看月亮的那個晚上，只有短短四個月。

負責指導他們的資深醫師有好幾位。負責排刀的是總醫師理查森，理查森醫師也是兩年前經由這個訓練計畫來到霍普金斯醫院的，算是元清他們的學長。資深住院醫師柯拉寇專長人工關節置換，他發明了很多骨外科的新技術，經常在世界各地演講。威蘭醫師專長手外科及顯微鏡血管移植，負責指導新進醫師皮瓣手術、以及用腳趾移植做手指的技術。史諾登醫師專攻小兒骨科，對於小兒脊椎側彎、先天性骨科疾病都有精闢的研究。

骨科主任是羅賓森醫師，這位大醫師的名字在骨科醫學界，是人人都耳熟能詳的。他做了很多骨科醫學上的發明，頸部頸椎手術當中，由頸前方切入的技術，就是以他的名字來名命，稱為「羅賓森的切入」（Smith-Robinson Approach）。

新到住院醫師第一天報到時，羅賓森主任率全體骨科醫師歡迎新醫師，說了些勉勵的話，讓大家互相自我介紹。之後就讓總醫師各自帶開新到住院醫師，安排好查房、手術、門診、值班等任務。

元清被分派到一般骨科門診部，霍普金斯醫院的骨科門診非常忙碌，每天早上都有看不完的病人；從骨折、腰痛、到運動傷害，什麼樣的病人都有。骨折復位元清很拿手，但若是遇到其他比較複雜的症狀，他有時還得請在

場的教授、或總醫師來會診。下午看完門診後，要去病房查房、檢查開過刀的病人、看看剛住院準備明天開刀的病人。查過房後，就要把病歷表拿出來，記錄、寫醫囑，凡有必要的檢查，都要詳實記錄在病歷表上。有新病人時，就要製作新的病例表及醫囑。忙完了住院病人通常已是晚上七、八點鐘，此時明天開刀房的手術班也排出來了，元清看看班表上明天要做的手術，就到醫院的圖書館，把這些手術及病例在書上好好的看過一遍。準備妥善了，如果當天沒有值班，元清就開車去超市買些牛奶、食物和日用品帶回家，回到家通常已經超過夜裡十一點，玉珠和奕君都已經睡著了。草草漱洗臥下，把鬧鐘調好了五點鐘，以便第二天早上在六點準時到達醫院的病房查房，七點鐘刷手做手術。

　　來到約翰霍普金斯之後，元清每天晚上回家，妻女都已經睡著了。清晨出門，妻女還在睡覺。不知不覺間，他覺得奕君似乎已經好一陣子沒見到爸爸了，心裡覺得很歉疚。

　　在醫院裡，他感覺這裡每一個醫師、甚至工作人員都有一股傲氣。有一回元清在護理站整理病歷，手上抱著一本病歷正在寫著，還沒寫完的幾本病歷還放在櫃台上，正忙得不可開交時，忽然那胖胖的資深護理長指著元清，大聲道：「你！把病歷放回架上！」一副命令的口吻，連個「請」字都沒有。當下整個護理站的人都停下手邊的工作，

看著元清這個黃面孔的小醫師。他一時也愣住了，他沒有跟人吵過架，更不會用英文吵架。他想了想，覺得自己也不需要跟護理長爭辯，就把寫到一半的病歷放回架上，等一會兒要寫時再拿出來。之後，那位護理長看到元清，還是板著臉，彷彿元清欠她錢似的。醫院裡有幾位醫師、護士，也總是一副瞧不起人的態度。

待人很友善的骨科技術員羅賓聽說了，就安慰元清：「霍普金斯的醫生、護士都是名校畢業，人人自視甚高，講話難免不客氣。其實他們人都很好的。」羅賓是黑人，元清有一次讓他來幫病人上石膏，看他包得又快又好，從此就常常讓他幫忙。他無意中注意到羅賓的右手大拇指少了一個指節，羅賓告訴他，自己以前是職業棒球隊的捕手，右手大拇指受了運動傷害，不得已截肢一半，也放棄了棒球生涯。但這並不妨礙他包石膏。醫院裡的職員，羅賓是待元清最友善的一個。至於其他人，元清總覺得他們的臉色都不太好看。

他把自己的感覺告訴妻子，玉珠聽了，勸慰丈夫道：「是不是你覺得自己學識不如人家，才會這樣想？多用功些，就會好了。」

元清聽了妻子的勸，就更加用功。住院醫師每三天值一次班，值班的時候，病房有事會呼叫值班醫師去處理，急診室裡有病患，也會叫值班醫師去會診；一個晚上至少會被叫起來三、四次。元清乾脆就在圖書館看書，等著

被叫去急診室或病房。他這樣做有兩個原因：第一，他要發奮努力，利用這個時間，剛好可以把這幾天看過的病例或手術，再好好的複習一遍。第二，從醫師值班室走到病房或急診室，要經過一個地下長廊，步行約需十五分鐘，元清覺得很浪費時間。有些有趣的疾病或手術的解說或文獻，他一讀再讀，也不厭倦，不如在圖書館消磨時間。夜深了，如果病房沒有叫他，他就拿一本書當枕頭，躺在圖書館的桌面睡覺。被呼叫時，只要三、五分鐘，便可以走到病房。

就算不值班，元清也總是在圖書館，用功到深夜十點以後才回家。他的車子停在醫院外面的街道上，霍普金斯附近的街頭上有很多遊民，經常有人醉醺醺地靠著路邊停放的車輛，就臥在車門旁邊或車輪前面。偶爾也看到遊民互相鬥毆。看到黑人遊民躺在他的車子上，他就把他們拉開，讓他們在路邊坐下，然後開車回家。那些遊民也從來沒有找過元清的麻煩。

美國是一個多種族的國家，但種族歧視或種族偏見在美國，卻是無處不在的。在霍普金斯醫院這座白色巨塔裡，元清處處感到自己因為膚色而吃虧。因為這樣，他一直提醒自己克服成見，用寬容的態度對待不同膚色、不同背景的人。

就在此時，元清發現自己連續兩、三個禮拜，都是被安排開些簡單的足部小手術，那些較複雜的頸椎手術或是

人工關節修復手術，都是由同期進入醫院的米爾醫師或柯爾醫師來操刀。越想越覺得，總醫師排刀恐怕有欠公平。

元清剛進入霍普金斯醫院受訓時，七月底的一個週末，醫院辦了一個類似迎新的活動，年輕的骨外科醫師們齊聚霍普金斯大學的游泳池畔，野餐、玩水球。這些在霍普金斯受訓的年輕醫師，可說是美國當時年輕一輩醫界菁英的一時之選，各個都是各醫學院前五名的畢業生，也都人高馬大、英俊瀟灑又識水性，幾位總醫師各帶一隊人馬，戰況激烈，各有勝負。那是元清第一次玩水球，玩得很盡興，與醫院裡其他年輕醫師互相間也比較認識了。

但是在那之後，元清忙著研究學問，較少參與年輕醫師們之間的交誼。他們的學長、理查森總醫師跟米爾、柯爾三天兩頭約了吃飯打球，相較之下，每天不是在圖書館、就是在開刀房或病房、不然就在往返於圖書館與病房之間路上的元清，仿若孤鳥一隻。元清懷疑自己受到排擠，在排刀上受到總醫師不公平的對待。

這天上午，元清又開了幾個小手術，大手術又排給米爾和柯爾了。到了下午，他實在按捺不住，就私下找了理查森總醫師談話。當然他也不好單刀直入地質問學長，於是先試探地問：「理查森醫師，你覺得我最近開刀開得怎麼樣？有沒有哪裡做得不好？」

理查森說：「林醫師，我看你都做得很好，沒什麼令人擔心的。」

「那麼，」元清鼓起勇氣說：「我注意到，最近我都沒排到開大刀，是不是也能給我機會試試看呢？」

理查森很客氣卻很直接地說：「馬修，雖然你也很優秀，但是我認為，像米爾和柯爾這樣，土生土長的美國人、從美國本國醫學院畢業、將來也會留在美國服務的醫生，應該有資格優先得到最好的骨外科訓練機會。」

元清聽了，覺得很委屈。但是他也不好再說什麼了，只能摸摸鼻子，垂頭喪氣地看著理查森轉身走開。

之後元清還是連續被排到簡單的手術。雖然他都盡力做好，但還是覺得鬱悶。

過了幾天，骨科主任羅賓森醫師叫元清去談話，問起最近開刀的情形。原來羅賓森主任無意間也發現了總醫師理查森醫師排刀的情形。元清把握機會，向羅賓森表達了自己也願意挑戰大手術的意願。羅賓森隨即指示理查森醫師更正不公平的排刀，元清終於也有機會做大手術了。對於這些得來不易的機會，他非常珍惜，也更加努力。

一波未平，一波又起。有一次元清輪到值班，跟平常一樣睡在圖書館。約莫凌晨一點鐘，急診室呼叫去會診，元清披上白袍走到急診室，看見病人是一個五十多歲、身材肥胖的男士。他自述已經腰痛了三天，今天晚上痛得特別厲害，但以前完全沒有疼痛的病史，這幾個月也沒有受過傷，這兩天自己吃了些止痛藥，但都沒有好轉。

元清為他仔細檢查。一般腰痛若不是神經壓迫，就是

胰臟炎、膽結石或腎結石，但病人完全沒有這些症狀。元清讓他試著走路看看，病人說是一走路就會痛。元清檢查病人肥胖的腹部，發現在脂肪下，隱約可以觸摸到隨著脈搏跳動的突起，元清判斷這可能是大動脈的血管瘤破裂的徵兆，因此想找血管外科的醫師來會診。

但急診室的主任醫師卻認為這只是骨科的問題，要求元清先收病人住院以後再會診，不願意在急診室會診血管外科。元清當下抗議道：「這樣太不謹慎了。」但急診室主任卻說：「你是有意推託，不肯收病人住院嗎？」

元清一聽，心裡很不滿，但想到自己只是一個新進的小住院醫師，也就不跟主任醫師爭辯，只好硬著頭皮，先收病人住進骨科病房。製作病例時，他特別在醫囑一欄寫下「會診血管外科、做腹部超音波檢查」。

第二天清晨六點半，元清像往常一樣去查房時，血管外科醫師尚未來會診，病人卻已經因為血管流破裂，血壓及血色素一直往下掉，整張臉變得蒼白！元清看了怵然一驚，一時間緊張得臉色比病人還蒼白，趕緊與總醫師一起將病人推到開刀房，一面安排開刀房做緊急手術，一面呼叫血管外科的主任來開刀房會診。三位醫師緊急做了大動脈血管瘤手術，救回病人一命。

過了幾天，外科部會議中，這個醫療事件被提出來檢討。外科主任及霍普金斯的教授們認為，醫師們都應該知道，大動脈瘤破裂引起的腰痛，是當晚外科病房要優先處

理的病例，急診醫師拒絕會診血管外科是不對，元清收病人到骨外科病房住院也不對，等到次日早晨才處理更是不對。雖然救回病人，但確有醫療疏失，主任命令元清寫書面報告檢討。

　　元清痛定思痛，深感為病人做對的事，一定要堅持，不可妥協，否則有如將病人的生命安危，懸於一線之間，後果不堪設想。◆

第十二章 診間為床 室館為家

　　在約翰霍普金斯，一面駐院、一面受訓的日子，元清得了許多教訓。這對他影響很大。在工作上，他對病人的診斷及救治，更加用心、更加積極，絲毫不敢懈怠。在功課上，他更加努力學習，主任及教授指定的研究報告及專題演講，他也做得更加周全，常常得到肯定。

　　醫院的教學很緊湊，除了臨床上的教學及手術的訓練外，每個星期也有讀書會，讓醫師們輪流做專題演講。每個星期五晚上還有病理課，住院醫師們要到病理室，在病理教授們的陪同下，有系統地將一個個骨科病理的切片放在顯微鏡下觀察、診斷。

　　元清的基礎病理原本就學得很紮實，因為他在臺北醫學院時，參加足球隊和橄欖球隊，而北醫病理學的兩位教授陳定堯和黃德修，剛好分別兼任足球隊和橄欖球隊領隊。兩位教授對球員要求特別嚴格，規定球員如果病理學達不到一定的成績，就要勒令退出球隊。元清喜歡打球，

病理課上自然不會馬虎，那一年他病理學拿了九十八分，是全系最高分。他對病理解剖也很有興趣，每次臨床病理聯合會議以後，他總會將所有的病例，在書本上重新溫習一遍。

北醫時代打下的基礎，加上霍普金斯嚴格的骨科病理教學，對元清有深遠的影響。往後四十年，不論執業還是教學，所有病理的切片，他一定要親自看過才算數，絕對不依賴病理師的報告。

霍普金斯的大體解剖實驗室，也為住院醫師們二十四小時開放，只有住院醫師以及主治醫師可以隨時自由出入。解剖學的知識，對外科醫師的工作非常的重要。元清剛到霍普金斯受訓時，總醫師總會帶著新進住院醫師，去大體解剖室，練習次日要開的手術。後來，元清只要次日有手術，都會在工作做完後，自己去大體解剖室練習。

住院醫師的工作忙碌，往往完成工作時，已超過夜裡十點。在夜深人靜時來到大體解剖室，除了靜靜躺著的大體老師們以外，偌大的房間只有元清一個尚有氣息、還在走動的人。有些朋友聽說元清常常在深夜，一個人在大體解剖室練習手術，都問他：「這要膽子大點才做得到吧？」

其實每次進入大體解剖室時，元清的心情都是很平靜的。他有一個習慣，就是動刀前先雙手合十，向大體老師感恩他們奉獻自己的身體。這不曾有人教過他，但也不知從何時起，自己就養成了這個習慣。

感恩過後，元清就拿起手術刀，演練第二天要做的手術。在臺北醫學院時代的大體解剖課，就是從手部開始，切下那忐忑的第一刀。手部解剖，是所有解剖的基礎。來到霍普金斯，元清才發現，「基礎」的手部解剖，其實也有很深的學問在裡面。在大體老師身上演練手術，不但是為了要熟悉手術技術，也是為了要熟悉手部神經及血管的分布，以免在手術中受到傷害。纖細的神經和血管，外觀、分布都很相似，剖開手部時，為了避免判斷錯誤，醫師不能只用眼睛，也要用手指去摸摸看、用止血鉗去夾夾看，因為血管是空心的、神經是實心的，兩者質感不同。

一天晚上，元清有兩個手術要演練。他先在一位大體老師身上演練好第一個手術，把大體的手放回原位，轉身在另一個大體上演練第二個手術。忽然有人從後面拍了他一下，元清嚇了一跳，回頭一看，原來是第一位大體老師的手垂落下來，剛好拍打到元清的後腰部。他趕緊再恭恭敬敬地把大體的手放回原位，在心中默念「對不起，請您休息吧」，才又再繼續進行手術的練習。

就在元清為醫院的工作與研究忙得無暇他顧時，玉珠發現自己又懷孕了。冬天來臨時，巴爾的摩天寒地凍，積雪的路面濕滑難行，玉珠挺著大肚子、帶著一歲的小奕君，出門買菜、辦事，多有不便，也很危險，元清又分不出身照顧妻子，於是決定讓玉珠回台灣養胎。

感恩節的時候，智煉和吳和到台北松山機場迎接媳婦

和孫女，看到玉珠穿得那麼邋遢，奕君長得那麼瘦小，加上經過二十幾個小時的長途飛行，大著肚子又帶著孩子的玉珠一臉倦容，兩個眼睛下面都是黑黑的一圈。吳和看了，心疼不已，在機場就抱著媳婦哭起來：「我的孩子，你們去美國都在吃苦啊！」

玉珠回台灣以後，元清更專心在醫院的工作和研究上，每天晚上都研讀醫學書籍到深夜，然後就睡在圖書館。他的技術進步得很多，也喜歡自己做些開刀技術上的研究。他跟著骨科主任羅伯森醫師開髖關節的人工置換手術，看到羅伯森主任總是小心翼翼地把髖關節杯旁的韌帶清理得很乾淨，才開始磨杯內的骨頭，每台刀都要開三個多小時。元清想做些改良，就在大體實驗室，試著不將關節蓋膜除去，只將它打開、磨淨髖關節杯後，就置入人工關節，再將關節蓋膜縫合。如此一來，每次開刀時間只需四、五十分鐘，不但減少手術時間及組織傷害，開刀傷口只有九公分，也使人工關節更穩定、不易脫臼。可惜霍普金斯的總醫師們並不同意這樣做，認為有取巧之嫌。元清只好暫時放棄了他的發明。

第二年的農曆年後，懷胎七月的玉珠便回美國來待產。她的預產期是四月。吳和一方面想讓媳婦多休息，一方面也願意與孫女兒多聚聚，就先把奕君留在台灣照顧，說好等四月分，玉珠生產了以後，智煉與吳和再一起把奕君帶回美國，順便給玉珠坐月子。

早春二月，元清到巴爾的摩機場接玉珠。夫妻相見，都吃了一驚。玉珠回台灣休養三個月，整個人氣色都好了，臉色紅潤了，眼睛明亮了，身上穿著吳和買給她的新洋裝，美麗悅目。元清看到她的氣色打扮，不禁眼前一亮。他自己在霍普金斯的圖書館苦讀三個月，整個人瘦了一大圈，五呎八吋的身高，只剩下一百二十磅，雖然眼睛還是很有神，但眼窩都凹陷了。玉珠看到丈夫這樣骨瘦如柴，不禁鼻頭一酸。夫妻在機場長長地擁抱，玉珠說：「你怎麼瘦成這個樣兒了！」

　　元清笑答：「這骨外科訓練真不是人幹的！好在我還年輕、身體強壯，跟鐵打的一樣！」玉珠嗔道：「你這兩個月要好好補一補，不然等媽來美國，看到你這樣子，又要哭了。」

　　春暖花開的四月，智煉與吳和按計畫帶著奕君來美國，元清和玉珠去接機，一看父母還是老樣子，小奕君倒是長了不少，走路也穩了。父母子女機場相見，免不了一陣擁抱抹眼淚，好在玉珠這兩個月幫元清補了補，長了點肉，不叫吳和看了太心疼。就在這時候，玉珠卻開始肚子痛，一看是要生產了。

　　大家手忙腳亂地送產婦去醫院，一路上智煉不住地叮嚀：「玉珠啊，忍耐一下，不要太早生，我們查過黃曆，過了子夜生出來的才會好命。」這是四月十三日晚上，而智煉之前翻黃曆的結果，是四月十四日宜生子。

吳和在一邊點頭，她也相信命理八字，認為孩子出生的那一刻，就決定了一生的吉凶禍福。玉珠痛得只是不住地哼哼。元清則說：「阿爸、阿母，您們別迷信，囝仔什麼時候要生出來，哪能忍的？」

　　最後孩子在子夜剛過時落地，總算是在「好日子」四月十四日出生。這是個龍年，這孩子又是個男孩，智煉與吳和都好高興！元清給孩子取名「賢達」，全家都沉浸在林家長孫誕生的喜悅中。吳和煮雞又燒酒，給媳婦補身體。智煉帶來一部手提攝影機，隨時紀錄孫子孫女可愛的模樣。

　　兩週後，智煉與吳和心滿意足地準備回台灣，元清再三躊躇，終於還是向父母稟報，說自己要在美多留兩年。沒想到父母都沒反對，只是點點頭。元清心裡覺得有點對不起老邁的父母，看著父母親的背影步出海關，他感到一陣憂傷。

　　回到家裡，智煉與吳和兩老回去了，屋子一下子空蕩起來，元清卻發現二樓的公寓太小了。多了個兒子，一家四口，很難擠在這一房一廳的小公寓。於是他就開始尋找兩個臥房的公寓。找遍了城內城外，最便宜的月租也要兩百八十美元。元清第二年的薪水雖然會增加，但扣除預繳稅及社會安全稅，應付一家開銷後也是所剩無幾。目前的月租是一百八十美元，每個月若要在增加一百美元的租金開支，那真是捉襟見肘。

忙碌不忘孝親，與妻玉珠偕父母親及長女奕君、長男賢達，遊逛洛杉磯日本城（上圖）。一九七八年攝於巴爾的摩住所，當時尚未前往洛杉磯，賢達兩歲，奕君三歲（左圖）。

夫妻倆一計算，更加省吃儉用。冬天到了，買最便宜的衣服給孩子們禦寒；外出吃飯，四個人只叫一客飯分著吃。但是小孩子的食品還是省不得，這時候賢達已經六個多月大，也開始吃副食品了。

　　有一天，元清開車經過一片新開發區，整區都是新蓋好的城市連棟房舍，一時興起，想進去開開眼界。當他走進樣品屋時，那個開發商老闆正好在那裡，是個四十出頭的中年人，頭頂有點兒禿，穿著吊帶西褲和西裝，模樣很是體面。

　　那老闆看到客人上門，便搓著手，很熱心地對元清解釋道：「先生，你看，我這房子都是新蓋好的，有三個臥室，房價兩萬七千八百美元，看起來貴，但若是先付一千五百美元的頭期款，其餘的分期付款，每個月只要兩百四十美元，又可以抵稅，算起來你每個月還繳不到兩百美元呢！」

　　元清抓了抓頭，老闆見他神情猶豫，又說：「你看，我這還送洗衣機、烘乾機、電冰箱、廚具、灶台呢，什麼都有啦！」

　　元清見老闆這麼熱心，反倒不好意思起來。他老實說：「其實我真的是正在找房子，但是手頭有點緊，是打算租房子，還沒想到要買房。」

　　老闆說：「你要租一個像這樣的房子，月租也要三百美元，那三百美元還不能抵稅，當然是買房子划算啊！」他拉著元清說：「來來來，我帶你去那邊看看實品屋，包

你看了喜歡。」

　　說著，老闆就開著他的賓士轎車，載元清去看了一棟實品屋。那屋子在社區的邊緣，靠近森林，側邊有很大的一片草坪，走進屋內，從窗戶向外望，是一片蒼翠的樹林。一樓有客廳、餐廳、廚房，廚房可以直接通到後院；二樓有三個很寬敞的臥房，每個臥房的窗戶看出去都是一片翠綠；還有地下室，有洗衣房和一個小空間。

　　元清看了很喜歡，想想房貸付款也不比租房貴，實際上抵了稅以後還更便宜，別了那個開發商老闆以後，就興匆匆地回家跟玉珠商量。夫妻倆計算了一下，覺得能行，但一查銀行，這個月的餘款只有兩百美元，一千五百美元的頭期款要從哪裡來呢？

　　當晚，元清躺在床上，左思右想，一夜未眠。身旁的玉珠也是輾轉反側，元清知道妻子一定也在為了考慮這件事，而不能成眠。第二天，元清終於想到要給表姊和表姊夫打個電話了。

　　吳和出身台南，後遠嫁廈門。她的姊妹當中，二姊嫁給台南蔡家，離娘家最近。元清初中的暑假，曾經隨母親到台南二姨家玩，二姨有三個女兒，潤華、潤英、潤瓊，都對表弟元清很友愛，整個暑假帶著元清到處遊玩，去台南著名的「沙卡里巴」夜市吃小吃。沙卡里巴源自日文「盛り場」，就是「人潮聚集之地」的意思。元清最喜歡吃那裡的鱔魚麵及棺材板。

他與玉珠來美的時候，潤瓊表姊早已隨小兒科醫師丈夫黃都博來美數年，黃都博現在在馬里蘭開業，做得很成功，他會在來看診的孩子手上畫卡通人物的頭像，很受孩子歡迎。

他向姊夫解釋了自己的窘境，說明現在面臨租房或者買房的選擇，苦於沒有頭期款。黃都博與潤瓊表姊表姊夫一聽，二話不說就拿出一千五百美元，借給表弟。元清感激得說不出話來。

第二天，元清就帶著玉珠、奕君、賢達，一起回去那個新開發區，玉珠看了那房子也很喜歡，他們就和那個開發商老闆簽約了。一個月後，他們全家就搬進了這個新家。

這是元清與玉珠一生中第一次的房地產投資。借了一千五百美元的頭期款、每個月還要付兩百四十美元的貸款，元清與玉珠更加節省。新房子裡除了嬰兒床是從舊家搬過來的，其他的桌椅家具都是五美元、十美元地從車庫拍賣上揀回來的。

此時元清在霍普金斯的骨科訓練生涯已進入第二年，分發至巴爾的摩兒童醫院擔任骨科住院醫師，每三天要值一次夜班。此時新家附近有家小醫院的急診室，正招募大夜班的值班醫師，為了快些賺錢還債，元清安排每週一次去那家小醫院值夜班。

在兒童醫院總醫師帶領下，這半年元清做了很多脊椎側彎等小兒先天性骨科疾病的矯治，小兒麻痺的矯正也做

了很多，這都是骨科不可或缺的訓練。下半年他轉到巴爾的摩市立醫院，創傷骨科在市立醫院病例最多，從粉碎性骨折到槍傷、車禍，天天都有開不完的刀。元清在市立醫院得到很多獨立處理重大骨外科手術的機會，常常開刀開過深夜，也因此練就了治療創傷的技術。除了手術之外，研究及專題演講還是少不了，醫院的讀書會、病理課、解剖課更是讓他閒不下來。就算這麼忙，他還是得去住家附近的小醫院值夜班。

那一年，美國骨外科醫學會的年會在拉斯維加斯舉行，元清和幾個同事一起去參加。年會當中有一個時段，讓來自各國的醫生各自集會。元清看到議程表上有「台灣籍醫生聚會」一欄，當然興沖沖地去參與。這個聚會安排在一個比較小的會議廳舉行，因為來自台灣的醫生畢竟還是比較少。但這不減元清的興致，一走進那小會議廳，看見許多黑眼睛、黑頭髮的黃面孔，他好高興。

正四處張望，忽然聽見一個熟悉的聲音喊他：「阿清！」元清轉頭一看，興奮地叫出來：「這不是肚仔嗎？」

元清建國中學高三九班的同學當中，一起考上臺北醫學院醫學系的有「肚仔」杜長華、「阿修」吳潤修、「憨眠」邱漢民，加上他自己「阿清」林元清，一共有四個人。四人在大學時代是好友，畢業後也常有來往，元清和潤修還同在空軍總醫院實習。但是大家各自結婚成家後，元清和漢民來美深造，潤修和長華則留在台灣，這些年來，

元清與目前正在芝加哥接受麻醉醫師訓練的漢民還偶有聯絡，與潤修和長華則幾乎斷了音訊。沒想到在此地遇到老同學，兩人都非常高興，緊緊握手。

兩人談起來，元清才知道長華現在正在台北仁愛醫院，擔任骨科主治醫師。在長華介紹下，元清認識了一位同樣來自台灣的小兒骨科醫師，名叫郭耿南，畢業於台大醫學院，曾在芝加哥的拉什大學（Rush University）附設醫院接受骨外科醫師訓練，目前為小兒骨科主治醫師。

郭耿南與元清一樣，雖然在美國受訓，但是一心想回台灣服務。他對元清說：「我在美國已經七年了，覺得美國的骨科技術，實在比台灣進步很多。完成訓練以後，我想回台灣，把這些技術介紹給台灣醫學界。」

長華說：「郭醫師說得不錯，不如你們找個時間，一起回台灣來看看，我可以幫你們安排去各個醫院開講座，大家交流一下，一方面把你們的技術介紹給國內的醫生，一方面看看有沒有機會回台灣服務。」

元清與耿南聽了，都覺得長華的意見很好，三人又詳談許久。為期五天的年會結束，元清收穫滿滿地回到巴爾的摩，心情很好，把這次的經歷講給妻子聽，言談間興致頗為高昂。玉珠聽到丈夫終於在計畫回台，也很高興。◆

第十三章　學成歸國 周遊醫院

　　一九七七年夏天，元清在霍普金斯的訓練生涯進入最後一年，回到協和紀念醫院擔任手外科總醫師。此時的協和醫院，與四年前元清初到此實習時相比，又是一番新氣象。由克帝斯醫師擘畫的手外科中心已經正式成立，命名為國家克帝斯手外科中心。

　　現在，協和醫院是美國東岸的手外科第一大重鎮，擁有四位在美國最大牌、世界最知名的手外科醫師，分別是雷蒙德・克帝斯醫師、蕭・韋格醫師、傑洛・克拉克醫師，和弗立・漢生醫師。整個東岸，所有手部重大外傷有截肢者，都由直升機直接送到協和醫院。每天，斷肢再植的手術一個接一個，醫師們都不得休息。

　　為了練習微斷肢再植的手術，每天下班後，只要不值班，元清就會到實驗室，用小白鼠練習。首先將小鼠用乙醇麻醉，開刀將小鼠大腿中細小的血管找出來，切斷後，再用針線縫合回去，確定血流暢通不再出血後，才將傷口

縫合。看到小白鼠醒來，蹦蹦跳跳、完好如初，元清才放心。那小白鼠大腿的血管直徑只有半厘米，用來縫合的針線比頭髮還細，肉眼無法看見，整個手術都要在顯微鏡下進行。

日復一日，元清努力把自己的顯微鏡斷肢再植技術，在小白鼠身上，練習到精細又快速，終於能夠開始與醫院裡那些最大牌的手外科醫師，一起做截肢再植與其他的手外科顯微手術。那四位大牌醫師，後來都先後成為美國手外科醫學會的會長，元清還是每個月繼續在小白鼠身上，練習微細血管及靜脈的接縫手術。

有一天，救護直升機送來一個傷患。他在工作時，不慎被機器切斷全部十根手指頭，緊急送來醫院後，就直接推進開刀房。維格、克拉克、漢生、元清四人，也立馬刷手跑進開刀房，分工縫合傷患的十個指頭。手指遭斷肢後組織壞死得很快，做這種手術不啻是與時間賽跑。

元清分配到縫合左手的小指及無名指。小指最難做，因為血管小。他先清洗兩邊的傷口，做到接近無菌的程度，然後切除骯髒的組織，分離出細小的手指動脈及靜脈血管，再找出手指神經，標記起來。接著把上下兩邊的肌腱也標記好，找出切斷的骨頭兩端，清洗乾淨，再用鋼釘將骨頭依照原來的位置固定起來。骨頭固定好之後，先把手指的小動脈，在顯微鏡下，一針一線地縫合起來，直到天衣無縫。

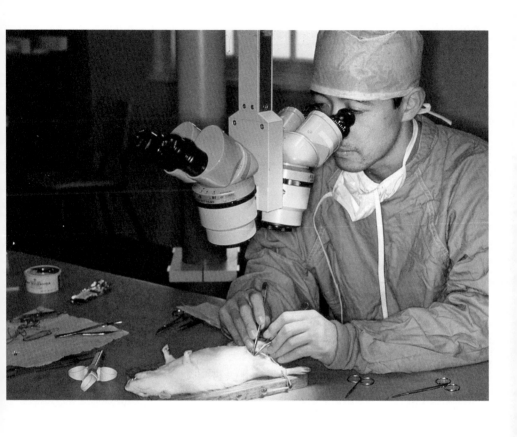

顯微鏡斷肢再植技術，用比毛
髮還細的針線，修補直徑僅半
厘米的老鼠大腿血管。

縫好以後，元清把止血帶鬆開，看見血流進了斷肢，原本蒼白的斷肢尾端，漸漸顯出血色。他知道斷肢再植手術這就成功一半了，稍稍鬆了口氣，又繼續在顯微鏡下，把小靜脈接回去。接靜脈比接動脈還要困難些，因為小靜脈的血管壁很薄，很容易在縫合中撕裂，因此要更小心。接好以後，再用縫線複交叉的技術，縫合上下兩邊的肌腱，最後，把左右兩旁的小指神經接上，然後把傷口縫合，這樣就完成了一個手指。

　　這次手術，歷時二十幾個小時才完成。這種多指再植的手術十分繁複，由兩組人輪替、做上二十個小時，是很平常的。剛開始做這種手術的時候，元清做一個指頭要六到八小時才能完成，後來技術熟練以後，也要四到六小時才能完成。不過，偶有遇到斷肢較乾淨、血管位置較容易縫合的傷患，一切順利的話，有時兩個小時也可能完成單指再植。

　　元清每天在超時的手術、查房、門診、實驗、演講、研究中度過，仍然時時不忘規畫回台服務。十月，他在老同學杜長華的安排下，和郭耿南醫師一起回台灣，到台大、北醫、長庚、仁愛等大醫院做手外科的演講，同時尋求回台服務的機會。

　　他們的演講很受歡迎，長庚醫院院長羅慧夫有意延攬元清進入長庚新成立的顯微中心，帶他參觀醫院，對他說：「你回來吧！台灣的確需要輸入先進的醫學技術。」羅慧

夫是美國人，愛荷華大學醫學院畢業，一九五九年應馬偕醫院邀請來台。

但是，元清在和羅慧夫談話前，看到長庚開刀房的排班表。那時的徐文蔚及施俊雄骨科主任，每一天各要開十六台刀，不禁有點遲疑。他以為自己在協和醫院，每天開六台刀，已經很不得了了，沒想到台灣的醫生一天要開十六台刀！他暗想：「一天開十六台刀，哪還有時間做研究、精進自己的醫學知識呢？過了幾年，我自己不也變成一個開刀匠！」

他老實對羅院長說：「一天要開十六台刀，只怕我沒那麼大能耐。」羅慧夫打趣道：「你不願意回來，是怕中共打過來嗎？告訴你，美國才更危險呢。」

時值台海冷戰期間，不過元清還真沒往那方面想。他愣了愣，傻笑一下。

雖然被每天十六台刀的工作量嚇了一跳，元清還是不能完全放棄回台服務的願望。回美前夕，他與杜長華餐敘，席間自嘲道：「我們回台灣演講，就像孔老夫子周遊列國一樣，還不是想找到一個能發揮自己理想的地方！可惜，也像孔老夫子一樣，不順利啊。」

「阿清，咱們是好朋友，我私心當然希望你回來，大家同事，多好！」長華正色道：「不過，說真的，如果我是你，我可能不會回來。」

兩人都沉默了。長華說得較含蓄，但元清已經完全明

白了老同學的意思。返回美國以後,他想,也許等考完執照再回台灣,也還不遲。按照美國的規定,一般醫師完成專科醫師訓練以後,必須再執業兩年,才有資格考專科醫師執照。

次年,聽說洛杉磯地區的凱薩醫院(Kaiser Permanente Los Angeles Medical Center)在徵求骨外科醫師,元清便去應聘。二月裡的一天,元清要搭飛機去洛杉磯面試。不巧前日下了一夜的雪,清晨起來,天空還是冷凝的灰色,院子裡積雪很深,把汽車的輪胎都凍住了。元清拚命鏟雪,費了九牛二虎之力,也無法開車。只好叫了部計程車,在大雪紛飛中,全速開往機場,其實也全速不起來,因為道路積雪,相當濕滑。趕到登機口,才差幾分鐘飛機便要起飛了。元清急忙登了機,氣喘吁吁地坐在機位上,很是狼狽,心中不禁埋怨巴爾的摩的鬼天氣。飛機起飛後,因為大雪,機場即刻關閉。

五小時後,飛機降落在洛杉磯國際機場。旅客一下飛機,就看見湛藍的天空,豔陽高照,臉上拂過微涼的風,十分舒適,與冰天雪地的巴爾的摩相比,彷彿另一個世界。元清把大衣脫了,拿在手上。他心情愉快,對洛杉磯這美西第一大城的第一印象,非常之好。

凱薩醫療集團在洛杉磯地區共有六家醫院,需要招聘骨科醫師的是方塔那分院和南灣分院。元清先到方塔那分院面試,這裡的骨科主任許奈德醫師向他說了許多方塔那

的好處，極力說服他來此服務。

他再去南灣分院面試，這兒的骨科主任李醫師是韓裔美國人，元清看到和自己一樣的黃面孔，覺得很親切。李醫師也很熱情，面試過後還請他吃飯，飯後又帶他去附近派洛斯福德半島的住宅區兜風。李醫師載著他，在山腰上看海景，吹海風，他真心覺得南加州風光太好了，不啻人間仙境。李醫師說：「怎麼樣，這是好地方吧！氣候又好，離家又近，這片大海的另一邊，就是你的故鄉台灣了。你一定要來我們醫院。」

元清暗自猜測，這裡的房子起碼要比巴爾的摩貴上十倍。下山以後，他悄悄在聖派卓港一帶打聽了一下當地的房價。得知有三個房間的房子，一戶約八萬美元，當然是比巴爾的摩的房子貴，但比元清原本想像的便宜。他覺得還不錯。

一回到巴爾的摩，元清和妻子商量了一下。玉珠始終還是希望回台灣，她說：「既然離家近，那是再好不過。氣候好就更好了。」

元清回到醫院上班，暫時沒把這事和協和醫院的人提起。此時他已經完成了手外科的訓練，揮別了手外科的大老們，轉到骨外科做總醫師。

第一天到骨外科報到時，元清遇見了當年錄取他進入霍普金斯受訓的詹森醫師。詹森此時已經從主任位置退休，仍然繼續擔任主治醫師以及霍普金斯的教授。他看見

元清，非常高興：「好久不見，霍普金斯的羅賓森主任常常對我稱讚你。」

元清看到詹森也很高興，他說：「哪裡，謝謝你那時候錄取我，讓我有機會接受訓練。」

新的骨外科主任是羅傑醫師，他每天早上七點鐘，在骨科部主持早晨會報。第一年的住院醫師們，用 X 光片將前一天所有的急診及手術案例，做一次報告。資深醫師們就看看住院醫師們前一天的手術治療結果，研討一下今天將做的手術個案。會報過後，大家才分別到開刀房、門診或病房照顧病人。元清通常在上午帶著住院醫師做手術，下午看診，晚上則有讀書會、專題演講或病理討論會。他現在已經是總醫師了，不必像年輕的住院醫師那樣住在醫院的值班室裡值班，但許多急診手術，因為排不上白天的時間，往往要在傍晚六點以後才能開始開刀，因此他還是常常晚上十點以後才離開醫院回家。

此時他還清了向表姊夫借的一千五百美元，以為生活可以輕鬆一點了。沒想到，這天一回家，就接到父親打來的電話。

智煉在電話那頭，很焦慮地說：「我們那個老房子的二十多萬貸款，年底到期，銀行不知是按怎，不願意再續貸，現在怎麼辦，房子要被收回去了。」

父親智煉與吳和這一生除了買這一棟房子以外，全部的投資就是六個孩子的教育。吳和經常在各個廟宇燒香拜

佛，有餘錢就添油香、結佛緣，求神明保佑全家平安，因此沒有存什麼錢，也沒有理財的觀念。

聽到父親焦慮的聲音，元清實在是很不忍，就答應智煉：「阿爸，年底以前我一定會匯款回去還清這一筆貸款，你免煩惱。」

智煉一直以為元清在美國賺了很多錢，於是很放心地掛了電話。

元清在這邊算了算，二十萬台幣約合七千美元，他左思右想，還是在可能的情況下，每個星期繼續多去住家附近的小醫院急診室值班，賺取外快來為父親還債。

有一天晚上，元清又排了值班。不巧那一天協和醫院病人也多，他下班以後，來不及回家吃晚飯，隨便買了一個漢堡，很快地吃完，就趕去小醫院的急診室。

約莫晚間十點多，元清忽然覺得肚子很痛，暗自叫苦：「大概是剛才吃的那個漢堡有問題，等一下大概要拉肚子了。」沒想到，凌晨一點多，腹痛加劇，沒有拉肚子，而是轉移到右下腹。以他的醫學知識，知道這是盲腸炎，但是大半夜的，既不能找人代班，自己也走不開。

他就這麼熬到清晨六點鐘下班，才開車回家。玉珠已經煮好稀飯，等著丈夫回來吃，卻見他一身冷汗地進屋：「我現在要去醫院做盲腸炎手術了。實在痛得受不了。」

玉珠還反應不過來，元清已經又開著車出門了。到達協和醫院時已經快八點，他趕緊去找外科主任威爾森。威

爾森很快地檢查了一下，就帶進開刀房做手術，先取出已經糜爛的闌尾，又洗乾淨腹膜腔內的膿水，救了元清一命。

因為情況緊急，手術開得很匆忙，做得不很精緻，傷口很大。元清氣息懨懨地躺在麻醉恢復室，威爾森來看他：「馬修，你這是搞什麼？自己是外科醫師，自己應該知道這個盲腸炎的嚴重性，怎麼拖這麼久才來醫院？盲腸都爛掉了，再拖一小時變成彌漫性腹膜炎，看你怎麼辦！你可能會死的。」

元清不敢回答，只是一直說抱歉。威爾森走後，元清躺在床上，看著窗外天空的白雲，想起一向自恃身體強健，從小跌跌撞撞，小學時遊戲摔傷縫個十幾針、大學時打球撞擊引起眼球內腔出血，都不當一回事。那天不怕地不怕的時代，只怕是該結束了。

這是一九七八年春天，元清三十二歲。他住院三天，第一次覺得自己不再年輕了。

出院以後，回家休養了十天，才回到醫院工作。此時的醫學科技進展得很快，膝蓋的關節鏡手術已經開始普及，人工關節的手術及材質也有長足的進步。

那時候，德國新出了一種手術技術，只需置換股骨關節面及髖關節面，不需切除股骨頭，長期癒後很好。元清有一個病人，是個二十六歲的年輕小伙子，因為股骨頭壞死，引起關節炎，這種病情，正適合做這種新手術。剛好元清已經在大體解剖室演練過幾次這種手術了，對自己的

技術也有了信心，就安排這小伙子做新手術。

在手術室裡，他將病人髖關節的兩面凹凸磨圓，在股骨頭及髖關節杯上置入合金的人工關節，再用骨水泥融合。手術非常順利，在一小時內就全部完成，從 X 光片上看，髖關節的人工關節位置也正常。那年輕小伙子兩天後就出院了。

一個星期後，小伙子來回診，元清看他走著進候診室，不用拐杖，腳步輕盈，看不出做過手術的樣子，顯見手術很成功。但元清有點擔心，苦口婆心勸他：「你還是要用六週的拐杖，才能確保癒後良好。」病人心不在焉地應著，元清不知道他有沒有聽進去。

兩個月後，小伙子又來回診，也一切都好。元清對他說：「很好，你以後不用拐杖走路，也沒問題了。」

沒想到，小伙子竟然說：「當然沒問題！我上星期還去參加馬拉松賽跑呢！」

元清嚇出一聲冷汗。他最怕這種不聽醫囑的病人。須知這種新的人工關節，如果小心使用，可以用個四、五十年，都不會有問題。但是如果濫用，也維持不了那麼久。

後來，元清在協和醫院，又陸續開了七個這樣的手術，每個病人都恢復得非常好。元清常常掛念那個不聽話的二十六歲小伙子，希望他不要出什麼問題才好。不過，他也沒有太多心思替那個小伙子擔心了。他的骨外科醫師訓練即將完成，必須多考慮自己的未來。

四月，霍普金斯大學的小兒骨科主任柯博之教授請元清到他的辦公室，兩人談了很久。柯博之稱讚元清好學的態度及工作的努力，也向元清說明霍普金斯在小兒骨科的研究項目。當時霍普金斯小兒骨科正在研究侏儒的骨骼病變，以及先天性脊椎側彎的形成與治療。柯博之想邀請元清去霍普金斯擔任教職，他對元清說：「我們一起研究，在小兒骨科的研究領域上，以你的勤奮及好學，我們一定能有所突破。」

　　元清想了想，暗自估量了一下。他的終極目標是回台灣服務。他想，就算繼續留在美國，至多待兩年，考到專科執照，就回台灣。這兩年間，如果待在霍普金斯，大概也可以有不錯的表現，但恐怕不會有什麼大成就。因為在霍普金斯與協和醫院，都是元清的師長、世界知名的大教授，元清覺得他們就像一棵棵參天巨木，自己像一棵黃色的小樹苗，在巨木的樹蔭下，只怕難有空間長成大樹。

　　元清婉言回絕了柯博之。柯博之微微一笑，只說了句：「真可惜。不論如何，我祝你一切順利。」霍普金斯的醫生都知道元清一直在尋找回台灣工作及服務的機會，柯博之當然也曉得。

　　如果元清真的留在霍普金斯，成了教授，發表了幾篇論文，他在學術上的突破與成就也許會更好，但他人生的故事一定就不一樣了。

　　玉珠聽說丈夫回絕了柯博之教授，倒是很贊成。她說：

「我們反正都要回台灣的。如果你想多留兩年考執照，還是去西岸。那裡不是離台灣比較近嗎？」元清跟妻子的意見一致。他決定跟凱薩醫院簽約。

過了幾天，他在醫院走廊上遇到范蓋斯勒醫師。范蓋斯勒叫住他，問：「馬修，我聽說你決定不留院了，你要去哪裡？」

元清說：「我要去洛杉磯的凱薩醫院，已經向羅傑主任報告了。」

范蓋斯勒一聽，便沉下臉：「什麼凱薩醫院！聽都沒聽過！」

他把元清拉進辦公室，說：「像你這樣、接受了這裡完整訓練的優秀醫師，每個人都去了知名的教學醫院任教，你即使不肯留在霍普金斯大學，至少也要到一流的教學醫院去，為什麼要去凱薩醫院？」

凱薩醫院雖然是管理醫療的先驅，但並非教學醫院，因此受到名門醫院醫師們的輕視。范蓋斯勒又說：「你想去洛杉磯，怎麼不去加州大學洛杉磯分校？」說著，他讓元清坐下，便拿起桌上的話筒，立刻要打電話給他在加大洛杉磯分校擔任教授的同學，安排元清去執教。

元清趕緊按住電話：「謝謝你，但是我已經簽了合約了，恐怕難以更改。」

范蓋斯勒很不悅。元清一直說抱歉，他也的確覺得內疚，覺得自己沒有達到師長們的期望，辜負了這些培育了

他五年的師長們。

後來，和元清同期進入霍普金斯受訓的米爾醫師，在范蓋斯勒醫師介紹下，去加大洛杉磯分校醫學院擔任手外科主任。柯爾醫師則留在馬里蘭州，在馬里蘭州立大學醫學院擔任創傷外科主任。同學當中，只有元清一人沒有留在霍普金斯，或是去教學醫院。

整個月，元清和玉珠準備著搬家的事。元清把房屋連家具都賣掉了。玉珠把行李收拾起來，都是些衣物，書籍，孩子的東西，沒有很多可帶的，收拾好了也只有三大箱。

六月的最後一個傍晚，元清坐在廚房外面的廊下，看著三歲半的奕君和兩歲的賢達在草地上玩耍。從院子邊緣那片綠油油的樹林，吹來晚風，拂面而過，十分舒適。廚房裡傳來杯盤碰撞的聲音，飄出陣陣食物的香氣，那是玉珠在準備晚餐。這是他們在巴爾的摩的最後一晚，她要把冰箱裡的食材都清理乾淨。

這是巴爾的摩最宜人的一個月分，元清在廊下坐著，覺得心神舒暢。他細細回想這五年來在協和醫院與霍普金斯的種種，想起幫他動盲腸手術的威爾森醫師，良師益友克拉森主治醫師，錄取他進入霍普金斯的詹森醫師，協和醫院骨外科主任羅傑醫師，非常親切的手外科大老克帝斯醫師，霍普金斯的主任羅賓森醫師，邀請他去霍普金斯小兒骨科執教的柯博之醫師，熱心幫他安排去加大洛杉磯分校執教的范蓋斯勒醫師，還有橄欖球隊友豪沃醫師……

又想起這些年來照顧他的雪林夫婦和幾位牧師。就在剎那間，有種依依不捨的情緒湧上心頭，他幾乎後悔了自己離開霍普金斯的決定。但命運如齒輪，環環相扣，一旦開始轉動就停不下來。元清也知道，自己已經不能回頭。

　　一九七八年七月一日，元清和玉珠帶著奕君和賢達，拉著三箱行李，乘上飛機，飛往美西第一大城洛杉磯。◆

攜家帶眷
遷居洛城

第十四章

　　飛機降落在洛杉磯的時候，差不多是中午，因為時差的關係，元清和玉珠並不餓，奕君和賢達因為太興奮，也沒辦法安安靜靜坐著吃飯。但他們還是在機場隨便吃了點東西。

　　吃完以後，元清在機場租了一部車子，往南灣地區開去。他們沿加州海岸公路而行，一路碧海藍天，令人心曠神怡，元清搖下車窗，清涼的海風灌進車子裡，奕君和賢達的脖子一吹到風，就咯咯地笑起來。玉珠也笑著說：「真舒服，我們好像西洋電影裡的主角呢！」

　　他們在海岸公路邊上找了一家看上去還乾淨的汽車旅館，暫時住下。這個汽車旅館規模不大，只有四十個房間，那華裔老闆自己就坐在櫃檯上，待人很親切，笑咪咪的。元清他們住下以後才知道，這老闆其實也是一位來自台灣的醫生，姓江，中山醫學院畢業，來美執業幾年以後，做了投資，買下這個旅館。

這一天是七月一日星期六，元清與凱薩醫院簽的合同是七月六日星期四開始上班，因此他們還有幾天的時間，可以找房子。夏天正是美國房地產買賣的高峰期，幾乎每個週末都有「開放房屋」——就是有意賣房的屋主，把房子開放給大眾參觀，藉此吸引人潮與買氣。七月四日正逢美國國慶，七月一日到四日之間有四天連假，南灣一帶也有很多開放房屋的活動。

元清和玉珠把行李放下，就開著車、帶著孩子們，去看房子。他們遇到一位正在主持開放房屋的華裔房地產經紀蔣太太，蔣太太聽說他們初到此地，便很熱情地領他們四處去看房，看的房子一棟比一棟貴。

元清跟蔣太太說，他當初來凱薩醫院面試時，曾經趁便打聽過南灣一帶的房價，那時候聽說三個房間的房子要八萬美元。蔣太太告訴元清：「那是山下的房價，山上風景好，又有海風，一戶起碼要二十萬美元。」

元清聽了，不禁咋舌。但儘管如此，他們還是決意要買房子。

搬離巴爾的摩的時候，元清把整棟房子、連同家具，全都賣給來自台灣的王德錦醫師。王德錦本來是台灣馬偕醫院的外科主任，來巴爾的摩接受兩年的外科訓練。元清搬離巴爾的摩時，王德錦正在找房子。出於同鄉之誼，元清賣房給王德錦，賣得比市價還便宜些，但扣除銀行貸款後，竟然還有一萬美元的盈餘。元清與玉珠這才學了一課：

原來房地產可以是一項投資。他們買下那房子以後，每年可抵三千美元的稅，當時元清的年收入還不到兩萬美元，這三千美元的抵稅額，真正是不無小補。賣了那房子，又賺了一萬元。玉珠從中得到啟示，她對丈夫說：「以後我們不論到哪裡，都要買房子，不要租房子。買房才好，一面住著、一面可抵稅、一面還可以增值。」

來到洛杉磯，雖然這裡房價貴些，但元清與玉珠仍秉持這樣的態度。一連三天，蔣太太帶著他們在派洛斯福德半島一帶，到處找房子。雖然看了許多房子，但都是二十五萬到三十萬美元的價格，算來算去，實在買不起。

蔣太太告訴他們，最近加州房價狂漲，因為近日通過了第十三號修正案，凍結房屋稅，規定一九七六年以後買賣的房子，房屋稅必須以房屋買賣時的價格為準，稅額不得超過房價的百分之一。因大家爭相買房，導致房價三級跳，一九七八年的房價，已經比前一年漲了三成。一九七四年房價五萬美元的房子，在一九七七年是十三萬美元，到了隔年已經漲到二十五萬美元。元清與玉珠聽蔣太太這樣說，才第一次體會到房價三級跳的恐怖。玉珠盤算了一下，覺得越是如此，越該趁早買房，她把這個想法告訴丈夫，元清也覺得妻子的想法很對。

國慶連假結束前，他們看到一戶在福德岬的房子，室內二千五百平方呎，有兩層樓、五個臥室、三套衛浴，正對著很美的太平洋海景，坐在門前還可吹到海風，很舒服。

屋主是一對中年夫婦，丈夫叫傑克，妻子叫雪柔，沒有孩子，養著一對大狼狗。

因為傑克已經在北加州找到了工作，現在每個星期搭飛機通勤上班，因此急於賣房子，便宜開價十七萬八千美元。雖然是這個價格，元清還是有點猶豫。他們坐在餐桌前講價，傑克看元清說話不爽快，就拍拍桌子說：「林醫師，這單買賣不會虧你的。明年這時候，要是這個房子漲不到二十萬美元，我就把這張桌子吃下去給你看。」

元清一聽，心想：「這人為了賣房子，也是挺拚的。」就因為這麼一句話，元清決定買了。頭期款要三萬五千美元，每個月要一千五百美元的房貸。凱薩醫院給元清的年薪是五萬七千美元，他算了算，覺得每個月付一千五百美元的房貸應該沒問題。

就這樣，元清和玉珠買下了他們在加州的第一棟房子。交屋需要兩個月的取消抵押品贖回權等待期，他們就先在洛杉磯西南區的托倫斯，租了一戶兩房的公寓，一家大小先搬進這公寓暫時住著，同時高高興興地等待著九月搬家。

當天晚上，元清就在越洋電話中，向智煉與吳和報告了買房子的事。智煉聽說兒子一到加州就買了房子，很高興，覺得元清真是能幹。兩老興匆匆地訂了機票，計畫九月來訪。

把家人安頓好以後，元清在星期四到凱薩醫院報到。

當時凱薩醫院在洛杉磯地區有六家分院，都頗具規模。元清來應聘時，並不清楚凱薩醫院的福利，只是想要在洛杉磯有個暫時落腳的地方，以便兩年後報考骨科專科醫師執照。來醫院報到以後，他才知道，每個星期竟然只要上班四天半，休假又多。他很高興，覺得在這裡工作，的確是樂事。

每個星期三下午是元清的休假日，他總是開車沿著110號公路北上，帶妻子和孩子們去中國城吃飯，然後看場中國電影。週末就去附近的麗浪多海灘走走，看著孩子們在海邊的石縫旁追逐著螃蟹，元清臉上流露出快樂的表情。自從奕君出生以來，這是他第一次能有一長段時間，好好與妻子兒女在一起，享受天倫之樂。想起在霍普金斯、協和醫院那些睡在圖書館的日子，他真覺得自己此刻算熬出頭了。

誰知道，過了一個月，凱薩醫院的薪水發下來，本以為每個月應該有四千多美元的薪水，卻發現扣除預繳所得稅及社會安全保險後，只剩下兩千多美元，扣除一千五百美元的貸款以後，每個月連日常開銷都捉襟見肘，這是元清始料未及的。

元清和玉珠騎虎難下，還是按照原定計畫，在九月初搬入新家。這些事智煉與吳和都不知道，他們還是高高興興地在九月初來看兒子媳婦一家。

結果，等待著智煉與吳和的，是一棟空蕩蕩的大房子。

這房子景觀美則美矣，但真是家徒四壁，因為元清與玉珠勉強買下這房子以後，已經兩袋空空，買不起家具了。玉珠買了些床單，鋪在地毯上，讓大家席地而睡。

第二天早晨醒來，元清發現自己手腳都紅紅腫腫的，大吃一驚，他仔細看看，發現地毯上有些芝麻般大小的黑點子，不時蹦跳起來，原來是跳蚤。他想了想，應該是傑克和雪柔養的那對大狼狗身上的。

家人陸續起床，每個人的手腳上都布滿細小紅腫的咬痕，叫苦不迭。元清只好趕快出門，買了些舒緩紅腫的藥膏，又買了些殺跳蚤的噴霧劑。孩子們抹了清涼的藥膏，比較舒服了，才安靜下來。元清和玉珠又拿著噴霧劑，全屋消毒一遍；再把床單都拿起來清洗，地毯仔仔細細吸過一遍。沒想到搬進夢想中的景觀大房，第一個晚上卻過得這麼狼狽，元清和玉珠都苦笑不已，智煉與吳和也有些失望地回台灣了。

不論如何，買房總是喜事。當年曾經與元清一起在耕莘醫院做住院醫師，並且極力鼓動元清一起出國的臺北醫學院同學余文山醫師，此時已經在南加州參加了凱薩醫院擔任婦產科主治醫生，他聽說元清也來了南加州，非常高興，便向同班同學們宣傳了一番。當時他們北醫的同班同學當中，有八、九人都在南加州執業，大夥兒聽說元清買房了，便起哄著要來聚會。雖然家徒四壁，元清還是高高興興地答應下來。

大家約了一個十一月中旬的週末，在元清家聚餐。因為沒有家具，元清跑去向在加州海岸公路邊上開汽車旅館的江醫師求救，借了十幾張折疊椅。

當天，大部分在南加州的臺北醫學院同班同學都到了。他們當中，有好幾人都在大洛杉磯地區開業。當年大體解剖課和元清同組的洪文祥在洛杉磯開小兒科診所，嚴明義在洛杉磯開婦產科診所，陳光耀則是在洛杉磯南邊的喜瑞都開內科診所，還有蔡壽仁、余弘毅等人，都在開業。昔日同窗相見，自然分外高興；但看到元清家徒四壁的窘境，同學們不免都有些尷尬。

大家坐在折疊椅上吃東西，元清把自己的情況向同學們簡單說明一下，吐了一番苦水，同學們聽了都很同情。大家都說：「加州的所得稅確實比較高，你剛從東岸來，難怪不知道。」

陳光耀告訴元清：「我之前聽說在東區的阿罕布拉、蒙特利公園市一帶，有人需要骨科跟手外科醫師去那裡開業，你不妨去試試看。」

元清想想也對，自己開業，或許是突破目前困境的一個方法。陳光耀給了元清一個地址，說：「這是我朋友高瑞智醫師的診所，他也是台灣來的，我們之前一起在馬偕醫院受訓。聽他說，一個醫師朋友想邀請骨科醫師去阿罕布拉那邊開業，詳細情形我也不是很清楚，你跟他聯絡，就說是我介紹的，請他幫你好了。」

那個星期三下午，元清就拿著陳光耀給他的地址，開了一小時的車，到阿罕布拉的西山谷大道。那是位於轉角處的一棟兩層樓的樓房，有著米色的外牆和大片的落地玻璃窗，建築造型倒是摩登，但外牆顯然有點兒舊了。樓房前面有一個公車候車亭，後面有一個小停車場。元清停好了車，找到入口，走進樓房裡，現在他已經看出來這是一個聯合診所。

他按照陳光耀的指示，找到了高瑞智醫師的診所。高瑞智看到元清，聽說他是陳光耀介紹來的，就很客氣地與他握手，帶他到同棟樓房裡另一個診所。那是一個內科診所，診間有點舊，擠滿了病人。在看診的是一個高鼻深目的亞美尼亞醫師，一臉的聰明相。

高瑞智把元清介紹給那位醫師。他的名字叫做桂葛理，講話的聲調很高，隨時都興高采烈的樣子。他很熱情地與元清握手，高高興興地帶元清去看他預備好要給新醫師開業的地方。

元清懷著忐忑的心情，跟在桂葛理後面。兩人走進一間診所，桂葛理推開門，指著室內，對元清說：「你看，怎麼樣？」

映入眼簾的，是一間非常破舊的診所，比桂葛理的診所還舊得多。裡面已經有三個醫師在執業，他們共用一個接待前台，衣著隨便的櫃台小姐意興闌珊地呆坐著，桂葛理與元清進來，她只稍稍抬了抬眼皮。還有三個陳舊的診

療室空著，等著新醫師來開業。診療室裡放著很破舊的桌椅與診察台，一張桌子缺了一角，椅子的皮套都有裂痕。旁邊有一個小小的醫師辦公室，擺著老式的木桌椅，也是殘舊不堪，椅面還有些破損。

兩個人就站在那裡，元清是面有難色地看著這破爛的診間，桂葛理則是一臉期待地看著元清。

元清非常猶豫，暗想：「一個醫師開業，都應該是光鮮亮麗的診所，全新的辦公室跟桌椅，這地方這麼破爛，有什麼病人會來這裡看診呢？」他想起小學時，父親智煉剛剛開業，那時候一家七口非常克難地住在一個倉庫改建成的兩坪小屋裡，牆壁都被煤煙燻得黑糊糊，但智煉的診所卻是很體面光鮮，桌椅都是買全新的。與之相比，眼前的診療室真是太不入眼了。更別提那醫師辦公室裡殘破的木桌椅，元清記憶所及，當年在鄉下，集集國小的老舊木製課桌椅，似乎還比眼前辦公室裡的這套桌椅好些。

桂葛理看出元清的猶豫，微微一笑，對元清說：「事情不能只看外表，這是一個很好的骨外科開業機會，你若不來，你會後悔一輩子的。」

元清想拒絕，但也不好意思說這地方實在太破爛了，便胡亂說了幾句客套話，答應桂葛理說會考慮幾天。

告別了桂葛理，正要走路去停車場開車時，元清在走廊上，又遇到高瑞智醫師。高瑞智問他：「林醫師，你覺得怎麼樣？」

元清苦笑了一下，說：「我要考慮幾天。」

高瑞智也笑了笑，說：「林醫師，這地方可能比較舊些，但這機會真是不錯的，你好好考慮。」

元清謝過他，就回家了，把桂葛理診所的情況描述給妻子聽。玉珠聽了，也很猶豫。她很看重這房子，但若真的留不住，也沒辦法。她對丈夫說：「如果我們把這房子賣掉，還了借款，那你就不必出去開業了。」

元清想想，自己在凱薩醫院工作了五個月，與同事們相處融洽，也很喜歡工作的步調，每個星期三下午休息，可以帶著妻小、四個人到中國城吃飯看電影，週末更可以到海邊走走，享受溫馨的家庭時光。這種舒服的小資生活，的確難以放棄。

第二天，元清就在報紙上刊登了售屋廣告：「屋主自售兩千五百平方呎海景豪宅，五房三衛，十九萬美元。」

廣告一刊出，林家的電話鈴就整天響個不停，好多人要來看房子、買房子，還有人直接來按門鈴，遞交買賣合約。元清和玉珠都嚇了一跳。這樣的情形只有一個解釋，就是他們訂的價遠低於市價。元清這才知道自己買到這個房子，真是攤上了一個大好便宜，這麼一想，他和玉珠都捨不得賣掉這房子了。

那個週末，元清接到唯一一通不是要買房子的電話，是他大學同學陸洪元打來的。他與陸洪元已經好久沒有聯絡，忽然在這一連串買房子的疲勞轟炸當中，聽到老同學

的聲音，很是驚喜。

陸洪元這時候已經在蒙特利公園市開業了。他說：「我聽說你也來南加州了，大家上個週末在你家聚會，真抱歉，我事情忙，沒能去！你都好嗎？」

元清老實告訴陸洪元，說自己現在還房屋貸款有困難，甚至連買家具的錢都沒有，來聚會的同學，都對自己表示同情。

陸洪元說：「這樣的話，你不如自己出來開業吧。」

元清說：「陳光耀給我介紹了一個機會，但是那地方實在太舊了，我很猶豫。」說著，便把桂葛理診所的情況描述了一番。

陸洪元卻笑著說：「這有什麼，我剛開業的時候，也是這樣子的。地方舊一點不要緊，有機會開業要把握。」又把自己開業的心得說給元清聽。

元清聽了陸洪元的話，便把開業這事重新細細考慮了一番。這時候，玉珠又接到一通電話，又是要來買房子的。玉珠向對方說：「抱歉，我們這房子可能不賣了。」

沒想到，對方生氣地吼道：「怎麼不賣了？你們不賣，我就要去法院告你們！」

玉珠嚇壞了，立刻把電話掛上。元清在一邊，看玉珠神色有異，就問：「怎麼了？」

玉珠指著電話說：「那人威脅說我們如果不賣房子，就要去法院告我們。」

「怎麼會有這樣的事？」元清也嚇了一跳，把電話線拔了：「這幾天，我們就不要再接電話或是應門了。」

元清終於聯絡了桂葛理醫師，講好十二月初去阿罕布拉開業。桂葛理看元清答應下來，非常高興，說：「馬修，我看你是個好醫師，來我們這裡，你不會後悔的。」

於是，元清向凱薩醫院的骨科李主任遞出辭呈。李主任當然表示挽留之意，但彼此都知道，事情已成定局了。離開凱薩醫院的時候，元清很捨不得，回頭多看了醫院好幾眼。

雖然地方是現成的，但既然要開業，還是有好多瑣碎的小事要處理。首先，從帕洛斯福德到阿罕布拉，開車要一小時。考慮到每天通勤兩小時上下班，實在不便，元清開始看報紙尋找分租的房間。

然後，按照法律規定，執業醫師必須買醫療失誤保險，因此元清得付兩萬五千美元保險費給保險公司。他沒有錢，只好向銀行貸款。

元清去住友銀行辦理貸款，那辦事員看他沒有物產可抵押，皺著眉頭說：「這怎麼行呢？這樣吧，你買個人壽保險跟傷殘保險，以住友銀行為受益人，這樣我們才能貸款給你。」元清聽了，知道銀行要的是穩賺不賠的生意。他也沒辦法，只好多掏出一千美元來買保險。

為了買保險，元清去做了體檢，請同學陸洪元醫師幫他抽血。一個星期後血液報告出來，肝指數很高，兩個數

值都超過一千。元清嚇了一大跳。身為一個醫師，他當然知道，那是肝癌的徵兆。

看著那份報告，元清久久說不出話來。怎麼會這樣？想想自己剛準備開業，身無分文，兩個兒女那麼年幼，如果得了肝癌該怎麼辦？連人壽保險都還沒為家人準備好，難道這就是末日了？

開車回家的路上，元清越想越悲，越悲越想，終於連方向盤都握不住了，隨意把車停在路邊，趴在方向盤上，就痛哭起來。

小時候的阿清，因為頑皮挨了父親教訓以後，常常跑去找母親，躺在地上哭鬧耍賴。但自從八歲離家、隻身到台北求學以後，他已經二十五年沒有哭過，全身被熱湯燙傷的時候、膝蓋撕裂縫了十幾針的時候，他還是個孩子，也沒有掉過一滴眼淚。

二十五年來，他第一次真正地感到徬徨。豆大的眼淚滾落，想起從前在集集鄉下，不論有天大的委屈，母親總可以把他安慰好的，可是他已經不再是八歲了。

他不知所措地伏在方向盤上。忽然，耳畔似有歌聲響起：「祂帶領我、祂帶領我，他一直都在帶領我。無論何時，我都不怕，因祂親手在帶領我。」

這是從前雪林夫婦教他唱的詩歌！在巴爾的摩的時候，雪林夫婦常常帶領他們禱告，雖然始終沒有領洗，但元清自那以後就養成了禱告的習慣。他從方向盤上抬起頭

來，在淚眼中，看見天空還是藍的，路樹還是綠的，又感覺到自己的心臟還在跳動，眼睛還在流淚。一切如常，又怎麼會是末日？於是他閉上眼睛，仰望上帝，默念道：「主宰宇宙一切的神啊！請幫助我，帶領我，指引我方向，讓我克服目前的困難。」

念完以後，元清的心情似乎平靜了許多。他就著後照鏡抹了抹眼淚，理一理表情，抖擻精神，開車回家。玉珠正在煮飯，屋裡滿溢著食物的香氣和孩子們的笑聲。元清想一想，覺得這事不能跟妻子說，他就把那份血液報告藏起來，裝作沒有事一樣，很平靜地吃完了晚餐。

往後幾天，元清照樣在門診看病，急診室值班，開刀房做手術。玉珠也沒有發現有什麼不同。有時夜裡，元清睡不著，就悄悄起身，跪在客廳裡，向神禱告。禱告完，便覺得舒坦了，可以好好休息。就這樣，每天的日子在工作和禱告中度過，他的心情漸漸放鬆，在忙碌的日子裡，有時候也忘了那份恐怖的血液報告。

過了幾星期，陸洪元打電話給元清：「保險公司要看你拿走的血液報告，老實說，我對那份報告有點懷疑，建議你重新做一次，如何？」

元清說：「那就重做一次好了，說不定會有變化呢。」這話從一個醫師嘴裡說出來，是很荒謬的，但元清當時竟不覺得。他讓陸醫師再幫他抽了一次血。

那天以後，元清每天仍然在禱告中等待血液檢查報

告。又過了一個星期，報告結果出來了，所有的肝指數竟然都完全正常。這當然可以有許多不同的解釋，陸洪元認為是上次的報告出錯了，這大概也是多數醫師會有的看法。但元清認為這是疼愛人的神，憐憫了自己。

　　十二月初，元清終於正式開業了。他穿著筆挺的西裝，繫上領帶，端端正正地坐在那陳舊的診療室裡、破爛的診療椅上，靜靜地等待病人上門。◆

第十五章　突破困境
診所開業

　　這聯合診所裡，本來也有一位骨科醫生，是埃及移民，叫做坎迪爾。桂葛理把需要轉診到骨科的病人，都介紹給坎迪爾醫生。這就是坎迪爾倒楣的開端。

　　當時在洛杉磯東區這一帶，骨科醫生之間的競爭很是激烈。在阿罕布拉市，有四位資深骨科醫師共同開業，是當地最大的骨科聯合診所。往東一點兒的聖蓋博市有六位骨科醫師，往南的蒙特利公園市有七位，東南邊的亞凱迪亞市則有六位，愛滿地市也有一位。這二十四位醫師，為了鞏固自己的地盤，對新進醫師頗為刻薄。他們都已開業多年，與當地許多醫院、內科醫師都有穩固的合作關係，但他們並不因此停止藉機刁難新醫師。

　　按照加州聯合醫療委員會的要求，凡有醫師新開業，前六個月做的手術，都必須由醫院資深醫師前來監看、寫監察報告，呈上醫院的醫療委員會，委員會審核通過後，這新開業醫師才能免於監察，有權利自行開刀。

洛杉磯東區聖蓋博醫院、阿罕布拉醫院、蒙特利公園醫院、嘉惠爾等四家醫院的骨科監察員，幾乎都由那二十四人擔任；這幾家醫院的骨科醫療委員會，也由那二十四人所把持。一次手術中，那二十四人不贊成坎迪爾醫生的刀法，就在委員會中討論，擬將他到醫院看診開刀的資格取消。

　　坎迪爾醫生提出抗議：「手術的刀法，本來就是醫生自己研究改良，沒有一定，事實證明病人恢復良好，沒出什麼問題，憑什麼取消我的資格？」

　　委員會的大老們直接告訴坎迪爾：「是沒什麼大問題，要我們撤銷指控也可以，條件是你必須要離開這裡，去西區開業，否則我們就要去沙加緬度告你一狀。」沙加緬度是州政府的所在地。坎迪爾一聽，知道這些人是存心刁難他，灰心之餘，也不想爭執，回去草草收拾一下，搬去西區的好萊塢開業了。那二十四人果然馬上撤銷了對坎迪爾的指控。

　　坎迪爾離開以後，桂葛理很氣惱，他覺得那二十四人手段卑劣。他向來不把病人送去給那二十四個人會診，以後當然也不想送病人給他們。況且那二十四人看病人很挑的，桂葛理的病人當中，很多白卡病人，那二十四人也不會收。

　　桂葛理想找一個好一點的醫生來填坎迪爾的缺，正好這時候，高瑞智介紹了元清來。桂葛理看元清聰明但不機

巧，木訥但不遲鈍，履歷表拿出來也漂亮，就極力拉攏他。雖然那診間很破舊，但桂葛理長於辭令，剛好元清也急於突破付不出房屋貸款的困境，加上高瑞智、陸洪元從旁鼓吹，元清就答應了。他並不知道坎迪爾挨整被逼離東區的事，若是知道，恐怕就不會同意來此開業，整個故事也就會不同了。

　　十二月初，元清在坎迪爾使用過的那三間舊診療室開業了。他穿著筆挺的西裝，繫著領帶，坐在那椅面有點破損的診療椅上，耐心地等待病人上門。等了一整天，也沒有看到半個病人。

　　下班的時間到了，元清慢慢地站起來，脫下白袍，掛在牆上，穿上外套，準備回家。這一天雖然連一個病人都沒有看到，他卻覺得很累，走到前台，看看那櫃台小姐已經回去了，和他共用一個前台的另一位醫師，正從另一邊的診間裡走出來。這是兩人第一次打照面，彼此禮貌地點頭招呼，閒聊了幾句。那位醫師也是家庭醫師，他對元清說：「林醫師，歡迎你，有你加入，真是太好了。坎迪爾醫生走了以後，我們都在煩惱，若是有需要骨科會診的病人，不知道要往哪裡送呢。」

　　這是元清第一次聽到坎迪爾醫生的名字，就留了個心：「怎麼，這裡之前也有位骨科醫生嗎？」

　　「對啊，坎迪爾醫生，埃及人，很好的醫生，不知道為什麼突然就走了，聽說搬到好萊塢去了，大概是有更好

的機會吧。」

　　元清回到租屋處，屋子裡靜悄悄的。因為每天從帕洛斯福德開車來阿罕布拉看診太費時，元清看報紙找分租，跟診所附近的一對小夫妻分租了一個房間。這房間有獨立的出入口，從後門進屋，不必跟主人打照面，各有各的空間，挺好。小夫妻每天都很晚才回來，這個時間只有元清一個人在屋裡，很安靜，適合考慮事情。他琢磨了一下剛才得到的情報，覺得很有必要找時間去拜訪一下那位坎迪爾醫師。

　　第二天早上，元清的診所迎來了第一位病人：是桂葛理醫師介紹來的一位老太太，手腕長了一個直徑約十公分的囊腫。她來到元清的診所，一看裡面沒有半個病人，再看醫生那麼年輕，便猶豫了一下，問道：「醫師，我可以看看你的畢業證書跟執照吧？」

　　元清帶她到那間小辦公室，現在這小辦公室裡除了那套缺角的木製桌椅以外，牆上掛了五張元清的證照，看起來有點樣子了。元清一一指給老太太看。看完以後，老太太才坐下來，但還是一臉的勉強的樣子。元清假裝沒有注意到，照樣一邊檢查，一邊向她解釋病因及處理的方法，幫老太太消毒手腕後，用針筒從囊腫裡面抽出近二十毫升的膠狀液體，那腫瘤一下子就消失不見了。包紮好後，老太太歡歡喜喜地離開，元清也很高興。他打電話給桂葛理，謝謝他介紹病人來，順便打聽了坎迪爾的事。

剛開業病人還是稀稀落落的，元清利用空檔，去好萊塢拜訪坎迪爾。坎迪爾坦白告訴他，自己是被那些資深醫師借題檢討後，以取消開刀及駐院的資格為要脅，逼迫他離開阿罕布拉，跑來好萊塢開業。說著，坎迪爾忠告元清，在那二十四人的眼皮底下，要十分小心。

　　元清替坎迪爾難過之餘，也替自己緊張了一把。他心想，那二十四人再怎麼說也是老前輩，自己是新來的，禮貌上應該去拜會一下人家。在阿罕布拉市的開業骨科醫生當中，最資深的是史忽摩醫師，已經有骨科主任的地位，也是阿罕布拉聯合骨科診所的第一把手。元清去拜訪他時，他先是禮貌地與元清握手寒暄，接著就說：「林醫師，我建議你還是待在十號公路以南，我們這裡骨科醫師已經很多了，你來這裡要幹什麼呢？」他這話是笑著說的，語氣也還溫和，但那言下之意，不啻是警告元清不要跟他們搶生意。史忽摩是德國後裔，身材很魁梧，足足高出元清一個頭，肩膀又很寬，他俯視著元清講這些話，還真有些示威的意味。

　　元清吃了一記下馬威，並不與史忽摩醫師多說什麼，只笑一笑。史忽摩聯合診所另一位比較年輕的醫師波蘭克，倒是很和氣，他跟元清握手，說：「我們這裡醫師多，但是病人也多，你來開業，只要技術好，還擔心什麼呢？」這麼說，元清才覺得情況也沒有那麼壞。

　　他又陸續拜訪了其他醫師。有幾位醫師說話很直接，

開門見山地叫他去別的地方開業。最不客氣的是秦醫師，是個不會說華語的華裔移民第三代，來自夏威夷，個子不高，站著的時候雙腳分得很開，走路的時候步子跨得很大，總是昂首闊步，煞有介事的樣子。他看到元清，也不握手，也不問好，開口就說：「林醫師，我們這裡這麼多骨科醫師，你來這裡，我想也不太適合，你最好是往南邊去，等你穩定了，有本事想回來再說。」

元清聽了，也不與秦醫師多說什麼，依舊只笑一笑，便告辭了。他聽了這些不友善的話，面上還能維持著笑臉，是因為從小受母親的教誨，所以待人和善，如本能一般。但這並不表示他心裡沒有一點兒氣惱。

這樣一來，元清覺得自己不能把這次開業的機會搞砸了。首先要打開知名度。他立即採取行動，第一，他開始拜訪許多家庭醫科及內科醫師，自我介紹說是新開業的年輕醫師，專長手外科。

第二，他開始申請附近醫院的急診室值班，因為病人來急診室求診後，後續必定要由專科醫師追蹤治療，所以對任何專科醫生來說，急診室都是一個主要的病人來源。雖然東區有二十四個骨科醫師，但願意值班的醫師只有六位，因此機會比較多。他去東區的那四家醫院看了看。聖蓋博醫院是白人的天下，元清有點卻步。他先試著申請其他三家醫院的值班空缺，都申請到了。只要中午有空檔，元清就會跑去醫院食堂吃午餐，藉機跟其他醫師交朋友。

第三，他極力把握每一個可以爭取到病人的機會。有一個週末晚上，元清已經回到帕洛斯福德的家裡，忽然阿罕布拉醫院急診室打電話來，說是有個病人，發生了腓骨骨折，因為足踝沒有移位，所以不算是急症，一般遇到這種情況，只要請病人第二天到門診來治療就可以了。但元清還是急忙披上外套出門，開了一個多小時的車到阿罕布拉急診室，替病人把石膏打好，再開車回家。又有一天，元清正在診所等病人上門，一位老家庭醫師托馬斯打電話來，說有個病人在他的診所，手指骨脫臼，但沒有保險，問元清願不願意看。元清爽快地說「沒問題，我診所剛好沒有病人，乾脆我去你那兒吧」，說完掛上電話就直接開車去了托馬斯的診所，幫那位病人治療。托馬斯醫師很高興，之後就一直介紹病人給元清。

慢慢的，元清診所的病人也多起來了。雖然大多數是些其他骨科醫師不願意看的白卡病人，但是元清只要有病人就很高興了。如果是其他家庭醫師介紹來的，元清處理好以後，總會打電話給介紹病人來的醫師，一方面表達感謝之意，一方面報告他如何治療這個病人，希望對方滿意及了解。

病人多起來以後，元清也有機會動手術了。他第一個在阿罕布拉的手術是前臂雙骨錯位骨折，這個手術是元清很熟悉的，曾經在霍普金斯的解剖室練習了許多次，自己也很有信心。

按照規定，新開業醫師前六個月或前六台手術，要自己去拜託同醫院的資深醫師前來監察。元清拜託了史忽摩診所的波蘭克醫師，因為當初他四處拜會資深醫師時，只有波蘭克對他最和氣。

　　手術當天，波蘭克跟元清一起刷手進了手術房，一方面當助手，一方面寫監察報告。他看著元清由肌肉的間縫中進入，將兩個骨折復位並用鋼板固定，很驚訝元清能做得這麼快，而且骨折的復位天衣無縫。

　　手術後，波蘭克對元清說：「如果大家都知道你的手術開得這麼好，我們這些骨科醫師以後可能都沒有病人會來找我們了。」

　　元清小心翼翼的回答：「不會有這種事的，這裡病人這麼多，醫生還嫌不夠呢。」之後，波蘭克在監察報告上評論這是一台「傑出的手術」。

　　過了幾天，元清和大老史忽摩醫師一起開刀。他們各有一個髖骨關節移位骨折的病人，需要做人工關節的置換。這也是元清拿手的手術，他不但學得了霍普金斯骨科主任羅伯森的真傳，還自己做過改良。

　　手術開始時，史忽摩先為他的病人做手術，元清擔任助手。人高馬大的史忽摩用他慣用的手法，大手大腳地在病人臀部切開了一道四十公分的傷口，開始進行人工關節的置換，花了三個半小時完成手術，傷口縫合得很漂亮，史忽摩自己也覺得很滿意。

接著換元清做同樣的人工關節置換手術，史忽摩擔任助手及監察員。元清切開了一個九公分的傷口，史忽摩不以為然，連連搖頭，問了幾次：「為什麼只開這麼小？」

元清笑答：「你是大醫師，因此要用大傷口。我是小醫師，因此要用小傷口。」

史忽摩看著元清簡潔的從肌肉的間隙進入關節，打開關節鞘膜，一點都沒有傷害到肌肉。接著做好人工關節置換，再將關節的鞘膜縫好，最後縫合傷口，前後只花了二十六分鐘。史忽摩始終板著臉。手術結束後，他面無表情地對元清說了句：「你實在做得不錯。」

因為元清的病人傷口的肌肉沒有受損，因此手術後第一天就可以起來走路復健，三天後就可以出院、回家繼續復健了。史忽摩醫師的病人則住院兩星期，這也是當時一般病人的平均住院時間。後來，史忽摩也在監察報告上肯定了元清的技術。

經過這兩台手術，沒有人再敢質疑元清的實力，或是對他說「去十號公路以南」的話了。元清知道自己已經站穩了一小塊地盤，走起路來腳步踏實許多，不再如履薄冰。現在他可以喘一口氣，考慮一下如何安頓家人的生活了。

次年二月，元清和玉珠在嘉惠爾醫院的急診室對面租了一間三房的公寓，全家就搬進了那裡，同時把帕洛斯福德的房子租了出去。

搬進新家時正好是農曆新年，雖然在美國沒有中國年

的氣氛，但玉珠還是做了一桌好菜，一家四口過個好年。這幾個月來，玉珠住在帕洛斯福德那個沒有家具的房子裡，獨自照顧孩子；元清住在阿罕布拉市的分租房間裡，獨立打拚，彼此都過得很辛苦。現在終於可以坐在一張像樣的餐桌前面，桌子邊圍著妻子兒女，桌上擺著豐盛的食物，大家美美地吃一頓飯，元清覺得心滿意足。他想到過去這一年來，自己從霍普金斯熬出了頭，來到南加州，本來以為可以過上悠閒的生活，卻為了買房子弄到入不敷出，出來開業又好不容易才站穩腳跟，在這些時日的忙亂以外，他還掙夠了錢替父親智煉還清了台北的房子貸款。這麼一想，他覺得自己這一年來，真是做了很多事。於是他舉起杯子，大聲說：「來！大家都喝一杯！今年也要過個好年！」

孩子們都被父親的樣子逗樂了，那杯子裡裝的也只不過是果汁，但是元清和玉珠都喝得滿臉通紅，非常高興。他們接著吃飯，飯菜濃郁的香氣飄到街上，附近的鄰居都知道，這一戶搬來中國人了。◆

第十六章　創業維艱
疑難雜症

　　元清隔壁的鄰居，正好是嘉惠爾急診室的男護士理查，不能不說是機緣巧合。理查的太太是公寓的管理員，很快就與玉珠熟稔起來。大家熟到一個地步，也會互相串門子，有時候半夜急診室有需要骨科會診的病人，理查就直接來敲門叫元清。

　　有一天夜裡，剛過了兩點，理查又來敲門，喊元清去急診室幫忙。原來有一位十四歲的少女右肩膀脫臼，當晚值班的骨科醫師九點多就到了急診室，給病人打了麻醉劑及止痛藥，試著要將脫臼的肩關節復位，但試了很多方法，過了五個多小時，仍然無法成功復位。理查看不過去，就來找元清幫忙。

　　元清問：「今晚誰值班？」

　　理查說：「是吉坦醫師。」

　　吉坦醫師在蒙特利公園市開業，也算資深。元清開業初期也曾經拜會過他，不過兩人並不熟。

才到急診室門口，元清就聽到少女痛苦哀嚎的聲音。他走近病床，看到吉坦醫師滿頭大汗，正在病人的哭嚎聲中努力拉扯她的肩膀。旁邊坐著一個高高瘦瘦的中年白人，臉色鐵青的扭著自己的雙手，想必是女孩的父親。吉坦看到元清，如獲大赦：「林醫師，你來了，趕快幫忙試試看！」

　　元清看了看少女的肩膀。這種肩膀脫臼，如果無法復位，通常醫生都會帶病人到手術室，全身麻醉後，就可以很容易的復位。但是元清執業以來，除了慢性脫臼以外，他從來沒有遇到過無法復位的肩膀脫臼。他看看這個少女也是急性脫臼，決定試一試。

　　一般肩膀脫臼如果難以復位，大多是因為病人太過緊張，把肩膀的下胛鞘膜肌縮緊了，以致無法復位。元清先請少女的父親到休息室坐一會兒，然後對少女說：「妳先別緊張，放鬆下來，保證妳一定一點兒都不會痛。」

　　少女慢慢地停止了哭泣，似乎安靜了下來。元清採用希波克拉底法，讓病人仰臥，再用雙手將她的右手臂拉向水平三十五度的方向，接著一邊持續輕拉病人的右手臂，一邊把自己的右腳板蹬住病人的右腋下、右大腳趾蹬住脫臼的肩頭骨，同時指示病人放鬆、再深吸一口氣。病人吸氣時，元清持續的牽引病人的手臂，然後便聽到「咯噔」一聲，他知道肩膀已經復位了，於是幫少女固定好肩膀，又照了 X 光，確定復位成功，整個過程不到三分鐘。

少女的肩膀復位以後，一點也不痛了，甚至還露出微笑。她的父親也鬆了一口氣，很感謝元清，但很不諒解醫院，生氣地說要對吉坦醫師提起告訴。元清趕緊說：「有時候要讓脫臼的肩膀復位是很難的，哪個醫生都一樣，我自己也一樣，有時候也會遇到困難，需要幫忙，只是我今天運氣好一些而已。」理查護士也來打圓場，最後那父親總算消了氣，帶著女兒離開了。

　　一星期後那少女來複診，復原良好，父親再三地感謝元清。這件事算是圓滿解決了，但吉坦醫師心裡很不高興，覺得自信心受到了打擊。吉坦醫師並不是大度的人，從那一天起，元清覺得他和自己偶然碰面，都有點不高興的樣子。這種情形當然並不令人愉快，但元清極力保持著不以為意的態度。

　　除了這樁小插曲以外，元清的開業生涯漸漸順遂起來。他的手術一般都做得很順利，像是髖骨骨折需要鋼釘固定或關節置換這類常見的手術，他通常都在三十分鐘內完成，而本地其他的骨科醫師平均需要三個小時才能完成。幾家醫院的開刀房主管們注意到這件事以後，偶有骨科醫師開刀超過六小時仍無法完成手術時，開刀房主管就會找元清進來手術房協助完成手術。

　　有見識了元清技術的開刀房助理，向同業描述道：「你知道嗎？那個霍普金斯來的林醫師，做股骨骨折打鋼釘固定的手術，整個做好，只需要二十五分鐘呢！」本地很多

骨科醫師聽說，都表示懷疑：「這只是打釘固定的時間，不是整個手術時間吧？」但也有很多家庭醫師聽說，便將骨折的病人送給元清，也發現元清做的手術都完成得既順利又快速，病人住院兩、三天就可以回家，完全沒有併發症。話傳開來，越來越多家庭醫師將病人轉送來給元清。

短短四個月，元清在嘉惠爾及阿罕布拉醫院，都做足超過六個通過監察的手術，兩家醫院的外科委員會，也都批准元清不需要再被監察，而可以自行做手術。元清覺得很滿意，對自己的技術也很得意。本地的骨科醫師多是附近的醫院訓練出身，元清觀察到他們採用的手術技術與霍普金斯的訓練不同。他對自己的母校始終有一份自豪。

現在元清把帕洛斯福德的房子租了出去，和妻子兒女一起住在嘉惠爾醫院急診室對面的公寓裡，一個月房租五百元，負擔不重，半年前剛買新房、入不敷出的窘境已經過去。他每天早上去診所看診，已經有固定的家庭醫師會送病人給他，三個月前枯坐整天、等不到病人的窘境已不復見。工作順利，家庭和樂，這段時間元清心情很愉快。

生活又回到了正軌。元清照樣每天在診所裡看病人，玉珠照樣每天買菜煮飯做家事，奕君和賢達照樣每天去上幼稚園。

有一天，附近一位姓陳的華裔家庭醫師，帶著他九歲的女兒來到元清的門診。這女孩眼睛明亮，兩頰紅潤，活潑可愛，很討人喜歡。她右邊膝蓋已經痛了三個月，看了

許多醫師、包括兩位骨科醫師，照了膝蓋及髖關節的 X 光片，全部都正常，也服用了醫師開的止痛藥片，但疼痛都沒有停止。元清先看了小女孩照過的膝關節及髖關節的 X 光片，都很正常。問診時，小女孩說自己主要是覺得右邊膝蓋關節在痛，但是從來沒有受過傷。元清發現她走路時，右腳稍微有點跛，檢查兩邊的膝蓋關節及髖關節都很正常，沒有局部的痛點或韌帶的異常；但是在觸診兩邊大腿時，發現右邊大腿中部的側面摸起來比左邊稍微腫脹一點，不仔細觸摸及比較很難分辨出來。

元清一試著觸壓那個腫脹的部位，小女孩就叫起來：「好痛！」於是元清就讓她照了大腿骨的 X 光片，在片子裡看到了股骨側面有骨膜的異常增生。

元清心裡響起了警鐘。這種情形，最有可能是外傷引起的，但是這小女孩從來沒有受過傷。也有可能是骨膜因為細菌感染而引起的細菌性骨膜炎，但這種情況通常會伴隨著發燒現象，她都沒有發燒，抽血檢查白血球數也正常，不像是感染。最後一種可能就是原發性骨癌，一般都發生在接近膝關節的部位，但從目前的狀況看來，這個診斷與 X 光片檢查的影像最接近。

元清與陳醫師商量，說要做切片才能確診。經過家屬同意後，元清在第二天做了切片，發現的確是原發性骨癌。這麼一個看似很健康又可愛的女孩，竟然得了骨癌，作為父親的陳醫師很受打擊，但還冷靜，立刻幫女兒安排轉往

加州大學洛杉磯分校醫院，做切除股骨骨癌、保留大腿的手術。

元清頗為難過。這是他開業以來初次看到重大病例，從前在耕莘醫院急診室目睹病人死亡的痛苦經驗，又鮮活地浮現在腦海裡，他又一次嘗到那種無力與挫折感。他放棄內科改攻骨外科時，以為骨外科比較能夠正確的掌握病因，從此可以更有效率的治療病人。但醫者永遠是無奈的，每天都必須面對失敗。元清再一次明白了，醫療工作永遠伴隨著挫折感和無力感，不論你是做內科還是外科。

到了家，他就坐在沙發上，半躺著，一直在想這件事。玉珠問有什麼不對，他把這件事簡單地說了一下。玉珠說：「多虧你診斷出來了，可以及早治療。」

元清聽了，覺得從溫柔體貼的妻子那裡得到了安慰。儘管如此，他的悶氣還是不能消散。他也不知該怎麼辦，只能提醒自己，每個病人來求診，總是有他的病因，作為醫生，一定要小心謹慎地檢查，好好作出正確判斷，才能有正確的治療。沒有做出正確的診斷就對病人進行治療，胡亂開些止痛藥，對病人、對家屬都是不公平的。

第二天，元清回到診所去上班。在耕莘醫院急診室裡死去的那個婦人，和那個得了骨癌的小女孩，好像隨時站在他的肩膀上督促他。由那天起，元清看診更加仔細。即使是在診斷最順利、手術最成功的時候，他也不敢懈怠。漸漸地，他的名氣大了，附近家庭醫師爭相把病人送來。

他的診所裡天天都坐滿了病人，破舊的診間看起來也不那麼破舊了。當初猶豫是否要開業時，他的同學陸洪元曾經勸他：「診間舊一點不要緊，有機會開業要把握。」現在元清知道陸洪元是對的。

此後幾個月，奕君過六歲生日。

玉珠對元清說：「我們應該再搬一次家。住在出租公寓裡，總不是長久之計。何況奕君明年就要上小學了，我打聽過，這附近的學校大多不行。我們可以搬到聖瑪利諾那一帶，那是好學區，學校都比較好。」

這話提醒了元清。他一直在忙診所的事，沒想到光陰似箭，不知不覺中，奕君已經到了上小學的年齡。他又想，兒時母親為了讓自己接受好的教育，先是讓自己搬到台北與伯父同住，後又舉家北遷，最後還託關係讓自己轉進西門國小，媲美孟母三遷。想到母親的努力，元清就常常陪玉珠去聖瑪利諾看房子。

聖瑪利諾市以優秀的公立學校著稱。元清陪玉珠來這裡看房子，卻是越看越生氣。看了幾戶，最便宜的一戶要價二十八萬美元，最貴的一戶要價四十萬美元，元清很不滿意，嘀咕道：「這裡的房子老舊破爛不說，又不靠海，沒有海景，也沒有新鮮的空氣，要價反倒比帕洛斯福德貴上五成，這哪行？」

玉珠說：「那是你不懂，這裡學區好，房子大家搶著買，當然貴一點。」

最後他們看到一間屋主自售的房子，賣房子的是個中年婦人，沒有小孩，丈夫一年前剛去世。房子比較老舊，只有兩個臥房、兩套衛浴。但是後面有游泳池及書房，離學校也近，元清想，老舊的房舍還可以修改，屋主要價二十五萬五千美元，也算是低於市價，就這樣定下來了。

　　元清買下這房子以後，花了點錢整修了廚房，裝上新電燈，貼上新瓷磚，看起來乾淨漂亮多了。他們在耶誕節之前搬進了這房子。新年過後，玉珠就讓奕君和賢達轉去附近小學的附設幼稚園就讀。

　　這不是元清和玉珠的第一間房子——他們的第一間房子是巴爾的摩那臨著森林的連棟住宅，第二間房子是帕洛斯福德那棟海景豪宅，第三間房子才是這棟紅磚灰瓦的老房子。但是，很奇妙的，多年以後，說起「成家立業」，元清與玉珠都會不約而同地想起這棟紅磚灰瓦的老房子。大概是因為在這棟房子裡，發生了很多事吧。在這灰瓦的屋頂下，元清的事業穩固了，考取了美國的骨科專科醫師執照。奕君和賢達陸續上了小學，成績都很好。玉珠又生了一個白白胖胖的兒子，取名士程。

　　在這灰瓦的屋頂下，元清的一些想法也漸漸改變了。本來他是決定考取專科醫師執照以後就回台灣的。但是現在情況不同了。孩子上學了，不宜輕易換環境。玉珠極力主張美國的教育制度及兒童福利比台灣更好，這個看法元清也贊成。◆

第十七章　　# 三遭波折
否極泰來

　　智煉與吳和來到美國，搬進大兒子元清在聖瑪利諾的家。元清買下這房子以後，已經全面整修過，裝了新電燈、貼了新瓷磚，廚房也按照中國人的習慣修改過，裝了抽油煙機。元清、玉珠和新生的小兒子住在主臥室，兩個大孩子住一個房間，智煉與吳和住在書房裡，房子後面有一座花園和游泳池。為了讓父母住得舒服，元清花了些錢整修書房，買了新的家具。唯一沒有整理的是花園，加州天氣乾燥，這花園因為乏人整理，裡面已經沒有花了，只有一片黃草。但是元清不以為意，畢竟花園不會影響生活。

　　餐廳在主屋裡，每天晚上全家都在那裡吃飯。元清診所工作很忙，病人排得比較多，有時連臨時加進來的急診病患，他得看到晚上八點多才看完。玉珠常常會等元清一起吃飯。但父母親搬來以後，吳和總是對玉珠說：「不必等阿清，讓孩子們先吃。」元清認為自己是病人的最後防線，對病人的檢查一點都不敢馬虎。知道父母妻子不再等

他吃飯，他反而安心，可以好好看診。

客廳也在主屋裡，但是因為家裡有三個孩子，平時都亂七八糟的堆滿了玩具，根本看不出客廳的樣子，智煉與吳和常常在客廳裡跟孫子孫女玩。

主臥室附有衛浴，書房裡則沒有，因此智煉與吳和與兩個大孩子共用一套房間外面的衛浴。元清對這一點覺得不滿意，但是孩子們一定要跟著玉珠住，自己也不可能跟玉珠分房，只能這樣安排。其實除了他以外，其他人都覺得滿意。

智煉很喜歡那個書房，因為全部的房間裡，只有從書房的窗戶看出去，可以看到花園和游泳池。聖瑪利諾氣候溫暖，就算冬天走到院子裡去賞花，也不會冷。智煉退休以後閒不住，每週至少一次，拉著吳和，老兩口搭乘公車到洛杉磯市中心的花市去，選購各種植物，每日以蒔花植草為樂，把原本荒蕪的後院布置得花團錦簇、綠意盎然。

現在當地多數醫生都已經認可了元清的技術，連很固執的大老史忽摩也對元清表示肯定。元清對自己也比較有信心了，他跑去聖蓋博醫院爭取急診室值班的空缺，也成功申請到了。那家醫院的醫生與病人幾乎全是白人，元清剛來時，還因此不敢去那裡申請值班。

就在一切似乎漸入佳境的時候，一天中午，元清在嘉惠爾醫院看完病人，要找個地方坐下來吃午餐。剛好外科部在開會，他就拿著三明治走進會議室，坐在後面，一邊

吃，一邊聽會議報告。那時元清因為沒有參與行政工作，平常不會去開會。這一天走進會議室，完全是偶然。

外科會議通常是很無聊的，不外乎例行報告，然後就是病例檢討。元清嘴裡啃著三明治，眼睛看著桌面，並不是很留心會議內容。忽然聽見他們在討論一個手術，有一個醫師說：「這個醫生處置不當，為什麼沒有切開臀部的股骨大突骨（Greater Trochanter，大腿骨連接臀部處）呢？這個做法是不對的。」另有幾個骨科醫師附和，有人提議：「這還是主治醫師呢，應該取消他的資格。」

與會醫生們正要提案投票時，元清抬頭一看，看見投影在小螢幕上的病例，正是自己的病人。當時會議室裡有三十幾位醫生，似乎沒人注意到當事醫師也在會議室裡。元清趕緊站起來，朗聲道：「各位，請聽我說幾句話。」

三十幾個醫生一下子回頭，都盯住了元清看，有幾個認識元清的醫生皺起了眉頭。元清不慌不忙地自我介紹，然後說：「目前最新的手術方法都是不切開大突骨，這樣做不只節省一小時的手術時間，而且沒有併發症，可以及早復健。我的病人都是三天左右就出院，不像你們一般的病人，要住上兩個禮拜。」

聽到這最後一句話，有些資深醫師很不高興，起了一陣騷動。元清感覺到四周的溫度好像一下子升高了。

一位醫師說：「不取消主治醫師的資格，至少也要有處罰。」

另有一位醫師說：「這麼目中無人，應該重新監察六個月。」

這時外科主任伊文托夫醫師站了起來。他是個猶太裔，鼻子很大，看起來精力充沛的樣子。看到他起身，其他醫生都安靜了。

伊文托夫說：「我剛剛看了林醫師的病例，用新的方法做手術沒有不對，病人都恢復良好，沒有併發症。我建議不用再討論這個案件了。」

元清就這樣有驚無險地逃過了一劫。

過了幾個月，有一天下午，元清在阿罕布拉醫院的急診室看了一位七十歲的老先生，老先生大腿股骨骨折，需要打長鋼管做骨腔管內的固定。元清把手術安排在第二天下午兩點鐘。因為醫院規定這種手術需要有另一個骨科醫師做助手，整個傍晚元清就在打電話給認識的骨科醫師，拜託他們來幫忙，打了八通電話，每個人都回說他們沒有時間。最後只有跟元清不太熟的鄧肯醫師答應來幫忙。

第二天下午兩點鐘，鄧肯醫師沒有出現。元清打電話給他，也無人接聽。無可奈何之下，元清只好獨力準時開始做手術。

兩點四十分，元清做完了手術，正在縫皮膚時，吉坦醫師忽然出現在開刀房，問元清要不要幫忙。元清回答：「我已經在縫合皮膚，手術再一分鐘就完成了。」言下之意是不需要幫忙，吉坦醫師就離開了。

手術全部做完以後，元清才聽到鄧肯醫師打來道歉的電話留言，原來他車子半路拋錨了。元清想，反正手術已經順利完成，便沒把此事放在心上。

沒想到，吉坦醫師竟然一狀告到外科部：「林馬修醫師自己一個人開那很困難的大腿骨折手術，竟然沒有找助手，而且還拒絕了我的協助，真是膽大妄為、高傲自大、漠視法規！應該取消林醫師繼續在阿罕布拉醫院做手術的資格。」

元清聽說這件事，有點生氣，自從在嘉惠爾醫院處理少女肩膀脫臼那件事過後，吉坦和元清之間就有點心結，吉坦平日在檢討會時常常故意發言來為難元清，元清都不理會。目前為止，吉坦的發言也沒有造成什麼影響。但這回他的告狀起作用了，外科部成立了一個特殊檢討調查委員會來調查元清疏失違規的情形，並決定後續處置。

開會時，由骨科主任史忽摩主持，元清之前打電話拜託的那八位骨科醫師都到了。吉坦醫師開始數落元清的不是，又說元清拒絕他志願的協助。其他醫師聽了，紛紛質問元清：「你為什麼不找助手？」「怎麼拒絕吉坦醫師的好意幫忙呢？」

元清反問他們：「你們八個人，每一位都有接到我的電話要求協助，但是你們都沒有空，不是嗎？」八位醫師面面相覷，都承認曾經接到元清要求做助手的電話，但都因故拒絕了。

元清又說：「鄧肯醫師說當天肯來幫忙，但車子在開到醫院的路上壞了，無法前來。」鄧肯醫師也點點頭，表示元清所言不假。

　　元清再說：「等吉坦醫師要求來幫忙時，我已經快縫好傷口了，那時候並不需要其他醫師的協助。這個吉坦醫師自己也是知道的！」

　　吉坦醫師瞪著元清，沒有說話。元清並不理他，繼續說：「而且病人第一天就起來走路，三天以後就回家了。治療過程並沒有疏失或違規，也沒有併發症。」他憋著一肚子不高興，一口氣把這些話說完，不無委屈地看著主席史忽摩醫師，等他發落。

　　史忽摩性格固執，元清當初也是很不容易才得到他的肯定。但他為人正直，聽了元清的解釋以後，覺得元清完全沒有錯，便嚴厲地對吉坦醫師說：「你以後不可以再如此胡亂誣告別人。」接著就推開椅子，站起來：「這完全是浪費時間！大家可以回去了。」其他醫生也陸陸續續地站起來，三三兩兩地走出會議室。

　　元清這一次總算是扳回一城。在這之後，吉坦雖然對元清還是很氣惱，卻也不敢再嚼舌根子了。

　　不久，元清在聖蓋博醫院，經過八位不同骨科醫師的監察，做滿了八個手術。八位骨科醫師在監察元清後所寫的監察報告，都一致認為「手術技術優良、無缺點」，「建議不需再接受監察」。接著，這些報告被呈上聖蓋博醫院

骨外科部門的委員會，委員們討論後也一致同意元清從此可以免去被監察。外科委員會開會時也同意元清從此可以免受監督，自行做手術，這代表元清從此以後在阿罕布拉、嘉惠爾、聖蓋博等三家醫院，都可以免受監察，有權利自行做手術了。他很高興。

但是過了幾天，元清要在聖蓋博醫院安排開刀時，開刀房主管不讓他排刀：「你不能自己開刀，要有人監控。」

元清問他：「為什麼？之前骨外科委員會、外科委員會開會時都通過我從此可以不必再受監督，可以自己做手術的！」

開刀房主管說：「這我不知道，你去問外科主任。」

元清跑去找外科主任弗米諾醫師，要問清楚這是怎麼回事。弗米諾也是骨科醫師，他告訴元清：「雖然骨外科跟外科委員會都同意取消你的手術監察，但是醫院執行委員會不同意，他們要繼續對你監察。」

元清追問：「執行委員會不同意？還要繼續監察我的手術？這是為什麼？」

弗米諾說：「執行委員要幹什麼都不需要理由。抱歉，馬修，這些事我管不著。」

元清的疑問沒有得到解答，他知道這是不公平的作法，也知道與弗米諾爭辯是沒有用的，於是默默地離開了。從此他每次安排手術，還是得打電話請資深醫師來協助或監察。

如此過了幾個月，元清才知道，原來聖蓋博醫院的執行委員當中，有人想延長他的監察期，以便觀察到底都是哪些醫生送病人給元清。自從元清來到南加州，從一開始的默默無聞，不知不覺已經變得很忙碌，許多家庭醫師送病人給他，一天排到四十個病人，是常有的事。無意之間，他搶了許多其他骨科醫師的病人，難免受到嫉恨。有些資深骨科醫師在元清背後討論：「林馬修醫師現在越來越有名，不趁著他還在受監察的時候壓制住他，只怕以後都沒有我們的立足之地了。」

　　在聖蓋博醫院，元清又接受監察超過兩年、在監察下做了三十幾個手術，直到一九八四年的夏天，聖蓋博醫院執行委員會才取消了對他的監察。

　　雖然受到很多攻擊，但元清在本地也交了幾個真正的醫師好友。他在這段時間認識的一個好朋友，是同樣來自台灣的吳醫師。吳醫師從台灣中山醫學院畢業，在越戰結束後來到美國，在洛杉磯的馬丁路德金恩紀念醫院接受訓練，成為內科醫生。

　　元清認識吳醫師的時候，吳醫師也在洛杉磯開業，同時在中國城的法國醫院急診室值班。

　　法國醫院是洛杉磯歷史最悠久的醫院，成立當時洛杉磯還只是一個總人口一千五百人的小城市，後來成為中國城的市中心小區，還是富有的法裔美國人聚居的地方。這些法裔美國人，一度被視為移民中的「貴族」。一八六〇

年，有力法裔人士組成「法國社」，以服務法裔新移民為宗旨。一八六九年，他們在洛杉磯市中心的學院街和希爾街交叉口蓋了一家醫院，專門服務法裔移民。這就是法國醫院，當年洛杉磯唯一的一家正規醫院。醫院蓋得十分氣派，門前有大草坪，草坪上立著巨大的法國民族英雄聖女貞德像，手持長槍，仰頭望天，頗有氣吞山河之勢。

一九〇〇年，法國移民的地位已經不如往日。晚清時來美國修築鐵路的華人勞工、苦力大量移入法國社區，洛杉磯的法國貴族社區逐漸變成貧窮的中國移民聚居地，一九三八年被正式命名為中國城。

一九八〇年代吳醫師開始來法國醫院值班的時候，這家曾經有過輝煌歷史的醫院，已經隨著洛杉磯地區的法裔社區沒落，只剩下門前屹立的聖女貞德像，無言訴說著昔日的榮光。此時的法國醫院處境艱難、設備老舊，病人都是些低收入、沒有健保的白卡病人，稍微混得好些的醫生都不願意來這裡看診。

元清聽說吳醫師在急診室值班，碰到有骨科症狀的病人，經常找不到骨科醫生支援，就對他說：「你有需要，隨時可以找我。」此話一出，他也信守諾言，每次吳醫師呼叫他，他都一定排除萬難，趕去中國城的法國醫院給病人看診，從來不計較有無醫療保險問題。後來吳醫師就常常介紹病人給元清，他們也一起為病人開刀。

久而久之，元清發現，吳醫師雖然在沒落的法國醫院

值班，但他其實是非常有企業頭腦的，自己的診所經營得很好，又擅長投資，對房地產也頗有研究。他在法國醫院值班，是出於一種關懷華人社區的心理，因為法國醫院多數病人都是貧窮的亞裔、西語裔移民。元清覺得自己跟吳醫師氣味相投，兩人便經常互通關係，彼此合作，建立起良好的友誼。

元清的另一個好朋友，是內科醫師奈塞爾。奈塞爾的診所也設在嘉惠爾醫療大樓裡，他是這棟大樓裡最資深的醫師之一。一九六二年元清剛考上建國高中的時候，奈塞爾醫師已經從德州大學達拉斯醫學中心完成了內科醫師的訓練，來到蒙特利公園市開業。一九八一年元清把診所搬到嘉惠爾醫療大樓的時候，年近半百的奈塞爾醫師已經兩鬢飛霜。他身材微胖，戴著一副鏡框很大的圓框眼鏡，經常穿著毛呢西裝背心，看起來很有文藝青年的氣質——或者應該說是文藝中年。他講話很慢，待人和善。醫院裡大家都尊敬他。

奈賽爾醫師在嘉惠爾醫療大樓裡開業，平日也在嘉惠爾與聖蓋博醫院看病人。他的診所在一樓，元清的診所在二樓，不論是在診所或醫院，奈塞爾和元清都常常有機會打照面，聊幾句天。兩人談得投契，結為忘年交，沒事也會一起喝杯咖啡。

奈塞爾知道元清受到本地其他骨科醫師、甚至醫院的執行委員會刁難，就對他說：「不必把那些事放在心上。

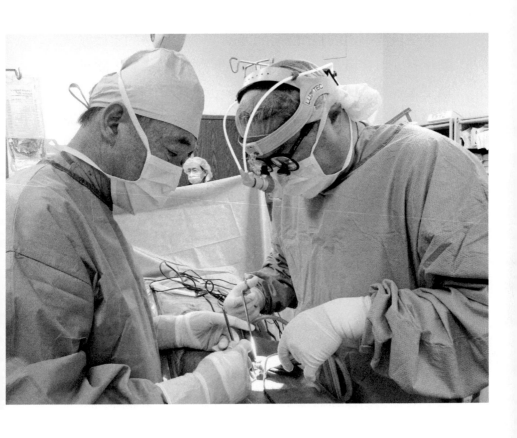

二〇一一年，手術留影。儘管
分身於多家醫院及健保中心等
管理事務，元清始終以照顧病
患為優先。

只管把自己手邊的事做好。一個人只要把手邊的事做好，就會有好事情發生。」他說這話的時候含著微笑，語氣不慍不火，也不批評醫院的委員會，也不得罪什麼人。

元清看到奈塞爾的風度，覺得很佩服。他練習心平氣和地接受聖蓋博醫院不合理的監察，心平氣和地面對其他醫生對他的刁難，甚至對吉坦醫師，他也能露出微笑了。

奈塞爾醫師說「只要把手邊的事做好，就會有好事情發生。」不久，好事真的發生了。一九八二年，奈塞爾被推舉為嘉惠爾醫院的醫師主席。

醫師主席對於醫院的運作，有很大的影響力。南加州多數醫院，一般有六百到一千名醫師。醫師當中，一年有三十個以上住院或手術病人者，都可以向醫院申請成為「主治醫師」，批准後可以參與醫院會議。內科、外科、婦科、兒科的主治醫師們，每年各科各推選一位醫師做主任；全體主治醫師則每年互選出一位醫師，做醫師主席。醫院裡有十幾個委員會，分別是資格審查委員會、臨床管理委員會、研究委員會、品質保證委員會、醫師福利委員會、藥事委員會、感染委員會、放射安全委員會、病理組織委員會，以及病人安全委員會。這些委員會，都由醫師主席指派委員及委員會主席。

奈塞爾醫師就任醫師主席後，來找元清：「怎麼樣，想不想一起來改善一下委員會裡一些不公平的現象？」元清當然說好。奈塞爾醫師於是任命元清為嘉惠爾醫院的病

理組織委員會主席。病理組織委員會負責評估手術標本組織及一般活體切片的臨床診斷與病理診斷的正確性，這些任務當然都是由病理組織委員會主席主導。病理組織委員會主席並可參與醫療執行委員會的運作。

情勢一夕之間改變了。至少在嘉惠爾醫院，沒有人再刁難元清。◆

第十八章 群策群力
創醫療網

　　這段期間，有一個住在後面巷子的鄰居來找元清，說他有個親戚，很想要買元清這棟房子，出價四十七萬五千美元。

　　這正合元清的心意，因為此時士程已經滿一歲，不宜再住在父母房裡，而且玉珠又懷孕了。一大家子七個人，加上即將出生的嬰兒，住在這棟只有兩間臥室的房子裡，是擁擠了些。元清早就想換間大些的房子，讓孩子們有較大的成長空間，父母親也不必擠在書房裡。

　　現在他們住的這棟兩房兩衛的房子，是元清三年前以二十五萬五千美元買下的。現在有人要出四十七萬五千美元買這棟房子，如果賣出，他就可以有二十二萬美元的現金作為頭期款，來買一棟多幾個臥房的房子，以符合大家庭的需求。這麼一盤算，元清就答應了鄰居，但希望對方可以給他幾個月的時間，來找新房子。

　　要找新的房子更是不容易，元清與玉珠將有四個孩

子，加上他們夫妻與父母親，需要一棟有六個臥室的房子。他們到處看了很多房子，價格都貴得離譜，好不容易看到一棟理想的房子，卻被其他買家捷足先得。後來元清去拜託一個叫琳達的房屋經紀人，琳達推薦了一棟房子，說是地很大、足有兩英畝，房子有四層樓，共有十個臥室、十套衛浴，要價二百四十萬美元，但已經在市場上求售三年，一直沒有賣出去。

這聽起來還好，他們就約好時間去看房子。元清依約開車載著玉珠，到了約定的地點，卻見一棟似已廢棄的大屋，立在叢生的蔓草之中。兩人對看一眼，玉珠說：「這房子也太舊了！這麼舊還要賣二百四十萬美元，太貴了！我覺得不必進去看了。」

元清看那房子雖已廢棄，但那青綠色的瓦、灰色的牆、白色的石柱與雕花，都很典雅，可見過去的堂皇，便笑著說：「這麼大的房子，還是第一次見到，進去開開眼界不好嗎？」

玉珠笑著說：「那你進去開開眼界吧，我在這兒等著。不可能買的房子，我才不要看呢。」

元清就自己跟著琳達進去了。這是棟屋齡六十年的老宅子，前院的雜草及腰，後院的游泳池裡長滿了青苔，一半的窗戶都破了，十個廁所九個不通，裡面許多隔間都被拆除。元清跟著琳達走上四樓，那樓梯倒還結實。屋頂的縫隙篩下點點金黃的陽光，灑落在破舊的地毯上；仔細一

看，地毯上還有斑斑水漬。可見這屋頂有漏，下雨天一定會進水。

元清看到這副景象，對琳達說：「這棟房子需要很多的整修，賣二百四十萬美元太貴了，合理的價格應該在一百萬美元上下吧？」

琳達不同意：「馬修，這殺價超過一半也太狠了，至少也要開個一百三十萬，這樣我才好幫你們寫買屋契約。」

元清跟玉珠討論了一下。元清覺得這房子雖舊，但地方夠大，整修一下住起來應該是可以住的；玉珠也覺得這房子賣一百三十萬美元，也還算合理。於是大家達成共識，琳達就幫元清夫婦寫了一紙一百三十萬美元的買屋契約。

過了三天，這個契約被賣家拒絕了。元清問琳達：「怎麼？賣家嫌我們錢出得少了？」

琳達說：「唉，其實這是一對夫婦離婚的財產處理，這三年來提出的買屋契約，總是會有一方反對。」

元清和玉珠這才明白這房子三年來一直賣不出去的真正原因。買房、嫁娶、找工作，世間凡事都需要緣分。他們也就接受這個事實，繼續看其他的房子。

過了三個禮拜，一個星期二下午，元清看完病人正要回家，看到候診室裡還坐著一位穿著很時髦的老先生，看樣子不像是病人。原來他是來找元清的，他自我介紹說是民事法庭派來的人，他告訴元清：「法官說這個案子近日一定要結案，下令把房子賣給最後一個提出契約的買家，

叫我來找你。」

　　沒想到事情還有轉機，元清就跟老先生談了一會。他們一起走到停車場，看見老先生開的是一部紅色的跑車。元清覺得這位老人家真有派頭。

　　最後，法官裁定這房子的合理賣價，應當是一百萬美元。元清就用賣前一棟房子的盈餘作為頭期款，另外花了七萬美元整修這房子，雇人重新隔出九個房間、修理七套衛浴，並修補屋頂、訂做窗戶、換新地毯，前後院都整頓一番，剛好在玉珠生產前全部完工，一家人就高高興興地搬進新房子。

　　台灣人有一句諺語「娶某前、生囝後」，是說男人在娶妻之前、生子之後的這段時間，運勢火紅不可擋，處於最佳狀態。這句話在元清身上似乎是真的。娶玉珠前幾個月，他考取醫師執照，並申請到耕莘醫院內科住院醫師，這是他生平第一份工作。大女兒奕君滿月後不久，元清偶然有機會替約翰霍普金斯教授詹森醫師做了一個肩膀脫臼的手術，得到賞識，成為他日後進入霍普金斯醫學院受訓的契機。大兒子賢達出生後半年，他買了生平第一棟房子，二兒子士程出生後，他診所的醫療業務就蒸蒸日上，這回小兒子士勳出生時，元清被嘉惠爾醫院的醫師們推舉為外科主任。

　　自從被嘉惠爾醫院的醫師主席奈塞爾醫師任命為組織委員會主席以來，元清一直致力維護少數族裔醫師的權

益，要確保以前發生在他身上的欺凌、誣告、不公平待遇等，不會再發生在任何醫師身上。他的理念，很得奈塞爾醫師支持。奈塞爾是巴勒斯坦人，在第一次中東戰爭期間隨家人逃亡美國，父母出逃的時候還不忘把家門上鎖。如今他的父母已經不在了，他的身上還帶著老家的鑰匙，但歸鄉路迢，遙遙無期！

從組織委員會主席到外科主任，元清如今是醫院管理核心的一員，行政事務繁重，診所的病人也越來越多，漸漸覺得忙不過來。有一天，他接到一通電話，是一個來自台灣的年輕醫師，正在俄亥俄的醫院實習，希望來加州尋求機會。元清不禁想起自己剛從霍普金斯醫院完成訓練時，來加州尋找機會的情形，心中頗有感觸，便很親切地與這位年輕人談話，並告訴他，若有機會來加州，不妨見面一談。

過了幾個月，這個年輕醫師果然來找元清了。他的名字叫做黃威賓，是台南人，台南一中畢業以後考入臺北醫學院，是元清的學弟。畢業後，他先在馬偕醫院接受五年的骨外科訓練，之後前來美國，在路易斯安那州的杜蘭大學完成骨外科訓練，前往俄亥俄醫院實習。但是他覺得俄亥俄的環境不適合他，或者說他自己不適應俄亥俄的環境，因此希望來加州尋找機會。

黃威賓生著一張圓圓的臉，圓中見方，戴著一副眼鏡，十分忠厚親切的樣子。元清看這個學弟訓練的過程紮實，

言談之間又和氣謙虛，心下很稱讚他，就說：「老弟，我這裡正缺人手，不如你來加入我的團隊，大家一起打拚。」

黃威賓得此機會，當然很高興，滿口答應。當年十二月，他就離開了俄亥俄，搬來南加州，加入元清的診所，成為元清的第一個夥伴。他專精一般骨科及脊椎手術，技術很好，受到許多家庭醫師及病人的稱讚，元清也深以自己得到這樣一個夥伴為幸。

黃威賓來了以後，元清就比較輕鬆了。原本他每天晚上都要值班，威賓來了以後，他們倆就輪流，隔天值班一次。現在，元清每個週末，至少有一天可以專心陪家人。

玉珠對元清說：「大醫生，你現在有時間了，應該多陪孩子玩。」

這時候，賢達剛上小學一年級。玉珠覺得男孩子在功課以外，應該從事一些體育運動，鍛鍊體魄，就讓賢達參加美國少年足球訓練營。元清也跑去訓練營，志願做教練，每個星期陪賢達和他的小夥伴們練習兩次，週末與其他的球隊比賽。每次比賽大家都很投入，家長們比球員還緊張。這讓元清想起在北醫足球隊踢球的那段日子，他也帶著小孩們玩得很盡興。

第二年，元清被推選連任嘉惠爾醫院外科主任。此時，美國與台灣斷交後產生的台灣移民潮，正在南加州許多地區產生影響。嘉惠爾醫院所在的蒙特利公園市，華裔人口在短短兩、三年內迅速增加，台灣商人吳金生在蒙市大西

洋大道上開了一家大型商場，裡面有頂好超市、世界書局、彭園餐廳等，成為華人吃中國菜、看中文書、買台灣雜貨的好去處，漸漸取代了洛杉磯市中心的老中國城。

　　從這時候起，元清常常看到完全不會說英語的華人，在急診室跟醫護人員比手畫腳，難以溝通，他總是自願跑去充當翻譯。他以外科主任的身分，在醫療委員會大力敦促院方增聘會說華語的護士及員工，並努力促進住院病患的飲食多元化。這段期間，醫院增聘了會說華語的護士，也為不同文化背景的病人設計菜單。舉一個具體的例子，按照美國人的習慣，傷患手術、孕婦生產之後，醫院總是奉上冰淇淋，因為術後胃口不好，需要補充營養，而冰淇淋既開胃，又富含蛋白質。但來自其他文化的病人不一定能接受術後吃生冷食物。漸漸地，醫院也從善如流，為華人傷患、產婦煮熱粥。

　　這當然是元清積極努力的成果，但也與大環境的改變有關。這一年，在中國出生、台灣成長的陳李婉若當選蒙特利公園市市長，是美國歷史上首位華人女市長。蒙市街上處處可見黃面孔，與元清初到此地的景象，大大不同。黃威賓來到洛杉磯以後，發展順利，也是因為有華人前輩協助的緣故，當初元清、吳醫師等前輩受過的刁難，威賓很幸運地不必再經歷一次。

　　有一天，洛杉磯的骨外科大老史忽摩來找元清。元清請他到辦公室坐下來。史忽摩說：「我明年就要退休了。」

這是一九八六年夏末的一天。元清來洛杉磯已經八年，史忽摩和搭擋麥茲納醫師執業已近三十年。聽到史忽摩說要退休，元清忽覺時光飛逝。史忽摩問元清有無意願收購他們的診所，元清幾經考慮，就同意接收了。

　　第二年，元清為史忽摩和麥茲納辦了一個盛大的退休派對，兩人風風光光地退休了。之後波蘭克得到一個很好的機會，跑去北邊的巴沙甸那，開了自己的診所。卡特已經年過半百，無心另起爐灶，就留下來，成為元清與威賓的夥伴。

　　同一年，元清被選為嘉惠爾醫院的第一位華裔醫師主席。這個時候，加州的醫療體系發生了很大的變化，這種變化，也影響到元清的醫院。

　　這種變化就是管理醫療的興起。在一九八〇年代以前，加州只有凱薩集團採取管理醫療制度。其他醫院，都是採取使用者付費制度：有保險的病人由保險公司付費，沒有保險的病人由政府付費。但問題漸漸浮現：美國人的醫療支出，占國民生產毛額高達百分之十七，相較其他先進國家的百分之五，實在高得誇張，也說明美國的醫療資源有很大的浪費。

　　到了一九八〇年代中期，很多醫院希望能改善這情形，凱薩基金會的醫療網制度，遂成為許多醫院效法的對象。醫療網的功能，在於控制醫療成本。醫療網與醫師、醫院、保險公司三方面都簽訂合作條約。醫院或醫師要進

行任何醫療處置，必須經醫療網審核，保險公司才會付費。這樣做，是為了節省不必要的開支。病人接受核磁共振掃描等重大醫療處置，如果太過頻繁或浪費，醫療網會加以審查。病人要做手術，醫療網也會彙整醫師意見，評估該手術的必要性。

醫療網控制醫療成本的另一個手段，是推動預防醫療，要求簽約醫師督促高風險病人，定期接受嚴謹的檢查治療。例如糖尿病人、高血壓病人必須定期回診；年紀較大的被保險人必須定期做健康檢查、大腸鏡檢查；婦女每兩年需做子宮頸抹片檢查、四十歲以上需定期做乳房攝影檢查。這樣做，是為了推廣預防勝於治療的觀念，以今日少許的醫療支出，節省明日更大的醫療花費。像是癌症雖然成長快速、治療費用高，但有三成以上的癌症死亡是可以避免及預防的，子宮頸癌、乳癌、大腸癌等，早期發現者，五年存活率皆達八成以上。而且很多癌症在早期都會各自發出獨特的徵兆，只要透過篩檢便可辨識這些徵兆，經過簡單治療即可預防癌症的移轉，不但可節省醫療成本，又能提高病人存活率。

醫師由醫療網監督，醫療網由保險公司監督，保險公司由政府監督。保險公司的績效，會決定政府給保險公司的補助款。保險公司承保俗稱「紅藍卡」的六十五歲以上年長保戶、以及俗稱「白卡」的低收入保戶，都由政府放款，如果保險公司績效不好，政府放給保險公司的款就會

減少。按照美國政府制度，保險公司的星數，最高是四顆半星。當保險公司的星數少於三顆星時，政府就會建議群眾不要採用這家保險公司的服務。

由於這種監督機制控制醫療成本的效果甚好，有目共睹，元清當選醫師主席時，嘉惠爾醫院內成立醫療網的呼聲甚為高漲，這個責任當然就落在元清肩上。

元清找了奈塞爾醫師來幫忙，他們一起召集了幾個志同道合的同事：出身加拿大的博洛迪斯基醫師、放射科的加德納醫師、日本裔的明石醫師等人，這幾人共同主導，在院方的協助下，成立泰平醫療網，與醫師、醫院、保險公司等簽訂必要的合約後，就開始運作。

泰平醫療網剛成立的時候，簽約醫院只有嘉惠爾醫院，簽約醫師只有數百名，但是與大部分的保險公司都簽訂了合約。其後泰平醫療網一直穩定成長，這是元清擔任醫師主席期間的一個重要成就。

雖然參與很多醫院的管理業務，元清還是以醫療工作為重，不讓醫療委員會的事務影響看診。

有一天，一位中年男人帶著一個八歲的男孩子，來到元清的診所求診。元清一看這中年人，有些面熟，想了一下，想起來他是在當地登了很多廣告的接骨師，很多華文報刊上都有他的廣告。

接骨師告訴元清：「這個小孩左手肘跌倒扭傷了，我用跌打治療了四個多月，都沒有改善，請你幫幫忙。」

元清看了看，這孩子的左手肘已經變形，顯然是脫臼，並不是扭傷。照了X光檢查，確定是手肘關節的完全脫臼。他忍不住動了氣，責備那接骨師道：「任何受傷，都一定要確診以後才可以開始治療，你一味以跌打治療手肘的脫臼，卻沒有先幫這個小孩復位，這已經脫臼了四個多月，確實已經傷害到這小孩的手肘，即使現在復位，手肘也會非常的僵硬！」

　　元清想將這孩子轉診到兒童醫院去治療，但是家長沒有保險，不願意轉診。接骨師則是一再拜託元清幫忙。由於延誤醫療，這孩子的肘關節僵硬問題已很嚴重，元清也知道，手術後關節僵硬的現象也不能完全恢復，但還是硬著頭皮為這孩子開刀，將脫臼了四個多月的手肘關節接回去，接下來也很認真的幫這孩子做物理治療。孩子的手肘關節雖然接回去了，但手肘的活動最終還是不甚理想。

　　元清也尊敬中醫，但像這樣不明診斷的盲目治療，卻是很危險的，這個病例讓他氣悶了好久，但他也只能做到他所能做的。這時慕名前來的病患更多了，元清、威賓、卡特三個人，一人一天要看二、三十個病人，漸漸覺得力不從心。元清決定透過人才顧問公司，再找一個夥伴。

　　顧問公司幫元清介紹了一位華裔醫師，名叫張石勇，他的學歷很漂亮，從「南方哈佛」杜克大學醫學院畢業，在維吉尼亞大學完成骨外科訓練。張醫師的父親是福建人，母親是廣東人，他本人在美國出生長大，不會說華語。

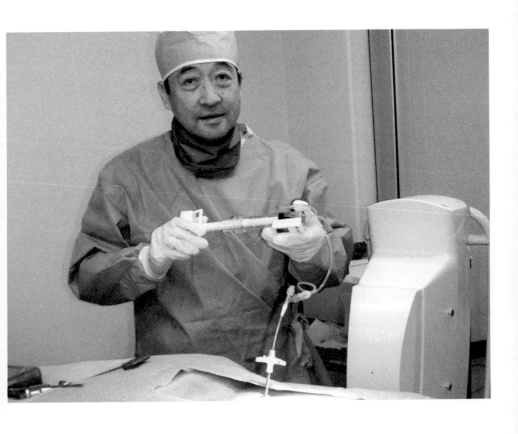

治療脊椎骨折的氣球撐開術：
將骨針置入椎體，再放入氣球
充氣撐開患部，灌注骨水泥加
固，可有效治療骨折後疼痛。

但是機緣巧合，石勇的老師王國照醫師，是元清的一個老朋友。

王國照的父親是台北市首任衛生局長王耀東，與智煉略有交情，因此元清與國照早年就相識。國照從一九七〇年起在維吉尼亞大學醫學院擔任骨科醫師，後來成為骨科教授。因為有國照大力推薦，元清就決定延攬石勇。

石勇專長運動醫學，他加入元清的診所以後，專門處理運動及體能鍛鍊相關的創傷。威賓負責脊椎手術，卡特負責一般外科，元清自己負責手外科及關節置換，大家分工合作。元清看著診所規模在自己手上漸漸擴大，醫師們各司其職，井井有條，非常滿意。不過，他覺得診所現在還有一個缺憾，少個專門處理重大外傷的醫師，他想著，如果遇到合適的人選，不妨延攬之。但目前，這個人選還沒出現。◆

第十九章 創傷中心 急診見聞

　　石勇加入元清的診所後，分攤了不少工作，也跟元清、威賓輪流值班。現在，元清不必值班的時候，就早早回家陪父母聊天、陪孩子玩耍。這時候士勳也已經上小學了，賢達、士程、士勳三個孩子都踢足球，都由元清當教練。玉珠看了很高興。他們也因此跟許多足球隊員的家長們成為朋友。

　　石勇專長運動醫學，技術很好。元清非常喜歡這個小伙子。可是有一天，阿罕布拉醫院的院長來找元清抱怨：「你新找來的那個年輕醫生，怎麼那麼兇，把我們急診室的護士都罵哭了。」原來石勇半夜去急診室值班，遇到情況緊急的病人，新來的護士動作又慢，他一急，大聲講了護士幾句，小護士受不了，就哭了。

　　元清聽說以後，故作不經意地問石勇：「你昨天去阿罕布拉值班，情況怎麼樣啊？」

　　石勇說：「哦，碰到一個情況緊急的傷患，但是我都

處理好了。」

「你覺得那裡的護士怎麼樣啊？」

「好得很啊！大家都很幫忙。」石勇一點都不知道自己把護士罵哭的事。

第二年的春天，元清在一個醫師的社交場合，認識了在比佛利山莊開業的同業鄺羅義醫師。鄺羅義在哈佛大學醫學院受過人工關節研究員的專門訓練，他熱心公益，志願參與紅十字會與洛杉磯警方的救援工作，經常加入直升機救難隊，救援山難或車禍中的重傷者。

元清想到診所正缺一個專門處理重大創傷的醫師，便邀請羅義加入他們的團隊，專門處理比較困難的二度或三度人工關節修補及置換。羅義願意在比佛利山莊的診所業務以外，每週固定來元清的診所看診。至此，元清診所的成員更加齊備而穩固。

過了幾天，嘉惠爾醫院一個加護病房的護士帶著她的丈夫，到元清的診所來求診。病人是一位四十二歲的男士。問他哪裡不舒服，他指著後腰處，說是痛了半年，並說已經看了五、六個骨科醫師。他做了物理治療，也做了針灸治療。但是，疼痛還是持續。護士說她丈夫生活習慣良好，不抽菸、不喝酒，沒有受過傷，以前也沒有腰痛的病史。她說丈夫常在夜裡叫痛，但是並沒有久坐或久站而導致疼痛的情形。

病人坐在元清面前的小圓椅子上，他太太、就是那位

護士，在邊上站著。元清調出病人的 X 光片來看，比較模糊，看不出什麼。他做了神經檢查，很正常。他讓病人走路看看，病人輕鬆自然地走了幾步，在醫生的眼裡看來，也很正常。但是他似乎真是有點兒不對，因為當元清按壓他的腰部時，他表示有明顯的壓痛。這種不尋常的疼痛，元清覺得實在奇怪，就安排他做了腰部的核磁共振掃瞄。結果發現腰椎第四節有類似癌症轉移的跡象，看來他的疼痛現象比預期中更加的危險難測。元清安排他做全身檢查，發現竟是肺癌第四期，癌細胞已經擴散到其他地方。元清就轉診給癌症專科醫師，做進一步的化療。

元清低聲對病人太太說：「你們以前看病，都沒有確診，就開始做物理治療及針灸，反而延誤病情，這是不對的。我們醫生是病人的最後一道防線，應該要做確切的診斷，再開始做治療。很遺憾妳先生得了癌症。現在趕緊做正確的治療，應該還不遲，希望你們不要灰心。」病人的太太，也就是那位護士，表示理解地點了點頭。

病人與家屬離開以後，元清不由得想起這幾年來看過的癌症病人，心情有點低落。在等候下一個病人進來診間的時候，他的腦海裡有千百個念頭出現又消逝。他第一個想法是，自己年輕時選擇做外科，是以為外科醫師比較能夠直接診斷病人，做內科，有時難以確診。現在他知道自己年輕時的這個想法是錯誤的。他回想起這些年來看過的疑難病例，記憶中至少有三個少見的癌症病人……。

剛開業的時候，有一個九歲的小女孩，右邊膝蓋痛了三個月，照了膝蓋及髖關節的 X 光片，結果全部正常。元清讓她照了大腿骨的 X 光片，發現股骨側邊有骨切片膜的異常增生，做了切片，才發現是原發性骨癌。

　　後來有一個十四歲的男孩，腰痛了三個多月，做了斷層掃描，發現是侵略性很強的巨型細胞腫瘤。

　　現在這位護士的丈夫，不菸不酒，後腰痛了半年，結果竟然是肺癌第四期。

　　作為骨科醫生，元清只能盡量精確地作出診斷，然後轉診給癌症專科醫師。其他還有什麼他能做的嗎？這是一九九〇年，元清再度當選嘉惠爾醫院醫師主席，同時擔任洛杉磯醫師學會主席。在第一任醫師主席任內，他主導創辦了泰平醫療網。現在泰平醫療網穩定成長，已經有上千名簽約醫師。這是他對醫院的貢獻。他想到，自己現在連任醫師主席，在這一年內，也應該做出一些貢獻。他作為骨科醫師，也看過好些癌症病人，其他各科醫師，每個一定也都遇過癌症病人。不知能不能推動醫院成立一個癌症中心？當然就醫院現在的狀況來看，元清知道這樣做恐怕有困難。那麼，能不能至少添購些器材設備呢？

　　他正坐著想這些事情，下一位病人已經走進診間了。他趕緊轉換一下心情，專心幫下一位病人看診，但心裡好像多添了一樁心事。

　　關於癌症中心的想法一閃即逝，忙碌的一天結束以

後，似乎已被他拋到腦後。但是這個念頭，就如一顆種子，種在元清的心田裡，蟄伏著，等待發芽的機會。

　　過了兩年，這個機會也沒有來。元清卸下了醫師主席的職務，始終沒有機會推動成立癌症中心。這件事，在他心上一直擱著。

　　當時，由塞爾維亞、波士尼亞、馬其頓、克羅埃西亞、斯洛維尼亞、蒙特內哥羅等社會主義共和國組成的南斯拉夫聯邦正在解體，內戰正如火如荼地展開。南斯拉夫聯邦的鐵腕統治者狄托獨裁統治了三十五年，他死後，塞爾維亞領導人宣示大塞爾維亞主義，強行將科索沃自治省的自治權取消，引發科索沃宣布獨立，從此引發了一系列戰爭。波士尼亞於一九九二年進行獨立公投，塞爾維亞向波士尼亞開戰，並進行屠殺。國際社會均譴責塞爾維亞暴行，聯合國及紅十字會整裝進入戰區救難，酈羅義也加入紅十字會的救難隊。

　　救難隊在通過波士尼亞邊界時，雖然乘坐有紅十字會標誌的醫療用車，一路上仍不斷受到流彈及砲火攻擊，幸無傷亡。到達波士尼亞境內，羅義才知道他帶去的外科手術器械完全沒有用，因為當地的醫院裡，沒有水、沒有電，所有的外科手術都無法進行。傷患無助地躺在病床上，很多人傷口感染發炎，還好救難隊帶了一些靜脈注射用的抗生素，可以派上用場。

　　元清也想去支援，但是羅義在當地，勸他不要來：「第

一，救難隊行經的路線，常常受到流彈及砲火的攻擊，有生命的危險；第二，這裡的醫院目前缺乏水電，根本無法運作，你們來了也是白來，不如送些藥品過來。」

於是，元清就託運了一些靜脈注射的抗生素等藥品，捐贈給當地的醫院。當地醫院希望能夠把需要動手術的病人送來美國接受治療，元清願意接受。終於，救難隊送來了兩個傷患。一個是八歲的女孩，在砲火中雙眼的眼角膜受傷而全盲，需要做眼角膜的移植。這個女孩被安排去兒童醫院做手術。

另一個是三十幾歲的波士尼亞士兵，名叫穆久，因為全身受傷已臥床六個月，兩腿的骨折都無法癒合，當地的醫師要幫他做雙腿的截肢手術。經過聯絡，救難隊將他從波士尼亞醫院直接送到嘉惠爾醫院的三樓病房，由元清接手治療。

第一次看到穆久的時侯，元清嚇了一跳。穆久像是一具僵屍，骨瘦如柴，兩眼凹陷，兩條腿都包著石膏，兩條手臂也包著石膏。元清將石膏切開，看到那兩條腿就像兩根細竹桿一樣，一點兒肌肉都沒有，真的只有皮包著骨頭，兩條手臂也是一樣。

檢查及 X 光的結果發現，他的兩側髖骨都有粉碎性骨折，骨折處已無法癒合，兩手前臂骨折，右尺骨因神經受傷而痲痺。傷患並有嚴重的營養不良及脫水現象。

穆久完全不會說英文，醫院好不容易找到一位波士尼

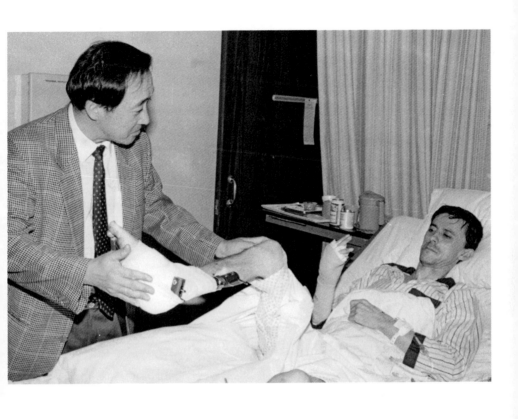

波士尼亞醫院轉來有雙腿截肢
之虞的傷兵穆久，入住嘉惠爾
醫院接受元清治療保全雙腿。

亞移民，名叫麥爾，他從波士尼亞移民來美二十多年了，會說波士尼亞語，願意幫元清做翻譯。

透過麥爾的翻譯，元清向穆久解釋：「目前最重要的，是補充你身體長久的營養不良。至於腿部骨折，因為六個月都沒法癒合，一般醫師會建議截肢，但仍然可以考慮雙腿再做一次補骨手術看看，如果不行再考慮截肢。雙手骨折異位要手術固定及補骨，截斷的尺骨神經需要縫合，另有多處碎彈片要取出。」

穆久全身瘦得只剩下皮包骨，兩眼含著淚，表示自己真的很希望能夠不要截肢。元清為他做了雙腿髖骨未癒合的壞死骨及軟組織切除、補骨及外固定術，並修補右手尺骨神經，固定雙手前臂骨折。

穆久在嘉惠爾醫院住了四個多星期，做了三次手術。手術很順利。出院後，麥爾幫他安排在外的食宿，同時定期來回診及復健。經過三個月的復健，穆久下肢的髖骨已經完全長好，不需要截肢。上肢也完全康復。後來麥爾幫他以難民身分申請居留，他也找到了電工的工作。

一年後，穆久把妻子及兩個女兒從波士尼亞接來美國，全家來向元清致謝。後來他們也常常來拜訪元清。元清每次看到他走路行動如常的樣子，都很高興。想想如果他沒有被送出來就醫，現在可能是在波士尼亞的一位雙腿截肢、四肢不全、坐在輪椅上的殘障退伍軍人，而不是生活在南加州，家庭美滿幸福的快樂電工。

第二年，為了填補卡特的缺，元清延攬了兩位年輕醫師。一位是楊培醫師，專長創傷外科；一位是譚成裕醫師，專長人工關節。同時，為了貼補診所的開銷，元清參加了漢廷頓醫院創傷外科急診室的骨科值班。

醫院的急診分為兩級：一般疾病或創傷就送去一級急診室，就是一般急診室；重大創傷則送去二級急診室，就是創傷外科急診室。創傷外科中心是醫院最花錢的單位，因為重大創傷者經常來自重大車禍或是幫派械鬥，傷者經常是幫派分子，或是喝酒、吸毒後駕車的飆車族，這些人半數以上沒有保險，甚至沒有固定職業，醫院為他們治療後，常常收不到錢。這些病人又火爆，一不高興，動輒告醫師，所以多數醫師都不願意去吃力不討好的創傷外科急診室值班。醫院開出很高的薪水，還是乏人問津。

元清帶楊培醫師一起去漢廷頓醫院值班。他們不需要留在醫院裡，但如果有急診，一定要在十五分鐘內到達急診室救治病人。元清家離漢廷頓醫院很近，值班的時候，他隨時在家待命。

在創傷中心最常見的，是槍傷與重大骨折。槍傷以傷到腹部或胸腔者為最嚴重。

七月裡的一天，天氣很熱，熱得叫人心煩氣躁。傍晚七點多，急診室打電話給元清，叫他去救治一位摩托車騎士。南加州的夏天，要到晚上八點半以後，太陽才會下山。這個時候天還亮著，也還熱得很。

元清在七分鐘內就趕到了急診室，那三十歲的騎士不知怎麼的，從高速公路的護欄衝撞出去，跌下八百多呎的深谷，由直升機救起，直接送來醫院，已經照了 X 光片。元清一看片子，發現他左邊所有的骨頭全部都斷裂，包括左邊的肩胛骨、鎖骨、上臂骨、肱骨、橈骨、尺骨、手骨、肋骨、骨盆、大股骨、髖骨、腓骨、腳骨……沒有一根骨頭是完好的。另有脾臟及肝臟出血現象。元清與一般外科醫師討論，一般外科醫師主張要先開腹腔手術，以停止肝臟與脾臟的出血，元清同意，並提出在修補肝臟與脾臟的同時，也順便做手術將手臂與大腿的骨頭打鋼釘固定住，節省手術時間。

　　做檢查、照 X 光片、斷層掃描、醫師會診，就折騰了一個多小時。期間傷患家屬趕到醫院，不耐煩地在急診室吵鬧。元清代表醫師們去安撫家屬，解釋情況，讓他們簽了手術同意書。接著大家就準備進開刀房，元清與開刀房的護士推著病床往開刀房走去，走出急診室時，傷患的太太在後面大聲咆哮道：「林醫師，我們一定會告你，如果你醫不好，我一定會告你！」

　　這位太太是個二十多歲的年輕女子，一身酒氣。元清被她這麼一吼，心涼了半截，想著：我們明知這個傷患沒有醫療保險，治療了他，醫院和我們是一毛錢也收不到，又是這麼多複雜性的骨折，還沒動刀，家屬就揚言要告醫生，真洩氣。

雖然這麼想，元清還是說：「我們會盡力。」就與其他醫師邁入開刀房。一般外科醫師把傷患的腹部打開，清洗腹腔，修補內臟；元清則將左邊的肩膀、手骨、大腿骨、小腿骨等，都打上鋼釘後用石膏固定。這手術一直做到凌晨四點，大家都很累。走出手術室以後，元清向家屬說：「我們已經修補了內臟、固定了骨頭，接下來要觀察他復原的情況。」

　　那太太又大吼：「什麼情況？你對他做了什麼？」

　　元清又疲倦，又灰心，就直接回家了。

　　手術很順利，第二天，傷患就能起身走路，進行復健。一週後就出院了。元清去看他，那位太太今天沒有喝酒，再三為她之前的行為道歉。元清微微一笑。◆

第三部

大醫精誠

第二十章　喜馬拉雅山區義診

　　元清愛山。他一直有一個心願，那就是攀登喜馬拉雅山——世界上最接近著天的地方。

　　喜馬拉雅山主峰珠穆朗瑪峰標高海拔二萬九千零二十八呎，一般客機的飛行高度不過三萬呎。喜馬拉雅山是地球上最美麗、卻也最危險的山脈。她那令人戰慄的魅力，吸引無數登山客，無視天候的艱險，不顧愛人的勸阻，自願身陷種種艱難，甚至不惜冒著生命危險，只求征服這詭麗的山脈。喜馬拉雅山對於那些迷戀她的登山客，卻是毫不留情，她的變幻莫測，轉瞬間可以奪去她的仰慕者的性命。

　　元清年少時曾登阿里山、玉山，每覺心曠神怡，登頂時精神為之一振。三十幾年前，在東亞第一高峰玉山主峰看日出，他曾想總有一天要挑戰喜馬拉雅山。這個想法他從未對任何人提起，彷彿他和喜馬拉雅山的一個未踐之約，既祕密又神聖。當年那個心願，如今在他的腦海中，

是裊裊不絕，猶如未完的樂曲。

一九九二年，元清四十七歲，第二次當選嘉惠爾醫院的醫師主席。他覺得自己的事業到達了一個階段，是時候去赴年少時與喜馬拉雅山的這個約了。登喜馬拉雅山，的確也應當趁五十歲以前，體能還未衰退之前去挑戰。所以他對玉珠說：「我要找一個搭擋，一起去登喜馬拉雅山。」

玉珠看著元清添購的登山器材漸漸堆滿了房子，非常擔心，但她沒有表示反對。

有一位心臟科醫師，史蒂夫·拉佩爾，年紀與元清相仿，也喜愛大自然，攀登過兩次喜馬拉雅山，在醫院裡是出了名的既難纏、又話多。但元清覺得找他一起去，一定可以挑戰耐力。

元清與史蒂夫醫師決定一起去爬喜馬拉雅山脈的第三高峰——干城章嘉峰，九月出發。他們出發的日子，剛好也是孩子們學校開學的日子。

開學前一天，是勞工節。士程與士勳的小學舉辦募款餐會，元清和玉珠把家裡借給學校作為餐會的場地。餐會結束，玉珠收拾屋子，元清就收拾行李，去爬山了。

干城章嘉峰位於印度和中國的邊境，北側在中國，南側在印度錫金，元清與史蒂夫計畫從印度上山。兩人帶了許多行李，除了睡袋、帳棚、盥洗、手電筒等基本的用具以外，又帶了許多醫療用品。他們從洛杉磯出發，坐了二十小時的飛機到印度巴多格拉；又從巴多格拉坐了五個

小時的車，到喜馬拉雅山脈南麓的錫金邦。這是干城章嘉峰的山腳，海拔七千呎。

元清與史蒂夫在錫金邦的小鎮域松城，組織了一個登山隊。他們找了一個尼泊爾領隊，一個尼泊爾嚮導。嚮導認識路，領隊則通英文，可以當翻譯。另外找了十二個雪巴，都是尼泊爾人，幫忙搬行李。十二人當中，有兩人兼任廚師。

他們出發了。挑伕都是二十幾歲的年輕人，長得瘦而結實，頂著五、六十公斤的行李在頭上，空出兩手，走得很輕鬆。他們身強體健，腿腳輕盈，走平地時還不覺得，走山路時元清和史蒂夫都跟不上他們的腳程，領隊不時要喊住挑夫，讓他們慢點走。

第一天還算順利，元清和史蒂夫並不覺得很累，兩個人都笑著說：「這也沒有大家說的那麼難」。晚上在山麓上的營地紮營時，遇到另一隊登山隊，是五個從新加坡來的朋友，都是三十幾歲。大家在營火旁坐著，說說笑笑。在火光的映照下，每個人的臉龐都紅通通的。元清覺得自己又年輕了。

可是夜裡，他剛在帳棚裡躺下不久，就聽到痛苦的哀嚎聲，出於醫生的反應，他立刻爬起來查看，史蒂夫也起來了。原來是新加坡登山隊當中的一個年輕人出現了高山症反應，頭痛不堪，因此哀叫。兩個醫生趕緊拿藥給他吃。很有經驗的領隊也起來了，他看了這年輕人的情況，說：

一九九二年，元清攀登喜馬拉
雅山脈第三高峰干城章嘉峰，
於兩萬多呎山峰上留影。

「這不能再往上走了，要趕快下山。」

　　第二天早上，那隊新加坡人只好折返山下。發了高山症的年輕人無力行走，由挑伕背著下山。元清和史蒂夫等人繼續往上走，但再也不敢說「這也沒有那麼難」的話了。

　　往後幾天，山路越來越陡。走到山腰處，坡度竟有四十五度，爬起來很吃力。雖然山裡溫度很低，地上積雪，透著涼意，但每天太陽出來以後，頂著大太陽爬坡仍非常耗體力，因此每天清晨天還沒亮，領隊就把全隊人員叫起來趕路，中午再多休息一會兒。每天走八到十二個小時，只有中午能停下來休息，吃廚師煮的飯。漸漸進入高海拔的地區，空中飄雪，越來越冷，史蒂夫的鬍子、元清的眉毛上，都結了霜。大夥兒氣喘吁吁，爬得很吃力。但元清和史蒂夫都很起勁，因為離山頂越來越近了。

　　有一天，元清覺得特別累。晚上到了紮營的地方，正在搭帳棚的時候，他覺得胸口有些疼痛，接著就開始止不住地咳嗽。史蒂夫看他不太對，過來問：「你怎麼了？」

　　這時，元清竟咳出血來了，兩人都嚇了一跳。他們都是醫生，心裡清楚，元清才四十七歲，身體很好，竟然咳血，明顯是高山症引起的肺血管破裂，雖然看不見，但恐怕此時他肺裡已有積血。

　　史帝夫問：「你撐得住嗎？我們再兩天就能攻頂了！」

　　元清覺得胸口疼痛加劇，他搖搖頭：「有命上去，只怕沒命下來！」

他吃了點藥，舒緩了症狀，但既然出現高山症反應，一定要下山，否則只怕有生命危險。第二天，嚮導就帶著全員下山了。

　　他們走另一條路下山。下山的時候，經過一些喇嘛廟和山洞，這些是上山的時候沒有看見的。元清看著，覺得很有趣。晚上紮營的時候，如果附近有山洞，他就捨棄帳棚，抱著睡袋，跑去睡在山洞裡。他想起少年時沉迷一時的武俠小說，主角隱居深山斷崖之中，打坐、練功，曾令年少的他嚮往不已。他在這遠古蒼涼的山洞裡躺著，覺得年少時的幻想，從未像此刻這麼真實過。於是，他坐起來，盤腿運氣，闔眼打坐。

　　闔上眼，呼吸著山洞裡清涼的空氣，他覺得很平靜。在呼吸吐納間，眼前似有模糊的影像出現。慢慢地，那影像漸漸明晰，他看見一個女人的網眼布鞋，踩在廈門街道光潔的石板路上；他看見一群小學生從一片山坡地跑過去，採鮮豔紅紫的覆盆子往嘴裡送；他看見年輕的父親從懷裡取出一個紙包，從裡面拿出一塊奶油麵包；看見大腹便便的母親走過建中那飛沙走石的操場，手裡提著便當；看見自己手中握著手術刀，在大體老師的手上切下忐忑的第一刀；看見青春的妻，坐在新婚之夜的燭影搖紅下；看見家人在機場對自己揮手……他前半生發生的事情，像電影般，在他眼前演了一遍。他看見了玉珠，看見了父母親，看見了四個孩子。這部電影，演到他整裝準備去登山，便

戛然而止。他睜開眼，自己還是坐在同一個山洞裡，不禁感嘆自語：「人生就是這樣，過眼雲煙一般。」他又閉上眼睛，希望可以看見以後的事情，卻什麼都看不見。

第二天，他們經過一個藏傳佛教的廟宇，裡面有位講藏語的仁波切。元清和史蒂夫都覺得很好奇，想進去參觀。領隊會講藏語，就幫他們做翻譯。

元清問：「您修行了這麼久，能知道未來的事情嗎？」

仁波切答：「欲知未來，須先轉頭看看過去。」

元清沒有聽明白，心想：「這麼深奧，不愧是有修行的高僧。」但他不能體會，就沒有再繼續問仁波切。

交談中得知：維持這樣一個廟宇，一年只需八百美元。元清拿出八百美元奉獻。過了一年多，元清接到一封信，是用英文寫的，寄自錫金。信內說明是受仁波切所託，感謝元清奉獻的那八百美元，並一一說明錢的用途。他想，八百美元在美國做不了什麼事，但是在錫金，卻可以做很多事。他忽然很懷念仁波切和他的廟宇，而對喜馬拉雅山的思念又熱切地燃燒起來。

元清和史蒂夫決定再度挑戰喜馬拉雅山，並決意這次一定要成功。為了鍛鍊腿力，他們倆相約，每個週末都去洛杉磯近郊的亞凱迪亞，爬威爾遜山。剛開始鍛鍊時，他們從山腳爬上山頂，得花上五小時。玉珠和拉佩爾太太會開著車在山頂的天文台等他們，接他們下山。這樣鍛鍊了一陣子，兩人的體力大有進步，不但越走越快，上山只要

兩小時，還可以徒步上下山，不再需要太太們開車上山接他們了。

一九九五年，元清決定把握將滿五十歲前幾個月時光，再度挑戰喜馬拉雅山。這一次，他和史蒂夫的目標是世界第一高峰——珠穆朗瑪峰。有了上次的經驗，這次他們準備得更充分，添購了更多登山器材與醫療設備。整理行囊時，元清連開盲腸炎用的外科手術刀都帶了。史蒂夫笑他：「喂，馬修，你的盲腸不是早就割掉了嗎？帶這個做什麼？」

元清也笑：「我是怕你盲腸炎發作呢！史蒂夫。」

他們規畫從喜馬拉雅山北側的西藏上攻珠穆朗瑪峰，從尼泊爾過境中國。他們搭飛機到拉薩，在拉薩下飛機以後，才開始租車、招聘人員，組織登山隊。

從拉薩開車到喜馬拉雅山腳下，需要三天時間。到達喜馬拉雅山北麓的小鎮協格爾，在河流旁邊紮營。他們雇用的挑伕都是雪巴人，不住營帳，而是隨意睡在石頭下或樹下隱蔽處。雪巴人也不穿登山鞋，大部分穿拖鞋。

那天晚上睡得很好。一覺醒來，卻看見周圍有一百多個藏胞，把他們包圍起來。元清大為緊張，領隊來幫他們翻譯，說：「這些村民，聽說有兩個從美國來的醫生，要來找你們看病。」

元清和史蒂夫一聽，便在營帳裡攤開了醫療器材。最先走進來的是一個婦人，抱著一個約三個多月大的女嬰。

領隊說：「這個女人說，她的嬰兒眼睛裡吹進了玻璃，因此眼睛腫起來了，無法張開。」

他探頭一看，那女嬰的眼睛真的腫得像乒乓球一樣，裡面都是膿水。

透過領隊翻譯，他向那婦人解釋：「這是感染，要清洗然後塗藥，我先幫她清洗、塗藥，然後我會給妳一條眼藥膏，以後妳每天幫孩子塗三次眼藥膏。」

說著，他先幫女嬰沖洗眼睛，塗上眼藥膏。然後把眼藥膏拿給婦人。婦人高高興興地拿著眼藥膏，抱著孩子離開了。

接著走進來一個年輕人，腰間長了一個大膿包。元清看了，便拿出手術刀，把那膿包切開，只見膿血嘩啦啦地流出來，元清幫他處理好傷口，塗了藥。

病人絡繹不絕地進來，連村長都來了。元清和史蒂夫從清晨開始，看診看到下午三點多鐘。眼看日頭已經偏西，今天已經來不及上山。他們細細一看，發現這裡的每個孩子，或多或少都有點眼結膜發炎的現象，可能是村子裡衛生習慣不好。他們就拿了一打藥膏給村長。村長就帶他們去村子裡的醫務室。

醫務室在村莊的一角，是個很小很破舊的房子。元清走進去看，裡面是很小的一間房，不到十呎見方，有一張床鋪，一張桌子，一張椅子，一個火爐。一個病人躺在床上，一個醫生坐在椅子上。桌子上有六個藥罐，只有一個

藥罐裡有一些草藥，其他藥罐都是空的。那病人腳腫得像麵包一樣，醫生拿著三根針灸的針，在火爐上消毒以後，插在他的腳上。聽說那病人是從樹上摔下來受傷的，元清身為骨科醫師，一看就知道他是骨頭斷掉及脫臼，用針灸治療，是不可能會好的。但這裡並沒有其他的設備，這人三個月來只好每天一跛一跛地來這裡接受針灸治療。元清看了，憐憫之心油然而生。

領隊為那村醫介紹，說明元清和史蒂夫是從美國來的醫生。那村醫會講中文，看到元清，很高興，熱心地向他們介紹醫務室的設備，雖然這醫務室小得可憐，實在也沒什麼好介紹的。村醫說他住在這醫務室裡，那火爐是生火煮飯用的，草藥則是治療腹瀉用的。

閒談之間，元清知道這位村醫與他同年，都是四十九歲。兩人行醫的時間也一樣長。這位村醫一九七八年來接管這個醫務室，正是元清到洛杉磯的時間。這村醫已經在喜馬拉雅山腳下待了十八年，他唯一受過的醫療訓練就是針灸。說著，村醫拉著元清的手，說：「我最近也有點不舒服，來來來，你幫我檢查一下。」

元清拿出隨身帶的聽診器，先聽聽那村醫的心跳，每分鐘一百五十下，快得很不尋常。元清再壓壓那村醫的腹部，發現他的肝臟已經腫大了四、五公分，腹內並有積水。

元清問：「你該不會有喝酒吧？」

村醫笑答：「住在這裡，酒是一定要喝的。」

元清按著他的腹部說：「你看，這就是酒喝多了引起的肝硬化，還有腹水。」又指著村醫的胸部說：「你心跳得那麼快，一定是心臟衰竭。」

　　那村醫沒說什麼。元清又說：「你自己有肝病，別再喝酒了。應該找時間去成都好好看病，接受治療。」村醫搖著頭說：「那是不可能的。」元清再三問：「為什麼不可能？你一定要去治療啊！」村醫只是不住地搖頭，最後說了一句：「我會吃治肝病的藏藥。」

　　元清看了，非常難過。他不明白那村醫有什麼困難，但再三勸說都沒有用，也只好離開了。離去前他把一些藥物留給村醫。史蒂夫一直在旁邊看著，他不懂中文，不大清楚發生了什麼事。他們走出醫務室，元清很傷心地對史帝夫說：「世上人的命運怎麼有這麼大的不同，假如我生在西藏，用針灸治療骨折，自己又有肝硬化，那是什麼情況啊！」

　　這是元清第一次的義診。

　　他們又在營地住了一晚，隔天清早整裝出發去登山。才剛出發就發現，這回找的嚮導似乎不太靠譜。嚮導是位老先生，一手牽著女兒，一手拿著水壺，一路走，一路喝。那女兒還牽著兩條犛牛，一路上擠著犛牛奶喝。元清和史蒂夫都覺得這對父女實在奇葩。元清後來才知道，老嚮導的水壺裡裝的是青稞酒。看到嚮導酒不離手，他很擔心，暗想：「他若是喝得神智不清，迷路了怎麼辦？」

元清擔心的事，第一天傍晚就發生了。老嚮導迷了路，找不到紮營的地方，帶著一隊人在山裡亂轉，到天黑才找到地方紮營。往後幾天，他有時能在傍晚時找到地方紮營，有時到深夜才找到，有時則根本找不到。爬山的過程已經很辛苦，老嚮導這麼一攪和，元清和史蒂夫都有點受不了。領隊去跟嚮導交涉，叫他把酒收起來。嚮導終於不再喝酒，但並不是因為聽了領隊的勸導，而是因為他的酒喝完了。

他們終於找到了高山營地，已有來自西班牙、義大利、韓國的三支登山隊在那裡紮營，很熱鬧。那群西班牙人是專業登山隊，義大利人和韓國人則與元清他們一樣，是業餘愛好者。大家閒聊，西班牙人說他們這支隊伍已經成功登頂過一次，這是第二次挑戰喜馬拉雅山。

高山營地的主任名叫張建華，他看到會說中文的人，熱心地過來跟他們攀談。張主任是中華人民共和國第一支攻頂登山隊裡的成員。那支登頂隊有四人成功登頂，只有一人喪生。

元清說：「張主任，你有什麼攻頂祕訣，教教我們。」

張主任說：「攻頂只有一個祕訣，就是不怕死。」

元清把張主任的話翻譯給史蒂夫聽。史蒂夫大笑。

第二天他們起來時，西班牙人已經出發了。這天天氣很好。大家整理裝備，跟著嚮導再往上走。他們距離世界的屋頂只剩下兩千多公尺高差，專業登山隊大概九小時就可以完成，但他們是業餘人士，只能夠走多遠算多遠。上

午走得很累，元清跟史蒂夫都跌了幾次。中午休息一下，下午再繼續攻頂的時候，看到已經攻頂成功的西班牙人下山。兩隊人馬擦肩而過時，他們向西班牙人說恭喜，但西班牙人對他們愛理不理的，一行人非但沒有興高采烈的樣子，反而有些喪氣的模樣。走在隊伍最前面的老嚮導看見西班牙隊拖著兩個屍袋，大叫不好，趕緊上前去向西班牙隊的嚮導詢問情況。

原來屍袋裡裝著兩個雪巴人的屍體，其中一人已登頂八次，但這次下山時失足墜落山崖不幸喪生。西班牙人的嚮導告訴老嚮導：「上面已經開始變天，你帶的人年紀又大，又不是職業登山隊，走得這麼慢，萬一攻頂前風暴來了就糟糕了，這不是好玩的，勸你趕快帶他們下山。」

嚮導向領隊說明情況，透過領隊的翻譯，元清和史蒂夫也覺得此時攻頂太危險。他們商量一下，決定下山，在傍晚時回到了那個高山營地。

他們兩度挑戰喜馬拉雅山，兩度折返。晚上元清和史蒂夫在營帳裡，兩人都沉默下來。他們一致認為此行最有意義的一件事，是在山腳做的義診。回去時他們又經過那個村莊，元清特地去看了那個眼結膜發炎化膿的小女嬰。小女嬰的眼睛已經好了，她的母親也很高興，請元清和史蒂夫去她家坐。他們到了這對母女家，看見那房子是用石頭跟牛糞糊的。元清心想：「在這邊生活的人，實在辛苦。」他忽然有了強烈的願望，想投身偏遠地區的醫療。◆

第二十一章　塵緣終盡
慈母仙遊

　　元清和史蒂夫再也沒有回去喜馬拉雅山。那年年底，元清過完五十大壽，深感年過半百，實在不能不服老。往後兩、三年，他不時感覺到自己體力不如從前。他沒有注意到的是，自己衰老的同時，父母親也在快速地衰老。

　　一九九八年初，吳和忽然中風，左手不能動。元清把她送到聖蓋博醫院。醫師說有血栓現象，處理之後開了抗凝血的藥物給她吃。

　　住院三天後吳和回家，發現手腳無力，左手左腳行動不便。元清請了一個女看護，叫做艾琳，來照顧母親起居，侍奉湯藥。元清和已經上高中的士程、士勳，每天放學回來以後，都陪著祖母復健，練習走路。過了幾個月，吳和的病情漸漸有起色。到了五月，她已經不需要看護或孫兒的攙扶，可以自己走得很穩，整個人心情也開朗許多。家人見了，都覺得很安心。全家也一起享用母親節大餐。

　　母親節過後平常的一天，全家都出門上班上學了，只

有智煉在家陪著吳和。老夫老妻在客廳裡閒坐，智煉幫妻子按摩腿腳。自從吳和中風以後，智煉經常這樣照顧她。看看吃藥的時間快到了，智煉說：「我去叫艾琳來。妳就坐這，免動。」

吳和說：「吃藥我可以自己來，毋免別人伺候。」但是智煉已經起身上樓了。

吳和也站起來，跟在丈夫後面往樓梯上走。智煉有點耳背，沒聽到妻子跟在後面的細碎聲音。他正站在樓梯口跟艾琳說話呢，忽然聽到一聲巨響，回頭一看，不好，吳和跌倒了。

救護車把吳和送到醫院，正在工作中的元清和玉珠得到通知，都趕緊到醫院去看母親。

元清進到病房時，看見母親正躺在病床上，父親坐在一旁。吳和看到兒子來了，微笑著說：「沒問題，沒問題，我只是跌了一下，只要休息一下就好了。」

元清看到母親還能笑能說話，便放心了。他趕緊走到病床邊，握著母親的手，說：「阿母，好好休息，不要太緊張。」

吳和一直握著兒子的手。元清找話跟母親閒談著。吳和一開始還微笑著聽兒子說話，不時點點頭，但眼睛漸漸闔上，似乎要睡去的樣子。元清覺得不太對勁，讓玉珠去請醫生來。

醫生來了，用手指撥開吳和的眼皮，看了看眼底的情

形。元清就在旁邊，他清楚的看見母親瞳孔有放大的現象，不禁急了起來。此時醫生對家屬說明：「老太太半小時前剛送來時，我們給她做了腦部斷層掃瞄，我親自看過結果，沒有異常。但現在這個情況似乎不好，雖然才過半小時，我想我們還是再做一次掃瞄。」

掃瞄結果，吳和腦內有血塊，研判是剛剛形成的。因為跌倒造成腦出血，加上她這幾個月以來一直服用抗凝血藥物，導致腦內出血不止，造成積血，凝結成塊。

醫生立刻為吳和安排手術，取出血塊。吳和被送進加護病房。

往後幾天，吳和的情況越來越壞。她靜靜地躺在加護病房的床上，面上罩著呼吸器面罩，一動也不動，但臉皮迅速衰老。元清診所的工作全部暫停，自己則與玉珠每天二十四小時輪班照顧母親。智煉大部分的時間也守在醫院，只偶爾回家吃飯漱洗。奕君、士程、士勳每天下課都來看祖母。在聖地牙哥念書的賢達也回來了。

最後那一天中午，智煉、元清、玉珠都在醫院裡。吳和躺在病床上，手動了動，眼角抽搐。雖然吳和眼睛沒有睜開，但元清覺得母親似乎是醒了，就走過去，握著母親的手，輕聲喊道：「阿母，阿母。」

吳和忽然用力地捏了元清的手兩下。元清愣住，兩行眼淚順著臉頰滑下來。從前，母親帶小阿清上街時，母子一定手拉著手。穿越馬路時小阿清常常沒看來車，心急地

要跑到對面去，母親就會扯住他的手，用力捏兩下，說：「愛注意啊！」

這時候，元清覺得母親好像是最後一次叮嚀他「愛注意」。他盡量用平靜的聲音說：「阿母，您放心，我什麼事都一定愛注意。」說著，眼淚一直流下來。吳和的手軟下來，但元清還是把母親那隻手緊緊地握在手裡。

下午一點，吳和的腦波停了。醫生來了，看了看，說：「病人大腦已經停止活動，但是心臟還在跳。要不要用維生系統？最多可以延長壽命幾天。」

元清與玉珠都向父親智煉望去，但智煉只是默默搖了搖頭。元清就對醫生說：「我想我媽媽已經決定要走了。」

說完這句話，元清大慟，竟不能自已。玉珠也很悲傷，不住地流淚。智煉卻很平靜似的，撫摸著老妻的臉頰。士程和士勳放學趕來，看見祖母已經走了，都放聲大哭。士勳哭得尤其傷心，不停地喊：「阿嬤！阿嬤！」

那天晚上，元清和玉珠躺在床上，輾轉反側。聽到小兒子士勳在房裡嗚嗚地哭，哭聲斷斷續續，但一直沒有停。夫妻倆聽了，更加難過。元清說：「媽媽若是知道士勳哭得這麼悲痛，一定不忍心走的。」玉珠點頭，不停拭淚。

夜深了。這庭院深深的房子裡，萬籟俱寂，只有士勳的房裡，不時飄來嗚咽之聲。這安靜的大房子裡，卻沒有一個人睡著，每個人都在思念著妻子吳和、母親吳和、祖母吳和……。

智煉與吳和牽手五十五年，智煉一生熱心公益，最辛苦的是吳和。吳和生養了六個兒女，放棄了自己喜歡的教職，專心撫育六個孩子以外，就是忙著幫夫婿處理醫院的事務。尤其遇到貧病交加的人，智煉負責醫病，吳和就要幫著煮吃的喝的溫飽他們，還得從家用中勻出些錢來救濟他們。嫁了一個興之所至的丈夫，智煉想到就做，吳和只有配合，從無怨言。

　　別人都以為當醫生的應該荷包飽滿，醫師娘也應該錦衣玉食享受慣了。一般的醫生也許是如此，但智煉可不是一般人。他像散財童子般的樂善好施，到退休那一天，所有的產業都已變賣一空，一生辛勞，剩下的只是六個孩子。

　　玉珠常對元清說：「沒有媽的教導，你哪來這麼好的人品，哪能成為這麼有愛心的好醫師。」想起婆婆的種種好處，幫自己坐月子、帶孩子，玉珠也懷念不已。

　　士程與士勳兩個孩子，尤其是士勳，從小在祖母吳和的照看下長大，祖孫感情深厚。一九八一年，吳和跟智煉來美國，之後一直跟元清一家人住在聖瑪利諾。父母親剛搬來的時候，元清還休假三個星期，每天帶爸爸媽媽練習搭公車出門。智煉與吳和語言不通，一開始搞不清路線，元清就教他們：「看到這棵樹，就是快要到家了，要準備下車。」老人家竟學得很快，三星期不到，已經可以搭公車跑遍洛杉磯。

　　吳和本來是小學教師，十分疼愛小孩，對孩子們都很

有耐心。她教孩子玩台灣人的童玩，講台灣人的故事，唱台語童謠哄孩子睡覺。在祖母照顧下長大的士勳，國語不靈光，但是台語講得很流利，去台灣探親遊玩時講起台語，沒有人猜得到他是在美國出生長大。

玉珠的房地產管理越做越成功的同時，孩子們跟祖母的感情也越來越好。元清每年固定帶全家出遊一次，有一年全家同遊洛磯山，在山上健行時，士程、士勳兩個孩子，一左一右地攙扶著吳和，同團的老人家見了，都羨慕不已，吳和當然也十分高興。

孩子們都上學以後，吳和空閒了，每天跟智煉一起搭公車上花市，每星期一起搭公車去中國城跟朋友吃飯，有時候老夫老妻還自己搭公車去迪士尼樂園玩。

吳和給家人留下很好的回憶。她走了，丈夫、子女、孫子女都極悲痛。

十天後舉行告別式。準備十分妥善。元清恭恭敬敬地寫了訃告，把母親的生平交代得極為詳盡。姊姊弟妹們都從四方趕來參加母親的葬禮。每個人都寫了一段追憶母親的話。元清的四個孩子們，和幸惠的大女兒昱馨也都各寫了一段話。士勳寫的是：

親愛的祖母
我記得每天早晨在我的搖籃裡醒來
尋找您的身影，確定您沒有離開

我記得每天晚上在您溫柔的呢喃中睡去

聽著您的聲音，確定您沒有離開

我記得握著您的手

緊緊握住，確定您沒有離開

您的笑容照亮我的每一天，如同月亮照亮黑夜

您的愛像熊熊燃燒的火焰，溫暖了我

現在您走了，但是您永遠在

在我的心裡，我的腦海裡，我的靈魂裡

這段話是用英文寫的，因為士勳的中文並不怎麼好。但是每個人讀了都覺得感動。

自從元清一九七三年赴美以來，這是他們兄弟姊妹六人二十五年來第一次齊聚一堂。大家都很感慨。雖然是在悲傷的氣氛中，卻有那麼一絲欣慰的感覺。大姊幸惠本身是慈濟志工及作家，丈夫憲壽現在臺北醫學院擔任教授。津津的醫師丈夫文祥現在巴爾的摩的榮民醫院擔任醫務主任，娟娟的牙醫丈夫德福則在台南執業。元彬從南加大牙科畢業以後，也在美國開業。元灝現在是腎臟科名醫，曾在基隆火車站前的仁祥醫院擔任院長，同時自己也開了洗腎中心，照顧病患。

吳和女士，蓋棺論定，可以說是母儀足示，她的六個兒女各個有成，又有孫兒女十二人，承歡膝下。與智煉在美國安享退休生活，看著可愛的孫兒孫女們成長，是她一

生中最快樂滿足的時光。家人們對她的不捨，道盡了她對丈夫及兒孫們一生的關愛與無所求的付出。

元清經過精心挑選，安排母親葬在佛光山玫瑰陵。那裡早晚香煙繚繞，梵唱不絕，香花燈果常年供奉。元清來這裡看過環境以後，覺得很滿意，生者、亡者都可在此得到心靈的慰藉與寧靜。

吳和生前不喜鋪張。葬禮前一天晚上，大姊幸惠對元清說：「小時候，媽媽最疼你。什麼最好的，都給了你。」長大以後，元清身為母親疼愛的長子，似乎是理所當然地負起了奉養父母的責任，但他醫務繁忙，自問奉養有餘，陪伴不足。這麼一想，元清便低下頭，對姊姊說：「是的。媽媽把她最好的給了我，我卻沒能把我最好的給媽媽。」他想起母親去世時，用力捏了自己的手兩下。那也許是母親把最後的力氣，用來叮嚀自己。想到這裡，他又流下眼淚，喃喃地道：「媽媽，原諒我沒有報答您，沒有把最好的留給您。我會好好照顧爸爸的。」

吳和的大女兒幸惠長大以後，在佛教慈濟功德會當志工，又介紹母親進入慈濟。吳和加入慈濟的志工行列以後，便專心向佛。他們每個星期搭公車去洛杉磯市中心的花市，買蘭花供在慈濟的佛堂，智煉去慈濟園區免費幫居民量血壓。

葬禮結束後，元清想念母親，駕著車，不知不覺來到慈濟，看到母親中風倒下前供奉的花，仍然供在佛堂。他

一九九七年七月，父親智煉九十大壽，雙親身穿慈濟委員制服，與元清一家六口合影（上圖）。父親林智煉與母親吳和結縭五十五載，孕育六名兒女卓然成立（左圖）。

且喜且悲，心想：「這就叫做遺愛人間。」

吳和往生，到葬禮結束，智煉都表現得很平靜自在，不像小輩們哭得那樣傷心。一天晚上，玉珠對元清說：「爸爸這麼豁達地面對生死，真了不起。」

元清說：「是呢。」正談話間，卻聽到樓下有細碎聲響。元清披衣下樓一看，看到父親坐在客廳裡。

「阿爸，您還未睏？」

智煉說：「睏未去，起來坐坐。」

元清說：「阿爸，我扶您回房躺著。」

智煉卻說：「毋免，坐坐就好。嘸係攏講躺著睏未去，坐著直哈欠？」

元清只好自己回房，但總覺得擔心。

第二天，智煉起得比平常更早。但元清注意到父親臉色很差，非常擔心。往後幾天，智煉精神逐漸萎靡，夜裡不能成眠，白天神情恍惚。元清見狀，心裡明白，父親表面上看來平靜，其實還是承受不了母親往生的打擊。他每天晚上到父親房裡，陪父親睡。這時候已經放暑假了，賢達也回家裡來住。三兄弟每天晚上輪番幫祖父按摩，希望他睡得舒服。智煉此時已高齡九十，原本身體健康，精神愉快，不顯老態。但這段日子以來，卻似乎老了許多。不出門，也不去院子裡蒔花植草，走起路來駝著背，腳步卻越來越輕。

直到年底，智煉的情況不但沒有好轉，反而心臟病發，

做了兩次心導管手術，又裝了心律調整器。玉珠說：「爸爸一定是傷心過度。」

智煉躺在醫院的病床上，元清來看他。

元清說：「阿爸，您莫胡思亂想，好好休息。」

智煉半閉著眼，說：「我會，你免煩惱。」

沒有了吳和，智煉在家時，大部分的時間，都在花園中蒔花植草，不時吟唱著逗趣的小曲：「一只不比兩只嬌，三寸金蓮四寸腰，要買五六七束粉，打扮八九十分嬌。」

士勳偶然聽見祖父唱台語小曲，好奇問道：「阿公，你唱的三寸金蓮四寸腰，是不是在說阿嬤？」

智煉慧詰地笑著，才不說出他的答案。◆

第二十二章 返鄉救災
山中六日

一九九九年九月二十一日凌晨一時四十七分，芮氏規模七級強震重創台灣中部。這是台灣自第二次世界大戰後，傷亡損失最大的自然災害。共有兩千餘人死亡，一萬餘人受傷，二十九人失蹤，五萬一千餘間房屋全倒，五萬三千餘間房屋半倒。

震央位於南投縣集集境內，肇因於車籠埔斷層的錯動，在地表造成長達八萬五千公尺的破裂帶。

元清在洛杉磯，聽到家鄉傳來的消息，立刻打開電視收看新聞，關切災情。只見房屋倒了，橋梁斷了，道路崩壞，屋頂塌陷，怵目驚心。

那天晚上，元清很早就寢。但是他睡不著，頭腦一直漫無目標的思來想去，回憶著童年在集集的歲月，又想像著此刻的集集，歷經強震以後，該是什麼樣的光景？新聞敘述，強烈震動一直持續了二十多秒。鎮上每個人都被驚醒了吧？有人被塌陷的建築物壓傷或埋入瓦礫堆吧？有人

在餘震過後冒險回到半倒的房屋裡，想要挖出被埋在瓦礫堆中的親人吧？在水電全斷、通訊全無的黑夜中，他們承受著什麼樣的恐懼？

他越想越難過，第二天看早報，得知支援的醫護人員及急救物資正陸續到達災區。他也想為集集鄉親做些什麼，便打了幾次電話到埔里基督教醫院找黃蔚院長，但是電話一直都打不通。

他想了想，試著打電話給同為骨外科醫師的大學同學杜長華，電話一下子就接通了。巧的是，長華也正在南投救災。

「喂？阿清啊！哦，我人已經到了南投的體育館廣場啦！」長華的語氣很急促：「很多房屋倒塌，災民都住在帳棚裡，還好，有很多志願醫護人員來幫手，但是情況緊急，日用品跟食物沒有帶夠，一開始緊急醫療架構也還沒建立，很混亂，第一天我根本找不到病人……現在情況慢慢有改善啦，我過幾天就要回台北了，現在很忙，你有事找黃院長講啦！」

元清還想問問目前的進展，但長華已經掛了電話。元清鍥而不捨地試了幾次，終於接通了黃蔚院長的電話。聽完元清的自我介紹，黃院長說：「林醫師，謝謝您，我們現在有來自全省各醫院的醫師支援，人手足夠。但他們多數人下星期就要回去了，您如果可以的話，請一個星期後來我們埔里醫院支援吧。」

兩人又聊了一下。原來地震當天，黃院長剛好北上為埔里基督教醫院募款。回程剛到埔里時，車子忽然劇烈震動，一開始搞不清怎麼回事，看到眼前的大樹分兩邊倒了下來，才知道是地震了。他們趕快回到醫院，醫院建築已經嚴重受損，水電全斷。全體工作人員以最快的速度，像平時重大災難演習時訓練的那樣，將所有病人，用擔架、用床單，從樓上搬運到戶外的安全地點安置，並架設好臨時急診中心。才剛做好，來求救的急診傷患，就從四面八方蜂湧而來，許多人從瓦礫堆中徒手挖出自己的孩子，孩子全身布滿沙泥，大人手腳布滿傷口。有些孩子瞳孔已經放大，有些已經斷了氣，但家長們都不願相信孩子已經走了，醫師們也盡力繼續搶救，不論大人小孩，不論有沒有氣息，每一個都用氣管內插管、施以心肺急救及心臟電擊，後來醫院所儲存的上百支氣管內插管全都用完了，垂危的病人還是繼續湧入醫院。

　　黃院長沉痛地說：「同時看到幾百個受傷的災民，第一天在急診室裡就死了三十五個人，那一整天就像在地獄裡度過。我們同仁真的很努力地試圖挽救每一個生命，但是當看到父母痛失親人的悲痛，看到年輕生命的流失，真是無助啊。」

　　元清真誠地說：「我相信你們也救活了很多原本以為已經斷氣的小孩。我要向您，及所有醫護人員、醫院員工致敬，您們盡全力守護生命，盡到了醫護人員的天職。」

掛上電話，他馬上去邀請洛杉磯當地的內科張英明醫師、外科邱俊杰醫師，一起返台支援災區。又向嘉惠爾醫院募捐了十箱所需要的藥品、器械，同時備妥了自己常會用的外科器械及藥品。

　　九月三十日晚上十點，三位醫師一起搭機返台。玉珠也以原護士的身分，同行支援。他們一行四人，帶了十箱醫療用品。

　　元清的老鄉、前立法院副院長沈世雄，在桃園機場迎接這四人救災團，一同前往埔里。一路只見斷垣殘壁，很多房屋一樓完全塌陷，二樓變成一樓，攤在地面上。看到新聞畫面真實地呈現在眼前，大家都很難受。到埔里時，黃蔚院長剛好視察回來，看到他們，很高興：「見到你們太好了，現在人手不足，但是衛生署又有新規定，山上交通無法到達的村落要派醫師駐診。你們來得正好。」

　　工作很多，但此時天色已暗，得先解決住宿問題。當地無處可住，沈委員幫著安排他們先到松柏坑住一晚。路上元清想繞道回集集老家看看，沈委員便帶著大家一同前往。道路多處坍方斷裂，一路走走停停，又下起大雨，車內大家都沉默著，氣氛很凝重。不知過了多久，沈委員才開口：「我們到集集火車站了。」

　　元清探頭一看，只見他兒時最喜愛的玩耍地點，大半塌陷，站前空地搭滿災民棲身的帳棚。他們前往集集舊街，街上竟沒有一棟完好的房子，元清看到母親從前經常去拜

拜的媽祖廟，竟也全倒，不禁一陣心酸。此處道路嚴重毀壞，車子無法前行，元清冒著大雨跑到廟口對面智蟬堂叔的家。鎮上斷水斷電，堂叔正坐在門前廊下，用撿來的柴枝，煮著溪水，泡著烏龍茶喝。元清看到堂叔苦中作樂的樣子，難過得說不出話來。堂叔卻說：「我們家房子還沒有倒，很福氣啦。」元清四處看看，這附近的房子多半也都倒了。

離開集集時，大家心情都很沉重。晚上到達松柏坑，卻見此處的房屋沒有損害，大感驚奇。當晚他們就住在松柏嶺，沈委員招待醫師們吃了一頓家常素菜，這是他們這兩天來吃到的第一頓熱食，大家都既感激又滿足，一夜睡得很熟。

第二天早上五點鐘，他們就起床了，早餐後便驅車前往埔里。這一天是星期天，很多人到災區探視親友，造成交通堵塞，原本四十分鐘的車程，他們竟走了兩個多小時，才到埔里基督教醫院。

一到醫院，就正式開始工作。黃院長拜託元清進駐仁愛鄉法治村，但那是一個山中的布農族原住民部落，唯一的聯外道路在地震中震毀，直升機隔天才會到。這一天元清就先到埔里鎮內，那裡有一個醫院與中台禪寺合辦的醫療站，上星期有一組長庚醫院的醫師在此支援，但他們現在已經回台北了。埔里基督教醫院拜託其他兩位醫師接手，元清也來幫忙。

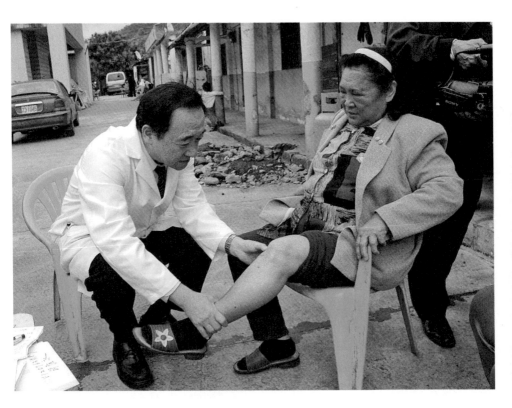

二〇〇六至二〇一〇年，與慈濟
關山醫院醫師，巡迴於南橫山區，
為當地住民提供醫療援助服務（上
圖）。九二一大地震，震央恰是元
清故鄉南投集集。元清緊急自美
返台，搭直升機到仁愛鄉法治村，
設醫療站，服務災民（左圖）。

這一天他們看了三百多個病患。元清在外科部門，看到割傷、燒傷、傷口感染、慢性傷口潰瘍，甚至其他手術後遺症的病患。有一個病人，胸骨的傷口已經流膿五個多月，是細菌感染引起的化膿性骨髓炎。元清叮嚀他：「這一定要到台中的大學醫院去求診，清理傷口、取出裡面感染細菌的壞死骨頭。」

　　交代著病人，元清心裡想著：「這並不是在地震中受的傷，看來這次地震，真是震出了很多鎮上不為人知的艱辛啊！」

　　大約下午四點多鐘的時候，有一位中年婦人，騎著摩托車載著她八十五歲的老母親前來求診，元清看那老婦人跨下摩托車後座時走路一跛一跛的，趕緊上前請她坐在輪椅上，再推她進來看診。

　　這老太太年紀雖大，但說話聲音還是很宏亮，帶著南投人特有的鄉音：「醫生啊！昨天我不小心踩到地上的瓦礫跌倒，現在膝蓋跟屁股都很痛，沒有辦法使力走路。」元清在檢查時，發現任何臀部關節的稍微移動，都會引起病人巨大的疼痛，根據經驗，他判斷這是尚未移位的股骨頸骨折。

　　元清說：「這一定要先到醫院照 X 光，然後住院治療。」老太太卻說：「那也要先回去煮飯給爸爸吃，再去醫院。」說著，母女倆便走出去，又乘上摩托車。元清趕快衝出去，想要阻止，但摩托車已跑遠了。元清站在原地，

目瞪口呆，說不出話來。這要是在美國，早就讓病人躺下，叫來救護車，直接送去醫院了。看著那遠去的摩托車，他真不知道該讚美台灣人的韌性，還是感嘆他們的認命。

晚間八點多，這對母女才坐著摩托車回來，帶著埔里醫院照的 X 光片。元清一看，果然是股骨頸骨折，便安排次日手術。

當晚醫師們住在埔里托兒所，一間教室住了四十多人，卻只有一個洗澡的地方。四十幾個醫護人員，拿著臉盆排隊洗澡，元清洗完澡已過午夜，累得一躺下就睡著了。

雖然睡得晚，第三天早上他六點就起床了，先趕到開刀房，為那位股骨頸骨折的老太太做手術。才剛縫合好傷口，就接到黃蔚院長的電話：「喂，直升機已經到了，馬上要飛去法治村，你也馬上來！」

結果也來不及換下手術衣，只帶了一點日用品，他就匆匆忙忙地上了直升機。機上還有兩位台中來的護理師，另外載了四包大米及其他食物。

到了法治村，他們在村子後面的一棵大樹下，把藥品箱打開、醫療器材放置好。這就是醫療站了。元清立刻開始看診，什麼樣的病都有，發燒的、咳嗽的、喉嚨痛的、腰痠背痛的……最多的是痛風。有的病人，因為痛風石的沉積，手指腫脹、扭曲、變形。有的年輕人，因為膝痛，拄著木棍兒，蹣跚地走來醫療站看診。

護理師告訴元清：「之前道路還沒斷的時候，巡迴醫

療車每三天來一次，一次給三天的藥，三天過後就沒有藥了。這一次交通已經斷絕兩個禮拜，所以大家有什麼病，都發作了。」

元清看到痛風引起關節炎的病人很多，覺得這跟原住民長期飲酒的生活習慣很有關係。他隨口問一位病人：「你一天喝多少酒？」

那病人說：「有多少酒就喝多少。」元清又問了幾位病人，他們的回答都一樣。

元清很感慨，心想：「好個樂天知命的性情，但就是這樣，傷害了他們自己的身體。」

那天看診到五點多，看了七十幾位病人，晚上住在一間教堂。本堂在地震中震毀，他們住在旁邊的靈修堂。裡面很寬敞，但沒有水也沒有電。安頓下來以後，元清和護理師們走路到一位志工家裡洗澡，這位志工姓楊，大家稱她「楊姐」。

洗完澡以後，楊姐煮麵條給醫護人員們吃，因為沒有電，大家就在院子裡點蠟燭、摸黑吃麵條。

元清看著滿天星斗，興致很好，說：「這也算是五星級的晚餐了！」說著，他們看到一位老人家拄著木棍，一跛一跛地走過院子前面。

楊姐叫住他，用布農族語問：「喂！你幹嘛呢？」

老人說：「因為咳嗽及胸痛，想要去村後的大樹下的醫療站找醫師。」

楊姐說：「醫師就在這裡，不如你先坐下來，吃碗麵。」

元清幫老人家做了檢查，看起來是氣管炎，便拿了一些藥給他。老人聽說元清住在靈修堂，說：「那靈修堂後面的山土石鬆動，隨時可能崩塌，要小心啊！」

元清謝謝老人家的好意，飯後還是摸黑回到靈修堂。他看了看後面的山石，覺得應該不會崩落下來。累了一天，他早早就在靈修堂躺平了。才睡著，就被一次小地震搖醒過來。整個晚上斷斷續續有十幾次震動，每次都是先感覺到震動，然後聽到似乎是大地的一聲怒吼，緊接便是不斷的隆隆聲，地面也搖晃不停。元清剛開始嚇了一跳，但實在太累，慢慢也就睡著了。

第四天清晨，他在大地的吼叫及搖擺中醒過來。四周一片漆黑。靈修堂裡也沒有水。他摸黑走到附近山泉水流過的地方，盛了一些水回來梳洗，然後到後山走走。此時天色漸漸亮了，他沿著清澈小溪走向高處，看清楚法治村原來是河谷間的一個小村莊，山明水秀，是個適宜居住的好地方。他想繼續往上走，但前面是一個剛剛崩塌的一千多呎深的斷崖，已經無路可走了。他只好回到山下。

這天他們在當地學校籃球場旁邊搭了兩個帳棚，把醫療站搬去那裡。元清看到昨夜拄著木棍的那位老人已經坐在醫療站，等著看診。他用簡單的布農族語問候老人，老人也用布農族語，滔滔不絕地講了起來。元清只聽得懂一半，趕快請志工來翻譯。

透過翻譯，元清知道老人的咳嗽及胸痛全好了，現在就是右膝蓋痛，走路困難。他檢查老人的右膝，並沒有腫脹或生水，只是內側疼痛。

　　元清說：「阿伯，您沒有受傷，這只是退化性關節炎。」說著，教老人家做了幾個膝蓋運動，開了點藥給他吃。老人家千謝萬謝，高高興興地離開了。

　　元清看了，也很高興。剛好這一天族人都去萬豐那裡搬米糧了，上午病人比較少，只有二十幾個人。他就用看診的空檔，做了一份布農族語的小抄。接下來看病，他都用布農族語問候，病人都很驚喜。

　　族長看到元清用布農族語問診，笑著說：「林醫師的布農族語講得比宋省長好，希望你常常來看我們。」又教元清唱布農族的飲酒歌。病人張太太原本住在豐原，女婿在法治村用一百八十萬元買了七分地來種蘭花，她與她丈夫就搬了過來。她邀請元清去她家吃晚餐。

　　醫療站的門診看到下午五時，大家收拾好帳棚，再將藥品箱帶往教室裡存放，以免下雨淋濕。兩位護士及社工到楊姐家洗澡，元清則走路去張家吃晚餐。他沿著溪畔的小路走了二十多分鐘，到了張家門口，聞到飯菜的香氣，正要敲門，有人從後面叫他：「林醫師！林醫師！」

　　原來楊姐騎著機車追過來了：「林醫師，有一個六歲的小女孩跌倒，前額撞到石頭，破了一個很大的傷口，我才騎機車來這裡找你。」

他們一起騎機車回去，路上機車內鏈竟然斷了，兩人只好推車回楊姐家。一群人在排隊等著洗澡，受傷的小女孩也坐在那裡，正在哭著。元清看了一下，孩子前額頭皮三公分的傷口深到骨膜，染有沙石，幸而並沒有其他受傷或腦震盪的現象。取來消毒的器械後，元清先將傷口清洗乾淨，再進行局部麻醉，此時天已經黑了，他在手電筒的照明下，用尼龍線小心縫合傷口，為了顧及小女孩將來的面相，特別縫合得仔細。傷口包　好後，他們才回去張家吃飯，喝主人自釀的桂花酒，賓主盡歡。

　　晚上，元清從溪裡取水，回到那半毀的教堂裡洗冷水澡。這幾天一直餘震不斷，白天感受不強烈，但此刻元清躺在靈修堂裡，小砂石一直從天花板上落下來，很擾人。他只好用被單蓋住頭臉，好不容易熬到天明，起身走路到醫療站。

　　昨晚沒睡好，他有些疲倦。但中途遇到昨晚縫針的小女孩，看到那女孩活潑地蹦跳著，他也精神大振，心情愉快地走進醫療站，開始看病人。這一天恢復上課，校園裡朝氣蓬勃，有些學生們好奇地來醫療站圍觀，又叫又跳，照相留念。

　　中午休息時，元清想去散散步，沿著山坡路往萬豐的方向走去。這山坡路窄又陡，走得正累，卻看到半山腰有一人正走下來，赤膊著上半身，手上拿著一把柴刀，背後揹著一大捆木柴，像是剛從山上砍柴下來。兩人走近，元

清才看清是那天半夜遇到的拄木棍老人。這麼一看，老人的身體竟還硬朗得很。老人也還記得元清，謝謝他的治療。

　　元清繼續往山上走，風景很美，但路基都崩塌了，他不敢再往前走，只好回去醫療站，心裡暗暗佩服老人。下午繼續看病，遇到一個腹膜炎的中年人，為了謹慎起見，元清讓他搭直升機回埔里醫院治療；一個出水痘的小孩子，給了抗生素與退燒藥。空閒時醫生與部落的長老們聊天，長老都說這一次的地震，是山神的憤怒。

　　夜裡元清回到靈修堂，才睡著就被餘震搖醒；遠處傳來大地的怒吼之聲，頗為嚇人。他思考著白天長老的話，久久不能成眠，用床單覆蓋著頭臉，避開天花板震落的泥沙，閉目養神，等待天明。

　　第六天是元清在法治村的最後一天。梳洗過後，打包妥當，便提著行李離開教堂。走了幾步再回頭看看這幾天住宿的靈修堂，緊鄰其後的那座山的確有很多土石鬆動，但較大塊的巨石只落到山腰，還沒有壓到靈修堂。

　　去楊姐家話別後，元清與兩位護理師便提著行李到國小操場等直升機。等了三個小時，直升機遲遲沒有出現，施警官用衛星電話與山下指揮中心連絡，才知道山下有小雨，且雲層太厚，因此直升機都在待命，而且明後天還有豪雨特報。

　　三位醫護人員聽了都說：「這樣的話，如果今天不離開山區，可能再三天也走不了。有沒有其他方法下山？」

施警官說：「不行，萬豐的河水漲了，水深及胸，根本無法通行，另一邊也是幾百公尺的斷崖，很危險，也走不過去。」

這時候，剛好有一位台電的工程師準備要下山，聽說此事，就來找他們：「武界水壩地下五十公尺處有一個排洪道，平日將水排入日月潭，這次地震，因為日月潭水壩可能有裂縫，因此我們正在檢修，暫不排水。那排洪道全長十六公里，現在有一部小工程車正要開出去，不如你們也一起來？」

三位醫護人員決定搭個便車，由武界水壩的地下排洪道出去。施警官領著他們走上山去，經過台電大樓。施警官說：「這是地震前三個禮拜才驗收的新蓋大樓，這麼快就震塌了。」

台電大樓裡已空無一人。施警官快步爬過吊橋，爬上水壩，看到底下有一輛小型工程車正要開走，連忙叫他們等著，回頭隔著溪流，對醫護人員們大喊：「趕快過來！要開車了。」

元清與兩位護理師背著包袱，提著行李，走過吊橋，爬上山坡。一路上吊橋搖晃，泥土鬆動，山坡陡斜，落沙走石，三人走得氣喘如牛。元清覺得前次去爬喜馬拉雅山都沒有這樣困難。他們爬上水壩以後，又沿著鋼架向下爬行五十公尺，才到達地下的排洪道。小型工程車上已經有五位工程師在等著。三位醫護人員爬上車，拿過工程師遞

來的雨衣穿上，車子就一路開進了排洪道。車顛簸得很厲害，大家都站著緊抓車上的鐵架，一路上漏水不停地從排洪道頂上滴下來，彷彿雨中行車。車前小燈幽微地亮著，車後則是一片漆黑；許久已接近日月潭，才從排洪道的另一頭出來。

當天元清回集集祭拜祖先，小學同學熊俊平來看他，開車載他去草屯。俊平現在已經是南投縣議員了。老友相見，彼此都有今夕何夕之感。車窗外的景色飛速向後掠過，雖然才剛下山，元清卻奇異地感覺到那山中六日，彷彿已是很久以前的事。◆

第二十三章 華醫從政 改寫歷史

　　一八八五年，感恩節快到的時候，一個哭聲宏亮的男嬰，誕生在南加州一個富裕的家庭。這家人按照男主人的名字，把孩子取名為小喬治·巴頓。小喬治健康活潑，常常跳進附近的一個湖泊裡游泳。他長成一個驍勇善戰的男人，在第二次世界大戰的歐洲戰場上指揮美軍攻城掠地。他就是美國人的民族英雄，血膽將軍巴頓。

　　巴頓將軍的父親老喬治·巴頓，和有鐵路大王之稱的亨利·杭廷頓，共同致力於當地建設，一九一三年在此建立了一個美麗的城市。巴頓和杭廷頓對這個城市懷抱理想，按照西方世界第一個民主共和古國的國名，把這城市叫做聖瑪利諾市。老喬治·巴頓成為第一任聖瑪利諾市長。

　　在巴頓將軍有生之年，聖瑪利諾都是一個純粹的白人城市，並且是中上階級白人的聚居地。地契上明文寫著，房屋不可以賣給黑人、猶太人、黃種人。據說中國航天之父錢學森一九四〇年代在加州理工學院任教期間，想在聖

瑪利諾購屋，被賣家以房子不賣黃種人為由拒絕，憤而搬回中國。六〇年代以後，有色人種才開始移入聖瑪利諾。

巴頓將軍出生後一百年，來自台灣的年輕醫師林元清搬到聖瑪利諾。他是一個熱心公益的人。往後二十年，元清先後成為嘉惠爾醫院的醫師主席、嘉惠爾醫院董事、洛杉磯醫師協會主席，並長期參與洛杉磯醫學會政治促進會的工作。

回台灣家鄉參與集集地震救災工作後第二年，有一天晚上，元清與幾個熱心政治的華裔社區人士，在共和黨眾議員卡洛斯‧穆爾黑德的募款餐會上，同坐一桌。大家閒聊著，話題很自然地就轉到明年的聖瑪利諾市議員選舉。

此時聖瑪利諾的華裔越來越多，自九〇年代初期，每兩年一度的市議員選舉，華人社區都會推派一位代表出來參選，但至今沒有華人選上。現在坐在這張桌子邊上的，就有兩位曾經出馬競選的華裔人士，一位是耳鼻喉科醫師翁家倫，一位是房地產經紀人孫渝今。他們各參選過兩次，但兩人兩次都沒有成功。

大夥聊著聊著，只見翁家倫說：「這次該輪到林醫師出來選了。」此話一出，大家紛紛附和：「對啊，對啊！」「林醫師來美國二十幾年了，小孩也大了，可以出來選一選了吧！」

元清心中暗暗盤算：每次市議員選舉都是兩、三個席位，每次都有兩、三個白人出來競選，白人總是篤定當選，

華人出來只是當個炮灰，何必扮演這吃力不討好的角色？這樣一想，他心裡著實不樂意做這隻出頭鳥，便陪個笑臉說：「翁醫師，孫先生，你們兩位有經驗，再出來選一次不好嗎？我會協助你們的。」

孫渝今搖著頭說：「不行，不行。這次得換人選了。」

元清仍然推辭，大夥兒開始起鬨，有人叫道：「林醫師，你不要這麼自私！」

元清聽到這話，他說：「那我就出來選一次，不管會不會上，你們以後不要再說我。」

當時是九月，選舉日是次年三月。元清想了一下，覺得還有時間準備。既然決定參選，他便全力以赴。

沒想到，報名截止日之前，竟有兩位華裔人士，在最後一刻也報名參選。一位就是孫渝今，另一位是南加州中國大專聯合校友會會長許世堯。這兩個人在穆爾黑德的募款餐會上，都曾起鬨鼓吹元清出來競選。元清覺得被擺了一道，有點失望。

他跑去找孫渝今：「渝今，你為什麼要這樣呢？早知道你要選，我就不出來選了。」

孫渝今說：「唉，我也不知道啊，是那些白人推我出來選的，他們說我們會當選。」

孫渝今口中的「白人」，是一群在聖瑪利諾有政治影響力的人。孫渝今當時是聖瑪利諾城市俱樂部的主席，與這批人表面上關係不錯。聖瑪利諾城市俱樂部主席一職，

向來是市議員跳板，過去好幾位市長，都是城市俱樂部主席出身。元清聽了，心中叫苦，暗想：「我們被耍了，這是白人安排的局，華人選票一分散，我們一定會選輸的。」

除了他們三人，還有一位廣東來的律師，姓李，也出來競選。現在，三個市議員席位，共有三個白人、四個華人候選人角逐，競爭比往年都激烈；四位華裔候選人瓜分華人社區選票，選情更不樂觀。選戰開打，元清騎虎難下，只好硬著頭皮競選。

有一天，元清去參加華人協會的聚會，在場約有五十幾人與會。元清看見市長貝蒂·布朗也來了，便上前打招呼，布朗並不認識他，問道：「你認識想參選市議員的林醫師嗎？是哪位啊？」

元清說：「我就是啊！」

兩個人都尷尬地笑起來。元清說：「我是政治素人，不懂競選。妳有沒有什麼建議？」

布朗說：「你認識退休市議員哈勒姆嗎？他也是政治素人，一九八〇年出來競選，打敗曾經連任十六年的老市長小瓊斯當選了。你可以去請教他啊。」

布朗又說：「我們的市議員本來就是一個榮譽職，並沒有津貼，卻有很多事情要做，大家都是抱著一個為社區服務的心態出來競選。你就盡力而為吧！就算沒選上，還是可以服務社區，請不要氣餒！」元清知道布朗是覺得他選不上，才講這些話來安慰他。其實，他自己也沒有多大

把握，只好苦笑稱謝。

布朗說的那位哈勒姆，曾經長居加拿大，搬回美國第二年參選市議員，爆冷門選上。哈勒姆現在已經退休，元清去拜訪他。哈勒姆告訴元清：「聖瑪利諾全市只有四千多戶，當年我要選的時候，就一家一家去敲門、握手，全市走透透。」

元清想：「這樣的話，我也會。」他從選舉前三個月開始拜訪居民，從左鄰右舍開始，挨家挨戶地跑，一方面拜票，一方面聽取選民意見。有些人鼓勵他，也有些人坦白表示，不會投給他。

元清請朋友們幫忙。他們夫妻有一個好朋友叫做關澄（Nancy Chen）為人熱心。關澄找了自己的一些女性朋友，組成一個婦女團隊，幫元清四處拜票。她們很積極。有一天，元清去拜票，Nancy 帶了兩個朋友跟著。下午忽然下起大雨，這在南加州是很罕見的，元清拿報紙蓋著頭，Nancy 和兩個朋友同撐一把傘。早春的南加州，一下雨氣溫就下降，又濕又冷的雨中漫步，一點也不詩情畫意，大家都走得很累。元清想回家，但是三個女人堅持撐傘拜票。元清見這三個瘦小的女士，擠在一把傘下發抖，不忍心辜負她們的努力，也抖擻起精神繼續拜票。

隨著選戰白熱化，出現來路不明的黑函攻擊。社區裡傳出「林醫師學歷造假」的流言，當地報社的記者找上門來，要求看元清的文憑。元清便拿出約翰霍普金斯的文憑

及校友名冊，澄清謠言。

過了幾天，又有一個來路不明的信封塞在林家信箱裡，指名給「林太太」。玉珠拆開來一看，信件內容淨是對元清的不實抹黑。

玉珠看了，對元清說：「我相信你的為人，可是這也太過分了。」

元清說：「不要理他們，用抹黑手段競選的人，不會當選的。」

玉珠說：「你能不能不要選了？」

元清只說：「都決定了，就要勇往直前。」

他面對挑戰，不去理會黑函，專心研究市政，為政見辯論做了很多準備。當時那裡有個商業區，停車位不夠，車子亂停，生活條件不好。市立圖書館已有五十年歷史，從未翻修，又小又老舊，不符合現今需求。元清承諾當選後建設停車場、整修圖書館、歷史博物館，改善生活條件。

二〇〇一年三月開票，現任市長貝蒂‧布朗獲兩千五百二十票，以最高票當選。華裔醫師林元清以兩千五百票，第二高票當選，成為聖瑪利諾建市九十年來，第一位非白人市議員。

元清當選市議員以後，兌現競選承諾，推動修建全新的停車場，整修歷史博物館，並發起國殤日的紀念追思會。

兩年後，二〇〇三年，他又當選聖瑪利諾市長，為建市以來第一位非白人市長。聖瑪利諾再也不是當年的聖瑪

二〇〇三年三月十八日，經市議會選舉，元清當選聖瑪利諾市建市百年來首位非白人市長（上圖），後來更連任市長三屆。二〇一二年，競選美國加州眾議員，與競選團隊及支持者在競選總部合影（下圖）。

利諾，巴頓將軍小時候游泳的湖泊早已乾涸，那個地方現在叫做雷斯公園。

有人對他說：「老喬治‧巴頓地下有知，一定會從墳墓裡翻坐起來。」玉珠開他玩笑：「一定是那些黑函，幫你爭取到同情票。」不論如何，白袍從政，華人醫師林元清寫下聖瑪利諾歷史新頁。

林元清市長上任第一天，主持市政會議，新聞媒體都來了，市政會議從來沒有這樣受到關注。元清知道他們是要來看看華人怎麼主持會議。以往開會都是從下午七點開到凌晨一點。元清為了展現效率，下午七點開會，八點半就散會。媒體都稱讚。布朗也笑著對他說：「不錯，你這一次沒有白選，讓我們白人知道，華人也不是這麼難相處，華人也會開會。」

在處理市政上，元清處處異中求同。當時常常有居民投訴，掃葉子的吹風機聲音太大，每天下午墨西哥工人在路上掃葉子，吵到居民睡午覺。有人提議禁止使用。也有人反對禁止，認為影響到墨西哥工人的工作權：「你們這些有錢人，連一點點錢都不讓工人賺嗎？」

開會時，元清建議加一個消音器，每年檢查吹風機，通過品質控管才給證照，來確保機器不會發出極大的噪音，這樣就不會剝奪工人的工作權，也還給居民安靜的環境。提出來以後，五個市議員交頭接耳地討論，有人贊成，有人反對，有人猶豫不決，元清說：「你們聽我說，今天

晚上如果通過，明天一定上地方頭條。」結果全數通過。

推動重建公共圖書館時，元清也秉持同樣的原則。有人不贊成加稅翻修圖書館，元清就發動募款，一家一戶去說明，一遍又一遍地對居民說：「圖書館對我們下一代很重要，要讓他們更有競爭力。」

他率先以父母親的名義捐出一筆錢，希望起到拋磚引玉之效。又去找當過市長的蘇珊‧柯維兒幫忙。柯維兒現在是腎臟疾病研究協會的執行董事。她也是元清同一條街上的鄰居。

他們坐在柯維兒家的客廳裡，柯維兒說：「好，你這麼認真地為這個社區做事情，我很感動。取之社會、用之社會，我一定會幫忙。這怎麼樣？」說著，伸出四根手指頭。元清一看，柯維兒要捐四十萬美金，很高興，連連說：「當然，當然，您真是慷慨。」

沒想到，那四根手指頭是四百萬美金！元清很受感動。後來又有許多社區人士慷慨解囊。圖書館翻修之後重新命名，取名為「柯維兒公共圖書館」。

現在，他知道布朗說的「大家都是抱著一個回饋社區的心態在選」是什麼意思了。和美國許多小城市一樣，聖瑪利諾市的市長是由議員投票選舉產生，是以服務社區為宗旨的榮譽職，並非一個全職工作，甚至沒有津貼。

市長的責任，是維持促進社區的生活水平。元清剛搬到聖瑪利諾的時候，請人來家裡裝冷氣。工人裝好走了，

他把冷氣一開，竟冒出黑煙。他嚇了一跳，趕快打九一一求救。電話還沒掛，消防車已經到門口了，速度非常快。當時他就想：「哇，這個城市的效率不得了。」當市長以後，他也要求警消接獲報案，三分鐘內一定要到現場，並在消防車上加裝心臟急救裝置。這個裝置，在他任內救了十幾人的生命。

市長既是兼職服務性質，從政以後，元清不能、也沒有棄醫。由於市政公務繁忙，他當選市議員以後，不再參與急診室值班工作，但仍繼續正常執業、看診。

此時，元清主持的骨外科聯合診所已經是南加州規模最大的骨外科集團。在楊培醫師之後，又有人工關節專家譚成裕醫師加入元清的診所，現在他們的診所有六位骨科醫師。

二〇〇二年，元清偶然看到阿罕布拉市位於嘉惠爾街與使命路交叉口的一塊土地，覺得地點很好，便買下來。與眾醫師商量後，決定用來興建新的骨外科醫療大樓。次年開工，二〇〇四年九月完成占地五萬平方呎、共四層樓的醫療大樓，裡面設備完善，是一條鞭的骨外科醫療中心。一樓是手術室，有五個開刀房，可以進行骨外科或一般外科手術。二樓是骨外科門診中心，有二十七個會診室，兩台數位電腦 X 光機設備，並有全方位的復健中心。

三樓是一個癌症中心。這是元清理想的一個實踐。他執業二十六年，在骨科門診，也看到過癌症病人。有一個

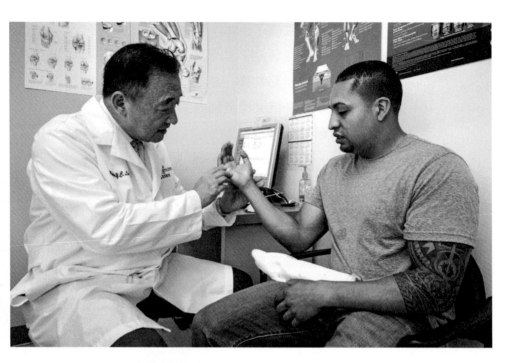

二〇〇五年，於洛杉磯的阿罕布拉市購地、設計及建築完成信安醫院（左圖），內設開刀房、核子共振掃瞄、癌症治療中心、骨外科門診中心及復健中心等，規模設備完善。骨科患者在此獲得良善醫療照護（上圖）。

九歲的小女孩，右邊膝蓋痛了三個月，經大腿骨 X 光片及切片檢查，發現是原發性骨癌。有個十四歲的男孩，腰痛了三個月，檢查發現是侵略性很強的巨型細胞腫瘤。還有位中年男士，後腰疼痛，結果竟是肺癌第四期。

元清在嘉惠爾醫院，曾想推動成立癌症中心，但客觀條件有困難而作罷，這個念頭像一顆種子，蟄伏在他的心裡，終於等到發芽的機會。這回醫療大樓動工時，元清知道骨科中心不需要五萬平方呎空間，他想尋求癌症專科醫師來合作。

他邀請到芝加哥大學醫學院出身的胡康龍醫師進駐，成立癌症中心，並把醫療大樓的股份分給胡醫師一份。

胡康龍專攻血液腫瘤，聽說這個在華人社區設立癌症專科診所的計畫時，他認為可以造福華人病患，立馬答應。他們在地下一樓添置最新的核磁共振及電腦掃描設備，胡醫師與麥醫師並親自擘畫一個癌症電療中心。

二○○四年九月，所有的醫師都高高興興地搬進了新蓋好的醫療大樓，服務病患。骨科中心有七位骨外科專業醫師，分別專精脊椎手術、創傷外科、運動醫學、人工關節、足部及足踝外科。另有五位助理醫師、四位物理復健師及職能復健師。癌症中心也有三位癌症專科醫師，分別專攻血液腫瘤與婦科癌症。

為了讓父親智煉高興，元清按照智煉當年在台北診所的命名，把新蓋醫院的醫療大樓的中文名字取為「信安

醫療大樓」，骨外科中心取名為「信安骨外科醫院」。大樓外除了英文招牌，也有「信安醫院」的中文字樣。智煉果然很高興。元清當選聖瑪利諾市長和開辦信安骨外科醫院，是智煉晚年最開心的兩件事。◆

第二十四章　# 國際賑災
馬不停蹄

　　薩爾瓦多是中美洲的一個小國，也是瑪雅文明的發源地。這裡曾有一個美麗的瑪雅村落，叫做德亞荷賽倫，一千五百年前被忽然爆發的火山灰瞬間淹沒，所有民居得以原貌保存下來，留待後世遊人發思古之幽情。一千五百年後，薩爾瓦多境內仍有三十座火山，包括十座活火山，不時活動，引發地震。

　　二○○一年一月十五日，元清接到慈濟基金會全球志工總督導黃思賢從洛杉磯機場的來電，邀他一同前往薩爾瓦多。就在前一天，七級大地震重創薩國，造成一千餘人死亡，百萬餘人受災。

　　此時元清正忙於市議員競選，加上醫務繁忙，但看到電視報導地震災情，怵目痛心，他還是答應下來。

　　十七日清晨到了薩爾瓦多，機場跑道上處處可見因地震造成的裂痕。薩國的救災指揮中心地點偏僻，病人不多，下午他們便轉往市區的一個約有四百多人紮營的小型災民

帳棚區，設了兩個門診處。剛好有八個美國來的摩門教志工會說西班牙語，幫忙翻譯，四位醫師在兩小時內看了兩百多個病人。傍晚再轉往一個較大的難民村，又看了三百多個病人。

接下來他們去勘查災區，經過一條依山而建的公路，忽見前方有落石掉下，接著整座山頭都崩塌了。一行人眼睜睜地看著土石瞬間掩埋了前面的車隊，嚇得瞠目結舌。

他們前面是一輛小巴士，被土石掩埋了一半。有四個人從小巴士後門逃出來，跑到元清這一車來求救：「我們是醫生，前面還有兩個醫生被埋了，我們正要去災區的醫院，快幫幫我們！」

土石繼續崩落，元清趕緊讓這四個人上車，帶他們離開現場。一路上不斷有砂石從山上落下，大夥兒心驚膽跳。回程時聽說那兩位遇難醫師的屍體被挖出來了，一行人的心情都跌落谷底。

元清步履沉重地回美國了。雖然每次賑災歸來都很難過，他賑災的腳步卻不曾停歇。

二○○四年，也就是元清創辦信安骨科醫院那一年，南亞海嘯將近海一哩內夷為平地，二十萬條人命遭吞噬。美國斯里蘭卡協會知道元清長期從事國際賑災活動，請他來幫忙。元清找了許明彰、紀初蘌、杜友情等幾個曾經一起賑災的醫師夥伴，帶了四十幾箱的藥品，前往斯里蘭卡。有三個紐約哥倫比亞大學醫院加護病房的護士，聽說元清

等人要前往斯里蘭卡救災，也自願加入他們的團隊。

到了馬塔拉總醫院，他們看到這個靠海的小醫院擠滿了人，只有五百張病床、卻住了一千三百多人，醫院後面還堆了幾百具屍體。一行人都大為驚嚇。

看了一天病人，晚上他們在當地一間小旅館下榻，一晚一美元，四個醫生擠在一個小房間裡面。元清打電話回家報平安，對玉珠說：「這房間裡什麼都有。」

玉珠說：「那很好啊。」

元清看著那些螞蟻、蟑螂、老鼠在地上跑來跑去，說：「是啊，都是些在美國看不到的。」

第三天，他們在當地院長的邀請下，去支援漢班托塔地區總醫院。元清正在醫治一個手骨斷了五天的孩子，總理馬辛達‧拉賈帕克薩來了，表示感謝美國醫生來支援，希望他們可以幫忙改善斯里蘭卡的醫療制度，還幫他們安排了醫生宿舍。

從斯里蘭卡回來後一年，元清常常做惡夢，夢見自己走過一堆屍體身邊，屍體忽然睜開眼睛，用空洞茫然的眼神看著他。每次做這樣的夢，元清都是嚇醒過來的。儘管如此，三年後，他又跑去南美洲賑災了。

這段期間，發生了一些事情。在二〇〇四年五月，元清赴斯里蘭卡賑災前不久，他的老朋友吳醫師與信念保健集團簽訂合同，將於同年十一月購買信念集團在洛杉磯地區的四家醫院。

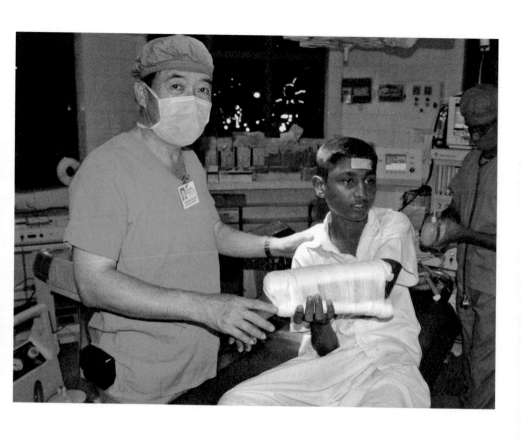

二〇〇四年南亞海嘯,於斯里
蘭卡的漢班托塔醫院救治傷
患,十二歲的男孩尺骨、橈骨
骨折,接受矯正及復位治療。

信念保健集團是投資者擁有的醫療服務公司，總部位於德州達拉斯，該集團在全美十四個州擁有並經營八十家醫院、兩百多個門診中心，多數醫院位於德州、加州、密西根和佛羅里達。這次他們要出售在洛杉磯地區的宏恩醫院、嘉惠爾醫院、蒙特利醫院、惠堤爾醫院。吳醫師想買下這四家醫院，他需要資金，便找元清，還有一位華裔投資家梁志宏，希望他們可以參與這項投資。

　　梁志宏一九八一年自台灣東吳大學會計系畢業後來美，曾任台美會計師協會會長，現在是會計師事務所資深合夥人。他是一個有生意頭腦的人，認為這四家醫院是好的投資標的，很願意接受吳醫師的邀請。

　　元清也很想參與吳醫師的投資。他們兩人相識超過二十年，當年兩人剛來洛杉磯時，吳醫師在法國醫院急診室值班，常常因為骨科醫師拒看白卡病人而來找元清幫忙，他們兩人也一起為病人做手術，在那艱困的年代，有著革命的感情。吳醫師不在法國醫院值班以後，兩人還是在醫療上繼續合作。元清赴薩爾瓦多賑災前募集物資，也得到吳醫師大力相助。

　　當時元清剛創辦信安骨科醫院，已經將身上所有的資金都投入信安醫院的建設，手邊沒有現錢可週轉。他便與玉珠商量此事，說：「吳醫師是咱們的老朋友，理當要幫忙的。而且也該是我們投入醫院管理及經營的時候了，這樣也能更好地貫徹我的理想，來照顧有需要的病患。」

玉珠全力支持丈夫，賣掉一處地產，又把其他投資的房地產都拿去向銀行抵押貸款，如此湊足資金。元清拿著這筆錢，參與吳醫師主導的投資，一起買下信念集團旗下的四家醫院，加上吳醫師自一九九八年起投資的阿罕布拉仁愛醫院，成立仁愛醫療集團，由吳醫師擔任董事長、元清和志宏共同擔任副董事長，不久之後，葉怡成和鄭碧芬夫婦也加入投資。

　　此後四年，他們又陸續併購聖蓋博醫院及安那罕仁愛醫院。這麼一來，仁愛醫療集團旗下擁有七家醫院、一千兩百四十九個床位、超過七千五百名員工，成為美國最大的華人醫療集團。簽訂合同的那一天，元清來到聖蓋博醫院門口，想起三十年前初到洛杉磯開業，在聖蓋博醫院受盡白人前輩刁難的種種不平，駐足良久，感慨不已。沒有人能想到當年在這裡被威脅要吊銷執照的小醫師，三十年後竟能買下這家醫院；也沒有人能記得現在這位洛杉磯的骨外科名醫，三十年前在這家醫院曾受過多少委屈。如今往事如煙，恩恩怨怨，就如醫院門口那幾棵大樹的落葉，靜靜飄落，悄無聲息。

　　第二年元旦，智煉在睡夢中與世長辭，享壽一百歲。

　　吳和去世以後，智煉的身體就一天天衰弱下來。九十七歲那一年，他想回國去看看住在台灣的子孫，這麼大年紀的老人家，出門可真讓人不放心，元清和玉珠都紛紛阻攔，但是智煉卻很瀟灑：「阮走闖南北，哪一次不是

福星高照？」

　　這是智煉赴美以來最後一次回台灣。上一次從台灣到美國，跟太太手牽手；這次從美國回台灣，牽手卻已不再。智煉舊地重遊，難忍心中悲涼，或許是心情影響身體，有一天他忽然手腳麻痺、無法動彈，幸惠及元灝將父親緊急送往長庚醫院，經診斷為頸椎神經狹窄及壓迫症，必須馬上進行手術。元清聞訊，趕忙飛回台北探視。

　　這次手術，留下無法彌補的後遺症，智煉的雙手從此無法伸展。智煉說：「醫生也已經盡力了，吃燒餅都會掉芝麻，醫生又不是神，哪能保證每次手術都百分之百的成功呢？」

　　回到美國後，智煉的手臂肌肉逐漸萎縮，他喜愛園藝，但再也無法動手照顧花木，只能在園裡與花草對看。到了最後，連自己拿著水杯、送到嘴邊喝一口水，也辦不到。家人都有了心理準備。智煉去世前一天，生活起居與平時無異，他就在睡夢中安詳地走了。老先生安然辭世，得享百歲高壽，家人都覺得欣慰。元清告訴妻子：「小時候我問爸爸會活多久，他總說自己會活到一百歲。他真的活到一百歲了。」

　　智煉身後與愛妻吳和一同長眠佛光山玫瑰陵。

　　元清整理父親的遺物，發現了近百年前的家族合照，照片裡有大人小孩共十七人，當中有五、六歲的小煉仔。阿煉仔六歲時右臉頰遭祖母打傷，傷口感染化膿，因發高

燒陷入昏迷，父親林俊用輕便車一路從南投推著到彰化基督教醫院求醫。蘭大衛醫師為煉仔切除膿骨，救了阿煉一命，也在煉仔幼小的心中，埋下一顆奇妙的種子。

　　這個故事，元清從小聽父親說了又說——在一八九五年，三位來自英國的宣教士宋忠堅牧師、梅堅霧牧師、蘭大衛醫師來到台灣，由台南步行六天，抵達當時窮鄉僻壤的彰化。後來，梅牧師與蘭醫師決定留下來，為當地的百姓奉獻。蘭大衛創辦彰化基督教醫院，在台灣服務四十一年，直到一九三六年退休。其子蘭大弼繼承父志，於一九五二年來台，服務歷時二十八載。蘭氏父子在台超過一甲子，救人無數。◆

第二十五章　白袍熱血
　　　　　　行遍天涯

　　二〇〇八年五月十二日下午二時二十八分，中國四川發生芮氏規模八級的汶川大地震，造成六萬餘人死亡、一萬餘人失蹤；經濟總損失高達八千億人民幣。

　　災難發生在中國，南加州多位華人醫師有感於同胞之情，為協助汶川災區的醫療工作，自願犧牲假期，自費前往四川。他們的領隊就是三任聖瑪利諾市長、仁愛醫療集團副董事長林元清。

　　二十三日深夜，元清領著張學烽、戴一夔、林宗義、王訢、徐士硯等五位醫師，和慈濟資深志工葛舉賢，帶著二十箱醫療器材及藥品，搭機前往汶川，支援紅十字會及慈濟基金會在當地的醫療工作。他們計畫在四川停留十天，先後支援安縣第二人民醫院及四川大學華西醫院。

　　華西醫院平日每天約有兩百四十床骨科傷患，地震以後每天都有超過一千床傷患，醫院無法負荷，已開始將較輕微的傷患轉移到其他大城市如北京、天津、上海、武漢、

蘇州、廣州等地的醫院治療。醫院每天送出五十床病患，但重災區每天也送來五十床病患，因此骨外科醫生的工作量一點都沒有減輕，元清工作得很辛苦。精神科醫師王訢的工作也很吃重，因為地震後許多病患出現創傷症候群，有人地震後兩星期都一語不發，有人則是終日哭泣不已。

二○○七年智煉往生，元清為父親舉辦告別式後，就回台灣拜見慈濟基金會創辦人證嚴上人。因為父親智煉與母親吳和生前受到證嚴上人諸多照顧，大姊幸惠特地帶他去花蓮的慈濟精舍，感謝證嚴上人。上人留元清在精舍住幾天，也好讓他更加了解慈濟。此後元清每次回台，都去花蓮精舍拜見上人。

二○○九年，元清在花蓮停留期間，莫拉克颱風襲擊台灣，帶來豪雨，台灣中南部許多地區，兩天內的降雨量就超過往年全年降雨量，創紀錄的雨勢，釀成嚴重的八八水災。元清馬上加入慈濟救難團，先進入台東太麻里嘉蘭部落，又乘直升機前往被圍困的大溪鎮救援；後經高雄縣旗山鎮，轉往屏東林邊鄉、佳冬鄉義診。

來到災區義診時，元清看到很多病患原本只是手上或腳上一道小小的傷口，但創口因感染化膿，導致小傷口變成大病灶。元清仔細消毒敷藥，一遍一遍地叮嚀病人：「傷口不要弄溼，弄濕會再發炎。只要不弄溼傷口，傷口保持乾燥，差不多三、四天，就會好了。」鄉親們卻說：「醫生，那怎麼可能呢？」元清這才知道，原來許多傷患，手腳上

有傷口，但是為了清理家園，雙手雙腳長時間浸泡在汙水中清淤泥，才導致發炎、感染、化膿。他看到災民這樣認命，於心不忍，看診之餘，還穿上雨鞋、扛起工具，幫屏東鄉親清除室內的淤泥。

在那之後，元清每個月固定回台，到東部玉里、關山兩間小醫院值班；假日則跟隨慈濟醫療團隊走訪山區偏遠部落，進行巡迴醫療。

次年一月十二日，世紀強震重創海地。機場、港口等設施皆震損，首都太子港一片狼籍。

地震發生時，元清正在台灣巡迴醫療。他於二月三日返美，次日即帶著次子士程，隨首批慈濟人醫會海地醫療團出動。海地空中交通尚未恢復，他們先搭客機往多明尼加，再乘聯合國的人道救援飛機，轉往海地首都太子港。

一下飛機，舉目所見竟無一棟完好房舍，街道兩旁盡是斷垣殘壁，廢墟瓦礫中可見死者外露的毛髮、手腳。有人手拿工具、有人徒手，試著挖掘埋在瓦礫堆中的親人。

次日一早就前往聯合國約旦維和部隊的野戰醫院，開始診治病患。第一天，他們就看了兩百多個病人。第二天，他們前往倒塌的聖瑪麗教堂設立門診，治療災民。第三天起，他們在太子港的創傷急救中心設立醫療站。這裡的停車場搭了二十個扶輪社捐贈的帳棚，充作野戰醫院。元清與一位來自多明尼加的醫生共用一個帳棚看診。

這位多明尼加醫生已經在海地停留三個星期了。他在

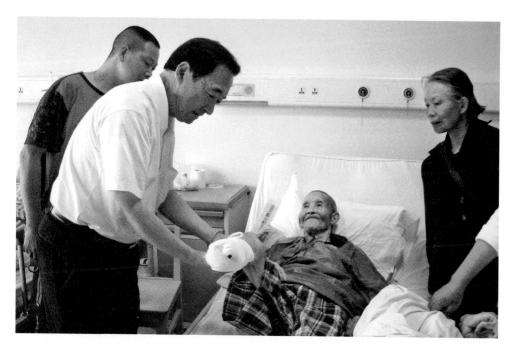

二〇〇八及二〇〇九年，於成都的華西醫院協助醫療汶川地震受災民眾。長者曾參與淮海戰役，如今因地震失去右腿（上圖）。二〇〇一年一月，應黃思賢之邀，首度參加慈濟國際援助，前往薩爾瓦多救援地震災民（下圖）。

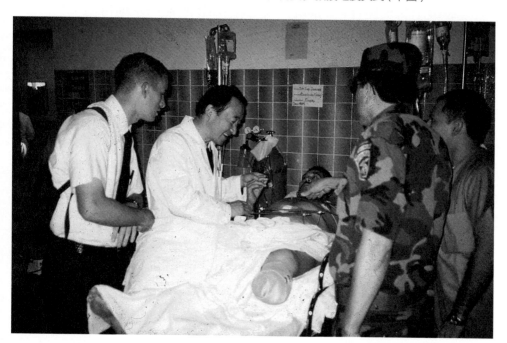

地震四小時後就隨救災人員，乘直升機抵達太子港創傷急救中心。他告訴元清：「第一天在這個小小的停車場裡，就擠進了四千多個重傷的病患。」

元清聽了，驚訝地說不出話來。他多次赴各個災區義診，從來沒有同時見到過這麼多傷患。

那醫生繼續說：「我還記得有一個八歲的小女孩，手臂嚴重扭曲，整個骨頭都錯開露在外面……我只有一個人，都不知道要怎麼辦，因為醫療器材不夠，很多人只能截肢了……」他說著就哭了起來。

有一人特別引起元清的注意。那是一位手骨骨折的修女，在談話中，元清得知她來自義大利，已經在海地服務五十五年了。元清問她受災的情形，她很平靜地敘述災情，表現出對災民真正的關心。看到她那樣心無所求地付出，元清既為這種聖潔的情操所感動，又自愧不如。

年過花甲的元清，更加積極把握每一個服務的機會。他的母校臺北醫學院，已經於二〇〇〇年升格為臺北醫學大學。北醫大學自二〇〇九年開始派遣醫療人員常駐非洲史瓦濟蘭王國及聖多美普林西比共和國，經營醫療團。海地強震過後一年，元清以北醫大董事的身分，赴史、聖兩國參訪，支援由杜繼誠醫師帶領的醫療工作。

史瓦濟蘭風光明媚，但醫療落後，愛滋猖獗，國民平均壽命僅三十二歲，是全世界國民平均壽命最短的國家。

抵達史瓦濟蘭第一天，元清去當地史京醫院的開刀

二○○九年八月莫拉克風災，元清緊急返台，搭乘直升機前往台東大溪鎮救災，隨時以手機掌握現場狀況（左圖）。除投入醫療援助，也協助屏東林邊鄉親整理家園（上圖）。

房，準備做兩個人工關節置換手術，開刀房竟然沒有紗布及消毒藥水，結果開刀延至下午一點半才開始。元清一步一步地教導史京醫院骨科醫師進行股骨關節置換的手術，兩個手術各四十分鐘，在下午四點鐘完成，非常順利。

元清與駐史國大使蔡明耀與醫療團長杜繼誠醫師討論史國的醫療困境，元清建議他們要提高醫療品質購買器材。他們去見史國衛生部長。史國每年支付三十多億醫療費用給南非，杜繼誠醫師每年為他們做一百多台腦部及神經手術，不只拯救生命，更為史國每年節省數億元的經費。

元清與蔡大使出席當地一個電力工程接通典禮，當地婦人送給元清一隻母雞。元清以為只是形式上的贈送，沒想到他們硬是把母雞塞到大使座車上，說是母雞會生蛋，象徵生生不息。元清不能把母雞帶回美國，只好交給當地農技隊代養，並請他們小心照顧，期盼可以生生不息。

離開史瓦濟蘭，元清繼續前往聖多美普林西比探訪醫療團，展開為期六天的訪聖之行。

元清多次隨大姊幸惠到花蓮慈濟精舍拜見上人。機緣巧合，他在精舍結識了經典雜誌的總編輯王志宏。

經典雜誌是慈濟基金會創辦的月刊型雜誌，是一本針對生態、歷史、地理及當代人文做深入探討的中文月刊。王志宏也是一個奇人，他在二十八歲那一年，第一次進入青藏高原拍攝，從此與西藏結下不解之緣。他曾經透過鏡頭報導，為保育藏羚羊大聲疾呼；也與友人成立「中華藏

二〇一〇年海地強震，當時在台灣巡迴醫療的元清，馬上加入慈濟醫療團赴海地。在災區與曾慈慧師姊、次子士程、張濟舵師兄、黃漢魁師兄合影（上圖左起）。二〇一一年，於史瓦濟蘭王國協助訓練骨科醫師（下圖）。

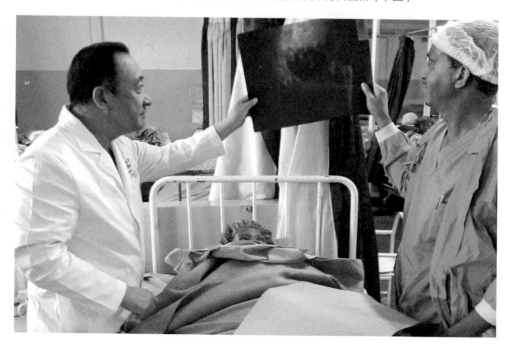

友會」，投入青藏高原牧區醫療援助計畫。

一九九五年起，王志宏與陽明醫學院教授邱仁輝踏上「馬背上的醫生」基層醫療計畫的探路旅程。後來志宏從台灣蓮門學會募到十萬人民幣，加上四川當地有力人士羅勇的大力協助，他們開始推動「馬背上的醫生」計畫，在青藏高原培訓當地醫生並提供醫材資源。此後，志宏與仁輝就成了青藏高原每年往返常客。他們持續在青藏高原奉獻，仁輝說，這是一件「一輩子想起來都會笑的事情」。

元清與志宏在慈濟靜思精舍相遇時，志宏已年近半百，正是元清當年第一次挑戰喜馬拉雅山的年紀，元清則已年過花甲。志宏邀請元清一起去青藏高原做骨科疾病防治教學：「林醫師，我們在高原上最困難的，就是遇上高山症反應。你挑戰過喜馬拉雅山，肯定沒問題。」

元清立刻就答應了。

二〇一一年夏天，元清首次隨赴青藏高原。他從洛杉磯搭機抵達青海西寧市，與王總編、邱醫師會合，轉往格爾木下榻，第二天就開始為當地的赤腳醫生講課。

唐代詩人李白嘗謂：「黃河之水天上來。」其實，黃河之水不是天上來，是青藏高原來。青藏高原是三江之源，是長江、黃河、瀾滄江等三大水系的發源地；也是世界的屋脊，保護著大面積的原始高寒生態系統，維繫著整個中國的生態命脈。行在青藏高原上，舉目所見是浩浩雲山，猶如漫步在雲端，聽來浪漫，實則艱難。此地平均海

二〇一一年，元清以北醫大董事身分，往非洲聖多美普林西比共和國探訪醫療團，忙碌之餘，與當地孩童合影留念。（上圖）。青海格爾木，參與王志宏總編輯訓練馬背上的赤腳醫生計畫，結訓時每人送元清一條哈達。（下圖）。

拔四千公尺，高原沸點較低，在平地開水需到達攝氏一百度才會沸騰，在高原上只到八十度就沸騰，導致當地醫生在煮沸消毒醫療器械、針頭時，經常消毒不完全，造成疾病傳染。當地五成以上居民，是 B 型肝炎帶原者。

在高原上，邱醫師為赤腳醫生講解婦科與公共衛生課程，元清講解簡易骨科手術。共有四十幾個學員。有些人騎了十幾小時的馬來上課，有些人聽不懂普通話，志宏為此在當地請了一位通藏語的翻譯。

第一天上課時，元清問學生：「有誰會肩膀脫臼復位？」四十幾人當中，竟沒有一人舉手。

元清想起自己第二次挑戰喜馬拉雅山時——也就是志宏開始推動「馬背上的醫生」計畫那一年——途中曾經在西藏義診，在山腳下的衛生室，看到村醫用針灸治療一個足踝脫臼的傷患。脫臼用針灸治療，當然是不會好的，反而延誤治療，造成傷患終身殘疾，實在令人遺憾。他將簡單的脫臼復位術傳授給這些赤腳醫生。

元清親眼看到，在這偏遠荒蕪的地方，醫療非常缺乏。他們培訓出來的馬背上的醫生，每一個都是當地人的希望。他連續兩年回到高原授課，每次返美，當地人來送行，都將兩尺多長的白色絹布搭在他肩上，搭了好幾條，層層疊疊。聽了志宏說明，他才知道這是「哈達」，是藏人表示敬意的吉祥物，受了這樣的心意，回程時，元清總覺得肩上特別沉重。◆

第二十六章　四十年來
杏林春暖

賢達大學畢業時，申請報考醫學院。元清問兒子怎麼
會想考醫學院，賢達說：「我是長子，我感覺得到你對我
的期望。」

元清聽了，非常欣慰。那個時候，他剛剛辦完母親
吳和的喪事，還沒有從傷痛中恢復過來。他也是長子，從
小在父母親的期望下長大。智煉與吳和從來沒有對元清說
過希望他做些什麼。但是幼年時每天早上一顆溫熱的生雞
蛋，中學時每天中午送到學校的便當，應考時每晚擺在桌
邊的點心，都是父母沉重的愛，落在元清心上。雖然智煉
與吳和沒有講，元清知道父母希望自己成為醫生。賢達也
是這樣，他也知道父母希望自己成為醫生。

賢達真的申請進入醫學院了。讀完第一年，成績很好。

第二年上學期期末考前，他在學校圖書館念書。天氣
冷，玉珠煮了一鍋麻油麵線、一鍋參湯，要給兒子補身體。
元清開著車，載著太太去看兒子。父母兒子在圖書館外面

的桌子邊上坐下來，玉珠盛湯給兒子吃，元清拿著書本考他解剖學。賢達的解剖學也學得跟爸爸一樣好，可以倒背如流。元清得意極了。

麵線和湯吃完了。元清問：「其他科目讀得怎麼樣？」賢達說：「很好，明天期末考，可以考得很好，不要擔心。」

元清與玉珠起身要回去了。賢達看著父親。元清覺得兒子似乎想要跟自己說話的樣子，便又坐下來。但賢達只是沉默著。元清說：「你有什麼事？是不是要跟我說準備結婚了？」

賢達說：「不是啦，爹地，這一個月我想了很久，我是因為你的期望來讀醫學院，我讀得很好，醫學也可以很有趣，但我的興趣不是要當醫師，這是比較忙碌的職業，要有很多犧牲奉獻的精神和毅力，可以救助很多人。但是爹地你每天晚上吃飯吃到一半就跑出去開刀，從來沒有好好吃過一頓晚飯；我們全家出去玩，玩到一半你就說要回去看病人，太辛苦了，我不要這樣。爹地，我可不可以不要讀醫學院？」

聽完兒子說的話，一時之間，元清有點失望。

這一年，賢達二十四歲。元清冷靜想了想，如果兒子讀完五年醫學院，再當住院醫師受訓五年，到時候已經三十四歲了。現在醫師的工作時間越來越長，要犧牲很多家庭生活，還要照顧各種各樣不同難度的病人，如果沒有犧牲奉獻的熱忱，是難以支撐的。

於是，他對兒子說：「我走過這條路，我知道很辛苦，如果你對行醫沒有興趣，考完期末考就回家吧。現在病人的要求越來越高，當醫師更艱難了，是需要有很多犧牲奉獻的精神。」

賢達考完期末考，就從醫學院休學，改讀企業管理。元清也為兒子高興，但還是有點失望。他多少還是期望有個兒子能繼承志業，為貧病苦難的人多做一些付出。

二〇一一年，元清擔任副董事長的仁愛醫療集團買下中心健保公司。元清出任中心健保總裁，讓次子士程來做自己的副手。

不久，卻發生了一件事，讓元清深深體會到，大醫精誠、大愛無疆，傳承醫者的精神，不一定要兒子當醫生。

有一天，元清與平常一樣，在信安骨科醫院（Pacific Orthopaedic Center）看診。空檔間，護士進來說：「林醫師，有位客人想見您。他的名字跟您完全一樣，也叫林馬修。」

元清覺得很奇怪：「不知是哪位？我不認識。」

護士說：「他也是外科醫生，住在托倫斯，並在海港總醫院服務。」

元清覺得很好奇：「哦？反正現在剛好有空，就請他進來吧。」

護士走出去。過了一會兒，一位年輕人攙扶著一位老太太走進來，元清請他們坐下。

年輕人說：「林醫師，我是阿清。」

「啊？你說你是哪位？」

「林醫師，您不記得我們了！大約三十年前，我們剛搬到南加州，我媽媽沒有工作也沒有保險，那時我七歲，我妹妹四歲，她的大拇指被門夾斷，您幫她接回去，您聽說我們經濟困難，沒有收我們錢。」

提起往事，元清才依稀記起，似乎有這麼一個小病人，大拇指被突然關上的門夾斷，骨頭也斷裂，只剩下皮膚連接著斷指。那小病人似乎有一個哥哥，也叫阿清，他們也姓林，元清當時覺得這個巧合很有趣。

他說：「哦！是你們！我想起來了。」

年輕人說：「這件事對我影響很大，我決心要學醫。後來我們入籍成為公民的時候，我也取了跟您一樣的英文名字。所以我現在也叫林馬修。」

元清大笑：「原來是這樣！」

年輕的林馬修又說：「後來我去讀醫學院，並接受訓練成為外科醫師。我一直想來拜訪您。但是工作很忙，一直沒有時間。如今我接受加州大學舊金山分校醫學院的聘書，下星期就要去那裡任教了。我想離開之前，無論如何要來向您道謝。」

一陣暖意湧上元清的胸口。他說：「不謝，不謝。你一定也是一個好醫生。去了舊金山也請繼續努力。」

年輕的林馬修攙扶著媽媽離開了。元清在診療台前坐下，請下一個病人進來，繼續看診，一如往常。他的心情

似乎比平常更愉快。

這一年十一月，加州醫院學會頒贈「管理領袖獎」給華裔醫師林元清。第二年十月，洛杉磯醫學會及醫療基金會又頒給元清「醫療傑出貢獻獎」，表彰他在醫療、慈善事業、國際救災等方面的傑出貢獻。

在頒獎典禮上，洛杉磯醫學學會會長摩根醫師讚許元清：「林醫師事業有成，創辦信安骨科集團、共同創辦仁愛醫療集團，並胸懷社區服務及慈善工作，同時致力醫學教育，執業之餘，在南加大等校教學，又透過醫療網宣導預防醫療，對社區貢獻極大。他也積極參與國際賑災活動，曾多次赴台灣、斯里蘭卡、玻利維亞等地義診。」說著，便拍起手來，與會的醫師、來賓也都跟著鼓掌，會場內一時掌聲雷動。

元清聽了摩根醫師的溢美之詞，臉上發熱，又激動、又慚愧。他的確做了這麼多，應該可以堂堂正正的接受這榮譽，但是炎黃子孫謙遜的天性在他的骨子裡，提醒他這世上還有很多醫生——比方說他所崇拜的那些早期來台的醫療拓荒者——做得比他還多，卻從來沒有被公開表揚。

當地媒體都報導了前聖瑪利諾市長獲洛杉磯傑出醫療貢獻獎的消息。元清的母校、臺北醫學大學，請他在當期的校刊上寫一篇感言。藉此機會，元清回顧了一下自己來美四十年的足跡，深感在洛杉磯的三十五年——從一九七八年七月到二〇一三年七月——加上在巴爾的摩的

五年，是自己生命中最精華的四十年。在別人眼裡看來，得到傑出醫療貢獻獎的林元清醫師，刻已走到了生命最巔峰。但元清自己明白，走上巔峰之後，就該下坡了。

二〇一四年三月，元清執業骨外科滿三十六年，開始考慮從職場退休，但還是有些捨不得，無法下定決心。就在這時候，發生了幾件事。

首先，他為一位六十五歲的婦人做臀骨人工關節的置換，這是元清最常做的手術，開刀過程非常地順利，以抗凝血藥物來預防血栓的效果也非常的好，婦人開刀後立即做復健、練習走路，一切都很正常。但手術過後第三天，內科醫師為婦人做了腿部的超音波，竟然發現大腿內側有血栓。這是元清執業骨外科三十六年來從來沒發生過的事。他即時增加抗凝血劑，婦人也在四天後順利出院，元清才鬆了一口氣。

接著，元清一位好友的母親，七十餘歲，來做人工膝關節的置換。手術很順利，但在醫院復健時，有一天膝關節竟然脫臼，這也是元清執業三十六年來從來沒有發生過的。他趕緊為病人復位，又換了一個新的人工關節墊片，後來沒有再發生脫臼。

然後，一位醫師夫人，七十五歲，也做人工膝關節的置換，過程也很順利，手術後不久便可自由走動，三天便可出院。當她一週後回診時，元清驚訝地發現病人傷口下方有輕微感染的現象，這也是他執業三十六年沒有發生過

二〇一二年，獲洛杉磯醫學會
及醫療基金會頒贈「醫療傑出
貢獻獎」。

的事——他的手術以零感染著名，當地媒體還曾讚美林醫師手術感染率之低「世界第一」，沒想到臨老竟然破了自己的紀錄——他謹慎地將傷口下面部分的縫線剪開，將裡面的血水引流出來，將傷口沖洗乾淨再縫合。同時也做了細菌培養，找出確切引起感染的病原體；病人癒後也一切良好。

儘管這三位病人最後都完全康復，但元清仍自我檢討，覺得連續三個手術，竟然發生了自己行醫三十六年來從未有過的手術後併發症：血栓、脫臼、感染，也許真是到了該交棒給年輕世代醫師的時候了。

他終於下定決心，在二〇一四年五月一日，正式告別了三十六年的骨外科手術生涯。

信安骨科醫院的年輕醫師們，幫元清辦了一個退休歡送會，場面很熱鬧。樂了一晚回到家，元清就寢前洗臉時，看著鏡中的自己，很感嘆地對妻子說：「唉！人生能有多少個四十年，但我這四十年青春精華的歲月，就這樣從指縫中溜走了，無聲無息的，想抓著它們也抓不住。妳看看，除了臉上這些皺紋以外，也沒留下什麼痕跡。」

像他父親智煉一樣，元清閒不下來。他退而不休，專心於協助仁愛集團七家醫院及中心健保的營運。

次年四月二十五日，尼泊爾發生芮氏七點八級的大地震，這個喜馬拉雅山腳下、珠穆朗瑪峰之南的小國，一時間地動山搖、天地變色，雪崩、土石流齊發，房屋倒塌，

造成九千餘人死亡，兩萬餘人受傷。

　　尼泊爾以登山、旅遊聞名於世，地震導致許多登山客受困於山中或在雪崩中失蹤。尼泊爾的房舍多以土磚、黏土建造，許多老舊建築在地震中瞬間倒塌，因為事發突然，眾人逃跑不及，被壓困在倒塌的木梁樓板或瓦礫堆中，死傷枕藉。聯合國與世界衛生組織緊急呼籲各國政府及非政府組織協助救災。

　　元清更閒不下來了。他即時通過電話與無國界醫師組織取得聯絡，對方也希望元清能夠隨時待命，與他們一同前往尼泊爾協助救災，並在電郵往返中向元清說明災情現況及前置人員的行蹤及見聞。

　　二十八日、地震過後第三天，無國界醫師組織寄來電子郵件，表示前置人員還在評估災情，希望元清繼續準備待命。元清思考了一個下午，覺得尼泊爾本來就是一個貧困、醫療資源缺乏的地區，這一次傷亡慘重，當地的醫師及設備絕對無法應付這一次的災難。他覺得自己不應該在洛杉磯等待，讓黃金救援的時間流失。如果以個人名義前往，不但更快、更有效率，也更能照顧到大機構無法照顧到的地方山區。

　　這樣一想，他就馬上訂了機票，並趕緊到嘉惠爾醫院請求捐贈，提取了三大箱必要的骨科器械及醫療用品。

　　因為災區狀況不明，家人都反對他獨自前往。玉珠生氣說：「你這麼固執，這次我不送你去機場了。」

四月二十八日凌晨，他便隻身一人踏上旅途，經香港中轉，三十日就到了尼泊爾。

　　在香港轉機時，元清與尼泊爾的山地醫療中心主任泊蒂瓦醫師聯繫，請他幫忙訂旅館房間。接著轉乘港龍班機，前往尼泊爾的首都加德滿都。

　　到達加德滿都，已是夜裡十時半。領了行李，叫車來到旅館。這是一間裝潢雅緻的旅館，布置與陳設都很有西藏風味。一共只有四十個房間，現在住滿了救災人員。他沒有房間可住。經過一番交涉，經理出來幫忙，同意給他安排一個房間。

　　幸好，第二天早上到餐廳吃早餐時，元清遇到了來自愛德荷州的腎臟科醫師賴希恩。賴希恩醫師聽說元清的訂房出了問題，就熱心地邀請元清搬去他的房間。

　　與賴希恩同行的還有來自羅德島的腎臟科醫師米爾扎醫師、足科醫師霍華德、腎臟科護理師泰森與他的兩個兒子。他們一起討論往後的行程。賴希恩醫師是巴基斯坦裔美國人，常常來尼泊爾登山及義診，他請過去的登山嚮導幫忙安排行程。元清則有二十多次救災經驗。

　　一行人與尼泊爾衛福部官員討論災情後，決定前往杜立卡爾當地的大學醫院支援。因為杜立卡爾災區傷者甚多，但當地醫療條件艱苦，醫院資源有限，無法負荷這許多傷患。

　　賴希恩與元清等人回到旅館，即刻打包，他們便帶著

二〇一五年五月，搭直升機深入
尼泊爾震災山區，提供醫療暨物
資援助居民（上圖）。二〇一一
年，於史瓦濟蘭王國探訪及治療
傷患，民眾贈送母雞以為答謝，
象徵生生不息（左圖）。

兩大巴士的醫療用品、大米食品、還有帳棚等物資前往。一路上只見斷垣殘壁，到了醫院看到建築受損，院長在其實已經沒有門的門口等著他們，慘不忍睹。

院長為他們做簡報的同時，許多病人還在外面等著看醫生，其中以程度不一的骨折傷患最多，單單大骨折的就有八十多位。他們拉著繩子排隊，等候開刀。

聽完簡報，已日落西山，一行人摸黑在醫院外面紮營。第二天，元清四點鐘就醒了，到醫院去查看。就著熹微晨光，他看見這醫院蓋在山坡上，有四層樓，向外望去，群山環繞，風景很美。但走進去，醫院裡的病房、休息室、走廊、樓梯間，都躺著人：病人躺在床上，家屬躺在地上。這兩百二十床的醫院，如今住了四百人。

大學醫院屬於非營利的慈善機構性質，入不敷出，不供應伙食，因此家屬要帶食物給病人。但許多家屬早已無家可歸，遑論煮食給病人吃。元清等人於是自掏腰包買了些速食麵給病人與家屬吃。出院病人住家損毀者，一律給二十五斤大米及一頂帳棚，讓他們帶回家。

在醫院裡，當地的、外來的醫師共同合作，元清與其他骨科醫師分為兩人一組，一天要做二十幾台手術，每天從早上九點開始開刀，直到晚上十一點才能回到戶外的帳棚裡休息。這麼拚命地做，病房每天仍有五十幾個病人排隊等著動手術。

那醫院只有三台呼吸器、一台洗腎機，以及一個開大

股骨折用的手術台。只有那麼少的設備，卻有那麼多的病人排著隊，等著動手術、等著呼吸器救命，元清看了實在很難過。骨外科器械也很克難，因為醫院買不起醫療級別的手術用電鑽，只好買五金行的普通鑽頭來充數，轉速力道不足，醫生們用得不順手，做起手術來更是辛苦。

因為尼泊爾山區幅員遼闊，地震造成交通中斷，許多傷患送不出來，救援的物資也送不進山區。元清與幾位醫師夥伴想進入尼泊爾北部重災區做巡迴醫療，但地震過後，國家機場全面禁飛直升機，他們只好自費租私人直升機，私下安排從私人機場出發，終於在五月五日早上成行，帶上器材藥品，以及一千公斤的大米、帳棚、鍋爐、日用品等，進入重災區做巡迴醫療，並發放食物及物資。

他們是第一組進入重災區進行醫療服務及物資發放的團隊。因為當地通訊不便，醫療團隊只能靠傷患口耳相傳，告知哪裡還有災情及未救病人。從直升機上俯瞰山區一帶，看到二十幾個村落幾乎全毀，他們多次冒險下降，查看是否還有災民，觸目所及盡是殘壁斷瓦。

進入山區，發現此處不只是醫療缺乏，連飲水、食物也不夠，許多災民因為飲用生水上吐下瀉，甚至死亡；有的居民挖草根果腹，生活很苦。元清從洛杉磯帶到尼泊爾的感染及腹瀉藥物，很快便告罄。儘管如此，尼泊爾的災民卻不慌亂，他們不搶奪、也不乞討物資。元清想：「真不愧為佛陀的故鄉。」

時序已進入暮春，但山區的夜晚仍是刺骨的涼。入夜後天上的星星閃著寒光，清晨林間的鳥聲喚醒眾人。大自然如此美好，卻又如此殘酷。從地震發生到救援來到的這十日間，已有許多災民在凍餒中死去。

　　之後元清繼續在當地服務一週，十一日才返美。離開尼泊爾之前，看到他開刀的傷患，都恢復得很好，也感到很欣慰。回到洛杉磯以後，他召開記者會介紹所見災情與救災現況，呼籲社區人士盡一己之力，捐款到災區。他自己也持續與當地救援組織保持聯繫，並捐款購買白米、四十人份的大帳棚和醫療藥品；另捐款十萬美元給杜立德醫院，作為重建醫院及急診室之用。◆

第二十七章　# 娶妻賢慧
幕後推手

　　元清去尼泊爾參與救災工作，玉珠沒有同行。事實上，一九九九年集集大地震那一次，是玉珠第一次、也是最後一次，隨元清進入災區。在那之後，她一直扮演著成功名醫背後的女人，元清出門時，她幫著準備救災用品、行李、必需品後，便守在家裡，打點家務、侍奉父母、照顧子女，安安靜靜地等著丈夫回來。災區情況不明，玉珠不免擔心，元清出門期間，她天天跪地禱告，求神賜予丈夫平安歸來。

　　元清事業有成，多年來又行遍災區救拔病苦，美名遠揚。有人問玉珠：「妳怎麼不隨他一起去？」

　　玉珠說：「我跟他去，幫不上忙。他去是救災，我去是被救。何必給他添麻煩？留在家裡照顧公婆兒女，使他沒有後顧之憂，才是幫他。」

　　又有人問：「林醫師那麼忙，妳怎麼協助他？」

　　玉珠說：「我幫他打造一個讓人喜樂的美好的家，他沒有後顧之憂，自然會享受這溫暖，會喜愛這個家。」

玉珠，雖說是待在家裡，其實四十五年來從來沒有閒著。但她是一個認真溫良的女子，不與外人多解釋什麼。元清與玉珠一九七○年在空總相識，一九七二年結婚。一九七三年元清來美，在巴爾的摩接受艱辛的骨外科生涯訓練，晝夜不分，經常要值班還要睡在醫院裡，玉珠一個人打理家務、照顧奕君和賢達兩個孩子，為了方便買菜及日用品，她學會了開車也買了一部老舊的二手車。在寒冬的冰天雪地中開那部車出去，經常拋錨，她自己處理，沒有麻煩過元清一次。

　　在巴爾的摩過完辛苦的五年，元清接受完骨外科總醫師訓練後全家搬到洛杉磯，生活逐漸穩定，但士程、士勳相繼出生，元清的父母也搬來美國與他們同住，玉珠更辛苦了。直到父親智煉在二○○七年離開人世，玉珠侍奉公婆整整三十年。

　　一家八口同住在一個屋簷下，已經是熱鬧得很；林家大部分的時間還不止有八個人，因為房子大，所有新移民的親友，一到美國都先跑來林家落腳。元清的弟弟元彬與麗惠夫婦、堂姊幸魄與女兒、玉珠大姊的三個孩子、三姊全家、五妹的長子、六妹全家人等，都曾經在林家或短或長的住過，生活起居當然也全靠玉珠照顧打點。

　　要孝敬公婆、要教導子女、又要照顧新來的親友，每天買十幾人份的菜、燒十幾人份的飯、洗十幾人份的衣服；還要接送四個孩子往返學校參加課外活動。玉珠每天也是

忙得團團轉，不比元清在醫院裡輕鬆。每逢元清要出門救災，她還得幫著收拾行李、整理醫療器材等裝備。玉珠心思很細密，有時候元清要赴衛生環境較差的地區救災，她就拿舊床單，在適當的位置剪個洞，讓元清帶去災區，夜裡睡覺的時候罩在身上，以免蚊蟲叮咬。那個洞是讓元清的鼻子露出來呼吸的。在災區救災的同仁見了這款創意，都誇林太太細心。

醫師的收入穩定，但稅率很高，元清的薪資收入再扣除預繳稅及社安稅後，所剩差不多就是一家八口每個月的生活開支。元清醫療業務越來越繁忙，夫妻難得一起吃頓飯，孩子經常見不到爸爸，可是抽完稅後，一年看診五千人次、跟一年看診三千人次，實質所得相差無幾。眼看如此，玉珠忍不住勸丈夫：「多看病人又沒有多賺錢，你不要這麼辛苦，偶爾也回來陪小孩子們吃個飯。」

元清說：「看病又不是為了賺錢，病人來了醫生就是要看，怎麼能說不看就不看。」玉珠聽元清說得很有道理，但心裡難免還是為丈夫不平，便去請教會計師節稅的方法。會計師建議可以投資房地產。

住在林家後面隔一條街的一位鄰居，也是來自台灣的移民，名叫黃陳月如，是一個專營房地產投資的女強人，事業做得很成功。玉珠原本就和這位鄰居頗有交情，就向她請教投資房地產的竅門，開始到處去看房地產、尋找合適的投資項目。

此時智煉與吳和都已經很適應南加州的生活，平時兩老自己坐著公共汽車四處去遊逛、會朋友，玉珠也因此有時間研究房地產的投資和管理。一開始，玉珠看到合適的投資項目，都會等元清有空時，一一向丈夫報告，徵求意見。但元清醫療業務繁忙，每天忙著看病人、開刀、急診，往往好幾天才有空坐下來聽玉珠簡報，這一拖一等，許多好的投資項目就被他人捷足先得，令玉珠跳腳不迭，便自己拿主意，經由地產商的介紹，看準了一個四個單位的小公寓，開始投資。在她用心的經營下，績效甚好，得到了預期之外的成功。投資的折舊及利息，也在當年年終報稅時達到了節稅的目的。玉珠意外發現自己除了做家庭主婦以外，還有做投資的天分，也興致勃勃，對自己更有信心。

　　漸漸地，玉珠的投資項目，從四個單位的小公寓換成十二個單位的公寓，接著與黃陳月如合資投資興建老人公寓，又陸續投資了三家旅館，後來更因緣巧合投資修建了幾個購物商場。房地產的投資在穩定中發展，玉珠的生活不再只有照顧父母及子女，房地產的投資及管理也成為很重要的一環。旁人都說：「林太太開始搞投資以後，好像整個人都變得更有信心了。」

　　跟所有的生意一樣，房地產投資也並不總是一帆風順。一九八七年的夏天，元清與玉珠在達納角參觀幾個旅館，地產商偶然介紹了在拉古那海灘邊上的一塊地，約有一萬三千平方呎，上面有個破房子。十幾年前，原屋主以

二百五十萬美元購入這塊地連房子，因為房貸利率太高，屋主宣告破產、貸款的儲貸銀行也因負債太多而破產。後來因為地層移動，導致房屋牆面崩裂，成了危樓。現在這土地將由國家金管會拍賣。元清與玉珠見這塊地就在海灘上，與太平洋相連，四面海景甚美，又可以直接走上沙灘，決定參與拍賣。這次拍賣採用密封投標式進行，共有二十多位買家競標。開標的那一天，元清與玉珠竟然幸運地以六十七萬五千美元得標。夫妻倆還來不及高興，市府竟然宣布禁建，玉珠本來想拿這塊地來蓋旅館，不禁有些掃興。元清不服氣：「怎麼能先拍賣才說禁建呢？」便委託律師與市府交涉，最後經由訴訟程序，才取得開發許可，但還是不能蓋旅館，只能依原有建築的樓地板面積重建。他們只好退而求其次，拿這塊土地來蓋一棟高四層樓、五個單位的別墅，於一九九〇年完工。

玉珠也曾投資失利。後來就專心投資房地產，但有時遇到新的、好的投資方案，也會加以研究學習，用手上已增值的房地產，去向銀行融資，用融資出來的資金來投資新的方案。玉珠的房地產投資及管理是做得非常用心及成功的。包括他們一家人在一九八二年搬入的住宅，原本是個年久失修的房舍，也是玉珠一點一點地有多少錢就修多少地方的慢慢整修，過了五、六年才將整個房子整理完畢，成為元清夫婦養育子女、侍奉父母，住了三十多年的家。

玉珠懂得開源，房地產的增值，使林家財務更為穩定；

又懂得節流，持家勤儉，元清一點也沒有後顧之憂。當年元清介紹玉珠給父母親認識的時候，吳和很喜歡，認為玉珠會相夫教子。智煉相信面相學，看到玉珠性情溫和，又長得很清秀有福氣，認為是旺夫相，兒子娶了這小姐一定能享福。如今看來，智煉和吳和倒是看得很精準。

在持家勤儉這一方面，吳和與玉珠倒是很契合的，經過多年的相處，她們婆媳關係也更和睦了。兩老剛來美國的時候，有一回玉珠帶吳和去吃早餐。吳和初來乍到，看到菜單上的價錢，覺得太貴，不禁皺了眉頭。玉珠很少外食，看到菜單上的價錢，也不覺咋舌，後來她們倆就點了一份餐分著吃。這要是換作一個比較小心眼的婆婆，肯定會責怪媳婦小氣，又或者換了一個比較多心眼的媳婦，肯定會勉強點兩份餐，但背後抱怨婆婆花錢。但是吳和與玉珠卻有這個默契，彼此心無芥蒂。往後多年，吳和也常在人前誇獎媳婦勤儉賢慧。

玉珠還有一點像婆婆，就是急公好義，經常在朋友有困難時，毫無顧慮地雪中送炭，還曾向銀行貸款，將貸出的款項借給朋友應急。玉珠有一個老朋友，與兒子同住，兒子瞞著母親用房子去貸款融資，結果投資失利，法院就要拍賣這個老友的房子，玉珠知道了，便拿錢給那兒子去還清貸款，使老友的房子免於被拍賣。這事玉珠始終也沒有向老友提起，老友迄今對此事仍一無所知。

還有一個朋友的太太，一家人新移民來美，剛好玉珠

二〇一四年全家合影，四名兒女，左起奕君、士程、士勳、賢達（上圖）。二〇〇七年十一月一日，雲南麗江玉龍雪山，元清與玉珠慶祝結婚三十五週年紀念（左圖）。

需要僱個幫忙家事的人，這位太太來應聘，一做就是許多年，玉珠很感謝。她見對方跟自己一樣也有孩子，一家食指浩繁，就幫助他們夫婦買了一個雜貨店面做生意營生，又資助栽培她的孩子們讀大學。

台北駐洛杉磯經文處長歐陽瑞雄派駐新加坡前夕，其夫人遭遇嚴重的車禍，四肢麻痺，無法隨夫赴新加坡，玉珠同意要把受傷的歐陽夫人接進家裡照顧，在那一年內也用心照顧歐陽夫人，沒有一點抱怨。

玉珠還有一個不常為人提起的身分：她是聖瑪利諾城市史上第一位華人市長夫人。

二○○一年，元清第一次參與競選聖瑪利諾市議員。那是一次競爭很激烈的選舉，聖瑪利諾市建市九十年來，從未有過非白人的市議員或市長。此前十年，每兩年的選舉，總會有華人參選，但是都高票落選。元清參選的那一次選舉，有七個候選人，競爭三個席位。七名候選人當中，一位是現任市長貝蒂・布朗，她挾行政資源爭取連任，是一定會當選的。一位是包伯・維斯特，是土生土長的聖瑪利諾白人，又是社區領袖，頗受擁戴，也是篤定當選。這麼一來，三個席位中倒有兩個人選已經確定了。只剩下一席，由元清在內的五位候選人競爭。這五人當中只有一個白人，是加州理工學院教授、當地共和黨主席之子傑夫・格斯夫。餘下四人皆是華人，其中聖瑪利諾城市俱樂部主席孫渝今是第三次參選，南加州中國大專聯合校友會主席

許世堯、廣東移民李律師與元清等三人則是初次參選。

因為有四位華人參選，瓜分原已不多的華裔選票，選情很不樂觀。在選舉期間，元清屢次受到不實的黑函攻擊，其中還有指名給「林太太」的手寫黑函，但玉珠對丈夫的努力及信任並沒有因此而動搖，還是全力支持元清。元清的好朋友陳關澄（Nancy Chen）幫忙組織了競選團隊，每天在林家召集義工們開會、溝通，玉珠還準備點心招待辛苦的義工們。在這一次歷史性的選舉當中，元清成為聖瑪利諾建市九十年來第一位非白人的市議員，兩年後復當選該市第一位非白人市長，玉珠實在功不可沒，掛上「聖瑪利諾史上第一位華人市長夫人」當之無愧。

元清當選聖瑪利諾市長和開辦信安骨外科醫院，是智煉晚年最開心的兩件事。可惜吳和於元清當選市議員前三年去世，無緣見到兒子寫下歷史新頁。因為玉珠的孝順，智煉與吳和在南加州享受了二、三十年愉快而充實的退休生活。兩老晚年病中，玉珠經常隨侍在側，侍奉湯藥，使公婆得以安享天年。公婆往生，子女成人，玉珠肩上的擔子輕了。奕君、賢達、士程、士勳四個孩子，在玉珠的教導下，都以優異的成績從高中畢業，分別進入南加大、加州大學聖地牙哥分校、紐約大學、加州大學柏克萊分校及康乃爾大學，完成學士及碩士學位，事業上也各自有成。

玉珠年紀大了，元清二〇一四年從骨外科的手術房裡退休後，玉珠便也將房地產的投資及經營管理逐漸交棒給

奕君及賢達，看到孩子們青出於藍的經營方法，也很放心，樂得隨丈夫雲遊四海。

元清是個極好的人、極好的醫生，年輕時英俊瀟灑，是許多小姐心目中的如意郎君，他大姊幸惠多次誇口：「我大弟比葛雷哥萊・畢克還帥。」但論起做丈夫，卻有一點不足之處：四十幾年來的婚姻生活，他始終很忙，很少有時間陪太太。

有一年的玉珠生日，一大早元清出門時對妻子說：「今天妳生日，我早點回來，帶妳去吃飯。」玉珠好高興，到了傍晚，伺候全家大小吃過晚餐，就打扮齊整，坐在客廳裡等丈夫回來去約會。誰知左等右等，也等不到元清，玉珠知道元清一定又在手術房裡被絆住了，雖然失望，也只好抹去殘妝，梳洗就寢了。

到了半夜，元清才回來，連聲道歉，拿了一組茶具給玉珠：「我知道妳喜歡喝茶，這個送給妳。」玉珠看了，當即心花怒放，心想：「雖然沒有吃到飯，到底還有禮物，先生還是很體貼的。」第二天，玉珠有事到醫院，無意間看見元清的同事黃威賓醫師桌上有一組一模一樣的茶具。原來這茶具是病人送醫生的，每位醫生都有一套。玉珠又好氣又好笑：「阿清真是的，我還以為他特地買的茶具送我，原來是拿病人送的來轉送。」雖然如此，玉珠還是很寶貝這套茶具，一直珍藏了好多年。

又有一年的結婚週年紀念日，元清又答應帶玉珠去吃

飯，還掛保證，說這次絕對不會爽約。那天一下班，元清果然急匆匆地脫下白袍，要回家接太太。不巧一位同事的孩子跌斷了手骨，送到急診室，同事來拜託元清緊急開刀，元清再三推拖，表示這一天是自己的結婚週年紀念日，說好要帶太太去吃飯的。但最終還是禁不住同事的拜託，又留在手術房開刀了。回到家，不耐久候的玉珠當然已經就寢。第二天元清也很忙，等不到玉珠起床就出了門。

玉珠起身時看到丈夫已經出門了，不覺落寞。

此時花店卻送了一盆很美的花來，玉珠接了花，眉開眼笑：「這一定是阿清為了賠罪送我的。」高興了一陣，才仔細看花上附的卡片，屬名的卻不是元清，而是一個不太熟的名字。玉珠知道這是別科的醫生，心想：「奇怪，我跟他又沒什麼，他送我花幹麼。不好，給先生知道了反而麻煩。」想著，就把卡片收起來了。晚上元清回家，看到擺在桌上的花，問玉珠是哪來的。玉珠不擅長找理由，就老實說了，又補充道：「我也不知道他為什麼要送花來？」元清看到太太的樣子，忍不住笑：「妳不會以為人家要追妳吧？其實是我昨天晚上幫他兒子開刀，才耽誤與妳吃飯，他送花來道歉的！」玉珠聽了，也哈哈大笑起來。

玉珠是一個既溫良賢淑又聰慧的女子，非常體諒元清工作的辛苦。等不到元清回來的晚上，她總是對自己說：「嫁到這樣的丈夫，也沒有辦法。」「他都是在做事，治病救人，我以他為榮。」元清深知太太賢慧體貼，也知道

自己工作忙碌，沒有經常陪伴太太，因此退休後盡力彌補，帶著玉珠到處去玩。他們同遊香港、冰島，去非洲坦尚尼亞及肯亞看百萬羚牛大遷徙，去秘魯看馬丘比丘的古城、看曾由西班牙征服並殖民統治的印加帝國，去緬甸看滇緬戰爭陣亡將士公墓，又到波士尼亞看戰爭遺址。

玉珠很喜歡跟著元清到處走走。在旅途中，她覺得自己更了解丈夫了。在緬甸看陣亡將士公墓的時候，元清便向她說起自己從前被韓戰老兵拒絕開刀的往事。在波士尼亞看戰爭遺址的時候，元清又向她說起自己曾為一個波士尼亞難民動了三次複雜的手術，使他免於被截肢的命運。在非洲看壯觀的羚牛大遷徙時，夫妻倆不約而同地都聯想到他們從台灣遷徙來美的經歷，當年的越戰後醫師移美潮規模也是很龐大的。

儘管很喜歡出門旅遊，玉珠也很享受在家的日子。她跟著元清辛苦了四十多年，如今邁入退休時期，仍不忘隨時助人，參與許多的公益事業及活動，出錢出力，從不後人。同時，她對物質的要求越來越少，常對元清說：「爸爸媽媽不在了，孩子大了都搬出去，當年一起住的親友早就各有落腳處，我們這房子如今嫌太大，不如換個小點的房子，比較溫馨。」她的生活越發儉樸，每天過著閱覽群書、粗茶淡飯、淡泊名利的悠閒日子。但精神生活越發富足，看著兒孫們平安健康地的成長，聽他們天真可愛的童言童語，那便是玉珠最快樂滿足的時刻。◆

二〇一四年，元清偕玉珠、兒女及孫子女，一家三代同堂歡欣留下家族合影。

終章 # 誠情醫者
此心不息

　　智煉與吳和都還在世的時候，林家曾有一個頗具因緣的奇遇。

　　一九九六年，中華民國駐洛杉磯辦事處處長歐陽瑞雄即將調任新加坡出任代表，洛杉磯僑界宴請歐陽夫婦。歐陽夫婦晚宴後歸家途中，所乘車輛被撞翻覆，歐陽太太唐碧娥不幸頸椎第四、五節脫位受傷，致使四肢癱瘓，雖經元清協助，在西達賽奈醫院緊急手術治療，仍舊無法動彈。歐陽瑞雄就任在即，無法留下來照顧太太，來找元清幫忙。

　　元清回家與家人商量，智煉認為應該發揮助人精神，叫兒子把唐碧娥接回家裡，說他們老人家願意幫助照顧。元清與歐陽瑞雄是在唐碧娥手術後才相識，直覺把一個素昧平生的人接到家裡來住，似乎有點不妥，但也不便拒絕。既然智煉有此助人的美意，元清便向歐陽瑞雄大方承諾，把歐陽太太接回家裡。玉珠與其他家人也都願意配合。

　　於是，一家人為了行動不便的客人，完全改變生活作

息，尤其是已經退休的智煉，又撿到當醫生的機會，他忘了自己也是需要照顧的老人，拉著吳和，兩老每天替唐碧娥按摩、做復健，把碧娥當自己的孩子一般看待。碧娥心情低落，智煉就把自己的往事當故事說給他聽，逗她開心，碧娥只是靜靜地聽著。

慢慢地，碧娥的健康有了起色，雖然兩腳仍然無法站立，但兩手漸漸可以自主活動。在林家住了一年後，她從四肢無法動彈，進步到能夠使用雙手並自己推動輪椅。

一年過後，歐陽瑞雄要把碧娥接去新加坡那一天，臨行時碧娥忽然想起什麼似的，問智煉：「林伯伯，您說的那位收您做學徒的楊杉發醫生，是哪裡人？」

智煉答：「是南投中寮鄉人。」

碧娥沉默了一下子，接著便哭了起來，原來楊杉發是她的外公！

智煉數十年來一直打聽楊杉發醫生的下落，希望能夠報答楊醫生當年收容他的恩情。許多年過去了，一直沒能找到楊醫生，是智煉心中的一個遺憾。沒想到竟然有如此機緣幫助楊醫師的外孫女，巧妙地圓了自己的心願。

從此，他常常叮嚀兒子元清：「凡事都有因果。要心存善念，時時助人。」

元清一直記著父親的教訓。

二十年後的春天，智煉與吳和都已不在，元清也已經退休兩年。他與玉珠回台灣度長假。不演講，不義診，只

是沒有目的地隨便走走。

　　元清和玉珠的一個朋友施潔瑜，是臺北醫學大學的健康管理中心副主任，開車帶他們去東北角兜風。東北角是台灣北起基隆、東到宜蘭的一段海岸線，這些年來成了熱門的觀光景點。經過福隆海水浴場，施潔瑜正在找停車位時，元清覺得這地方似乎有些熟悉，便下車在附近隨便走走看看。走著，他看見地上有一些陳舊的枕木圍成一個大圈，中間有些燒過營火的殘木及餘灰。抬起頭來，看見不遠處有個印有「青年會」字樣的大木牌，後面還有些營舍。他的眼眶忽然就濕了。好像時光倒流五十年，回到一九六五年的夏天晚上。

　　那一年，林元清和高謙次、江明哲、袁柏耀、許世模幾個無憂無慮的青年，在剛剛考上醫學院之後的第一個暑假，來到基督教青年會的福隆營區參加夏令營。每天晚上，他們坐在枕木上，圍著熊熊燃燒的營火，唱歌、跳舞。那時候他們常唱的一首歌：「當我太老不再有夢想，至少還有你可以記住。當我太老了不再有夢想，你的愛仍會在我心底……」過了半世紀，元清還不時哼著。

　　雖然五十年過去了，雖然現在是大白天，但是元清站在沙灘上，覺得還看得到當年那些年輕人，臉頰被火光映照得紅通通地，正忐忑又篤定地踏出探索生涯的第一步。那天晚上，營火滅了以後，他們四個躺在福隆的沙灘上，仰望著滿天閃亮的星星。有個同學說：「這星空多遼闊啊，

世界真大！一定要出國去看看！」那時候，他曾經這樣附和同學：「是啊！一定要出國去看看！這人生就像一本書，寫得精彩寫得平庸，全看自己如何下筆！」

此刻，七十歲的元清，彷彿聽見二十歲的元清，在自己耳旁這樣喊著。他微微一笑，對營火旁的自己說：「小伙子，我想這五十年來，我是很對得起你的了。」

這片沙灘上，有許多元清年輕時的回憶。玉珠走過來，問丈夫：「你傻笑什麼？」

元清笑著攬住妻子：「沒什麼。只是想起很久以前我跟高謙次他們來這裡參加過夏令營。那時候我們常常唱一首歌：當我太老不再有夢想，你的愛仍會在我心底……」

玉珠也笑著，輕推丈夫一把：「我看你這人老了還是有夢想。」

半世紀來，他一直不改初衷，步履平穩地在自己選擇的路上走著；但大環境變了很多。不論是在他成長的台灣還是他定居的美國，醫療制度都改變了，且改變很大。

元清小時候，父親智煉與母親吳和一直期望他長大成為醫師，一方面是希望長子繼承衣缽，一方面也是希望孩子長大後能有個穩定的生活、兼且濟世救人。但半世紀來物換星移，醫生仍舊是人人稱羨的職業，但是一定要有肯犧牲奉獻的情懷，有團隊奮鬥的精神，才能幫助更多的人，達成人生濟世救人的目標。

元清終於退休以後，妻子兒女都找他出去玩，希望他

好好享享清福。玉珠要求元清帶自己去東南亞旅遊，她說得很有道理：「你辛苦了一輩子，我跟著你辛苦了一輩子，這好不容易退休了，還不帶我去玩玩嗎？」

元清一向也覺得妻子勞苦功高，應該好好感謝這位賢內助。於是真的帶著玉珠到處去玩。但不論到哪裡，他總是想起病人。

在緬甸的時候，他們走過一個安靜的陣亡將士紀念墓園。看看墓碑，死者全部都是十八到二十四歲的年輕人。元清看到他們一排一排無言地躺在這離家鄉千里之外的墓園裡，想到他們沒有機會向父母與摯愛的人道別，不禁為之黯然。

三個兒子找他去非洲玩，他們說：「爸爸，我們到了那裡，就去租一部車，從約翰尼斯堡開到開普敦，去看野生動物，去爬山，你說好不好？」

元清說：「好，但是你們也要陪我去當地的醫院、學校和孤兒院。」三個兒子都傻眼了。原來是元清二〇〇八年時曾經去非洲馬拉威義診，當地的醫院裡住滿了不到十歲的孩子，因瘧疾而高燒顫抖；孤兒院裡有五十幾個棄嬰，都是愛滋遺孤。

當地醫療資源缺乏，也缺乏合格醫生。返美前，元清去當地一個高中演講，鼓勵高中生從事醫療工作，救拔病苦。他在台上講得情緒高昂，台下的學生卻都一臉茫然。

元清很喪氣，問大家：「那麼，你們上大學以後要做

元清、玉珠與孫兒女合影。前
排左起俊瀚、沛汝、佑隆，後
中為佳伙。

些什麼呢？」學生都面面相覷。

校長告訴元清：「林醫師，我們這裡根本沒有人能夠上大學。」

元清問：「為什麼？」

校長說：「我們連書都沒有。每次有美國人來，都說要送我們書，可是從來沒有兌現過。」

元清聽了很難過，他說：「我一定回來送書給你們。」

返美以後，元清一直很忙，但是他沒有忘記這個承諾。兒子們找他去非洲玩，他就開出條件，發動兒子們幫忙，透過他們的教會，募款、買書，準備了四百磅的高中教科書，父子四人一起扛去非洲。出發前，教會幫元清寫了一封信給航空公司，說明這些書是要捐助馬拉威當地高中的，航空公司同意幫他們免費托運這批書籍。

元清帶著兒子們一起去那所高中，送書給學生，校長、老師都很高興，甚至感動落淚。元清的三個兒子拿著兩顆足球跟學生們玩，學生們顯然更喜歡足球，瞬間就把書給忘掉了……。

校長問：「林醫師，您以後可否繼續送書，給我們更多的書呢？」

元清說：「只要你們有一個學生上大學，就寫信給我。我全年供應書。」

後來元清帶著兒子們去醫院訪問，病房依然客滿，都是五至十歲的瘧疾患者，發著高燒、全身顫抖直到死亡。

三個兒子看見病死的小孩被覆蓋上白布抬了出去，個個眼睛都紅了。元清就對兒子們說：「你們看看，你們能幫他們做些什麼？」

三個兒子討論一下，認為應該買蚊帳。三人一起買了五百二十個大蚊帳，當地每一戶都送一個。士程說：「一戶四、五個人，睡在一個蚊帳裡，會不會太擠了？」

元清笑一笑：「小時候我跟你們爺爺奶奶在台北，每天晚上八個人一起，就擠在一個蚊帳裡睡覺。」

任務完成，他們終於可以去玩了，去爬開普敦的桌山，頂部平坦，但山頭很冷，兒子們互相打賭，說：「爸爸年紀這麼大了，一定爬不上去。」元清說：「來賭！讓你們知道爸爸多次跑災區，可不是去假的。」

於是，父子四人各自開始奮力往上爬，結果元清是第二個上山的。

回到洛杉磯以後，兒子們爭相向媽媽報告此行的見聞。玉珠只說：「爸爸就是這樣，到哪裡都想著病人。都不休息。」

時間似乎靜止了，一切的聲音變得很遙遠。元清好像又坐在一九六五年夜晚的福隆海濱，星辰下，濤聲裡，往事如夢，想起了當初。自己還是希望能為這個社會及下一代，做更多無所求的付出，初心不改，此心不息，看著藍天裡遠方飄來的白雲，度過高山峻嶺，仍然有無限的變化和機緣，等待著我們。◆

【後記】

　　這本書於二〇一六年十二月底完稿，共約二十萬字。但是由於事忙，又意外地在二〇一七年被川普總統任命為美國聯邦衛生福利部副助理部長，兼任少數族裔健康辦公室主任。走馬上任、事務煩忙，這本書的出版，就因此延宕下來。

　　原本初稿有二十萬字，擔心讀者厭煩篇幅冗長，因此自刪數萬字，把一些枝微末節的部分加以刪削。

　　在此簡述我來華盛頓的工作，以作為全書結尾吧！

　　我在二〇一七年八月二十一日，被川普總統任命為美國聯邦衛生福利部副助理部長，兼任少數族裔健康辦公室主任，主管全美少數族裔的健康及醫療。故於同年與內人搬離了居住近四十年的南加州，而來到華府，目的就是要改善少數族裔的健康和醫療。

　　我的先祖是從福建於三百多年前遷居到台灣的南投聚集街（今集集鎮），我的父親林智煉幼年失怙，十四歲時獨自渡海到廈門討生活：在麵攤洗碗，路邊擺地攤，到礦坑挖煤。

　　家父與母親吳和結婚後，我與兩姊妹在廈門出生，廈門淪陷之時，我們乘最後一架誤降廈門的軍機返台。我在集集鎮長大，小學二年級時獨自到台北就讀，從幸安、西

門國小到建國初、高中，北醫七年，完成在台學業後，於一九七三年來美，在約翰霍普金斯大學完成骨外科醫師訓練。一九七八年定居南加州，執業骨外科及任教於南加大、韋士頓大學等校，並任北州大學醫學院副校長及教授。歷任三屆聖瑪利諾市市長，並多年參與國際間救災醫療志工服務達二十八次。在美成立泰平醫療網，參與投資經營仁愛醫療集團，並擔任中心健保總裁，直至二〇一七年八月來華盛頓就職。

八月二十一日上任當天，出現「天狗蝕日」的日全蝕景象。緊接美國歷經三個史上最大颱風的侵襲及救援，加上政治風暴如衛生部長及疾管局主任及各部會首長的離職等。期間，我出訪了許多災區及設定政策，像西維吉尼亞的漢廷頓市，為全美類鴉片毒品氾濫的重災區，中毒率及死亡率最高，我們協助設立 QRT 制度，中毒率在二〇一八年下降 55%。南達科塔州的松崖市，連續三十二年為全美最貧窮的城市，年平均收入僅 2600 至 3500 美金，當地高中輟學率 70%，酒精中毒率 80%，失業率 90%，嬰兒死亡率比全國平均值高出 300%，青少年自殺率也比全國平均值高 100%，平均壽命男性 47、女性 52，是西半球除了海地之外居民壽命最短的地區。如今元清主導的衛福部團隊正努力規畫對策，希望能解除它三十多年來困苦的魔咒。

美國衛福部少數族裔健康辦公室成立於一九八六年，當時雷根總統的衛生部長瑪格莉特海克拉的報告，發現美

國少數族裔醫療有六大差距及缺失，即：1. 癌症、2. 心臟血管疾病及中風、3. 毒品氾濫、4. 糖尿病、5. 意外死亡、6. 初生嬰兒死亡率等，而做了許多的建議及措施。

三十二年過去，目前美國的醫療健康已經有很大的進步，但是種族間的差距仍然存在！舉例來說，心血管疾病的死亡率的差距加大：

一九六九年，每十萬名黑人因心血管疾病死亡有 810 人，白人則是 760 人，兩者差距約 15%。到了二〇一五年，黑人死亡人數降至 245，白人則是 210，兩者差距約 17%。可以看到，隨著時間推移，整體醫療是進步的，但不同族裔死亡率差距並未減少反而是增加。

我們主要的任務，是發展醫療的政策及程序來改善少數族裔的醫療及健康，和消除不同族裔間健康及醫療的差距。部裡工作非常忙碌，我經常上午七點多開始，直忙到晚上七、八點才離開。因為是主導全美國、全方位的議題及政策，因此除了內部的部屬及主管擬定政策及方針和措施，每隔月還要主持衛生部內三十六個單位健康差距執行議會的研討會，每個月也要主持與政府十二個部會——包括勞工部，教育部，退伍軍人部，交通部，住房發展部，司法部，商務部，環保署，國防部，能源部，農業部等的會議，共同商討如何改善民生及健康的議題，擬訂對策。同時每個月也要定期與衛生部內的 NIH（衛生研究院）、FDA（食品藥品監督管理局）、CMS（醫療保險和醫療補助

二〇一七年八月，任美國聯邦
政府衛生福利部副助理部長，
於辦公室策畫衛福政策。

服務中心）、CDC（疾病管制與預防中心）、HRSA（衛生資源和服務局）、SAMHSA（藥物濫用暨心理健康服務署）、AHRQ（醫療保健研究與品保局）等各個部門及主管開會，討論共同的資訊及合作項目，以找出問題的癥結及解決方案。同時要視訊聯絡在全美十個分區當地的辦公室主任討論方針及施政，也常到全國各地訪問及演講，加上每一年對全國各地補助款項及經費的發放與指導，有人說人生七十才開始，我此刻已深深體會到。

上任以來，關於少數族裔疾病的防治，除了原本暨有的政策外，我新設定了八項目標：

1. Opioid Epidemic（類鴉片疫情）：目前全美因毒品及類鴉片中毒而死亡者有上升趨勢，在二〇一七年有六萬八千人死亡。其中，亞裔人口的類鴉片中毒死亡人數在二〇一五至一六間增加了 41%；而合成類鴉片（如 Fentanyl）中毒造成亞裔人口死亡數也在同樣年份間增加了 140%。其中主要原因是亞裔諱病忌醫，因此一定要宣導就醫。

2. Viral Hepatitis（肝炎）：肝炎在亞裔社區較常見，其中尤以 B 型肝炎為烈。亞裔人口目前占美國人口約 5%，但全美 B 型肝炎帶原者的中，亞裔即占 50%。半數以上亞裔人士不知自己患有 B 型肝炎，一旦發展成肝癌就為時已晚！我們將和 CDC 合作進行全面篩檢（尤其是亞太裔密集的社區），推廣治療、預防及新生兒的全面疫苗注射。

左至右：副助理部長林元清醫師、助理部長吉若醫師、衛福部長 Alex Azar、聯邦公共衛生署長 Jerome Adams。

3. Sickle Cell anemia（鏈刀狀貧血症狀）：這是較易發生在黑人身上的遺傳性疾病，該疾病會引起紅血球中的載氧血紅蛋白異常，在缺氧等情況下，紅血球會變成堅硬的鐮刀狀，患者可能會出現多項健康問題，例如突發的疼痛、貧血、細菌感染與中風等，一般常被誤診，因此常常有六、七歲兒童因此中風的情形。

4. Workforce development（醫療人力開發）：開發更多的人力資源進入醫療領域工作。

5. 健康的促進及慢性疾病的防治：許多現代文明病，像心血管疾病、腦血管疾病、中風、糖尿病乃至癌症等等，若能平日控制好血糖、膽固醇及血壓，早期診斷，很多疾病都是可以及早預防及治療的。

6. Childhood Obesity（青少年肥胖症）：這是西裔印第安人及黑人最嚴重的問題，因肥胖往往引發諸多後遺症，嚴重影響健康。

7. severe Mental illnesss and Suicide prevention（嚴重心理疾病及自殺預防）：印第安人青少年死因最高為自殺，除客觀環境外，宜從心理方面介入以預防。

8. 愛滋病的防範及治療：因毒品氾濫，導致愛滋病更加猖獗，須加以防範及治療。

希望能夠由政府的努力及全美各州、各城市及社區各部門的合作推動，讓我們可以消除醫療健康的差距，而促

進美國全民的健康，讓每個人能夠活得更快樂，更健康，更幸福。

　　寫到這裡，我是想說，人生是有無數也有無限的可能與機會。我衷心盼望，將進入醫界或職場的年青朋友，看了這本書時能夠看到自己，看到您們那充滿了希望與朝氣的自我，而能夠超越自我而完成你心中的夢想。就如白雲度山，是有無盡的變化也有無限的可能，就看您如何把握住您生命中的機運、邁向未來，您們是台灣的未來，也是世界的希望，加油了，我的朋友！祝福您！

　　　　　　林元清醫師，草於華盛頓 DC，5/13/2018

【大事記】

1945.12.24	出生於福建廈門鎮邦路林診療所樓上。
1949.8.24	與父母及二位姊妹乘最後一班軍機退回台灣，定居南投縣集集鎮。
1951.5	集集國小附設幼稚園畢業。
1952.8	隻身往台北，寄宿二伯父智旭家，就讀幸安國小二年級。
1953.10	遭滾熱開水燙傷全身。
1955.8	父母攜全家搬遷台北，寄住二伯父家，母親將他轉學至西門國小，邱阿台，何濟時為導師。
1957.7	考上建國中學初中部。
1959.8	初二，童軍、音樂及理化不及格，重讀初二。
1961.7	高中聯考，考入建國中學。
1961-1962	高一，導師為楊義賢。
1962-1964	高二、高三，導師為盧世棻。高中兩位導師，影響一生至深。
1964.7	大專聯考，以第二志願考入臺北醫學院醫學系。
1964-1966	大一至大四，參加柔道隊，橄欖球校隊及足球校隊，南征北討，贏得無數冠軍。
1967-1971	大四開始至畢業前，較專注於學業。
1970-1971	在空軍總醫院實習一年，結識玉珠。
1971.6	臺北醫學院醫科畢業。
1971-72	前往金門下浦下，擔任少尉醫官一年。

1972.7-1973.6	在耕莘醫院擔任內科住院醫師一年，內科主任為陸修女。
1972.11.1	與何玉珠女士結婚。
1973.6.30	離開台北，飛越太平洋，到美國巴爾的摩市的協和醫院 (Union Memorial Hospital)，擔任外科實習醫師 (Straight Surgical Intern) 一年。
1974.7.1-1975.6.30	在協和醫院擔任第一年外科住院醫師。
1975.7-1978.6	在約翰霍普金斯大學及協和醫院接受骨外科的住院醫師以及骨外科臨床研究員訓練，在霍普金斯醫院，巴爾的摩市立醫院、兒童醫院及協和醫院服務。
1974	女兒奕君出生。
1976	長子賢達出生，父母首度來美。
1978.7.1-1978.11.28	搬到南加州，開始骨外科的執業及教學，在凱撒醫療集團工作 (1978.7.1-1978.11.26)，入不敷出，故出來開業。
1978.11.29	開始在阿罕布市 (Alhambra) 破舊的診所開業。
1979.2	在醫院急診室對面租屋居住。
1979.9	搬入聖瑪利諾市居住。
1980	父母搬來同住。
1980.7.15-2005.9.6	診所搬移到嘉惠爾醫院對面 (500 N Garfield Ave，#204，Monterey Park，共 25 年，至 2005 年搬至

新蓋的信安骨外科中心）。

1981.1	次子士程出生。
1979-1982	開業初期，遭當地各醫院骨科醫師不公平待遇和岐視。
1982-1984	成為嘉惠爾醫院組織委員會主席。
1983.2	幼子士勳出生。
1983	嘉惠爾醫院骨外科主任（直到 1987)。
1984	通過骨科專科醫師文憑考試。
1983-1984	南加州台灣醫學會主席。
1984-1991	擔任賢達、士程、士勳學校足球教練。
1984-1986	嘉惠爾醫院外科部主任。
1984	骨科黃威賓醫師加入團隊。
1986	當選為全美骨外科學院院士。
1987	嘉惠爾醫院醫師協會主席，為醫院五十多年來第一位華裔主席。
1987-1992	擔任嘉惠爾醫院董事。
1987-1988	洛杉磯醫師學會聖谷分會主席。
1987	成立泰平醫療網，擔任財務長及董事，服務約七萬家庭的必需醫療保險三十年。
1987-1990	仁愛醫院董事及財務長。
1987	購地，設計及建築完成 57 單位的南巴沙迪納市老人公寓。
1989-1992	聯合公益基金會董事。
1989-1991	巴沙迪那交響樂團董事。
1990	聖瑪利諾學區基金會董事。

1990	購地,設計、申請及建築完成拉古納海灘四層樓四個單位的濱海別墅。
1990	再度當選嘉惠爾醫院醫師協會主席。
1990	骨科張石勇醫師加入團隊。
1990-2000	洛杉磯醫學會政治促進會董事。
1991-1997	南加大醫學院骨外科講師。
1992-2017	韋世頓大學醫學院骨外科教授。
1992.10	攀登喜馬拉雅山章察京卡峰。
1994	嘉惠爾醫院醫師資格審核委員會主任。
1995	嘉惠爾醫院醫學倫理委員會主任。
1995.10 月	攀登喜馬拉雅山聖母峰,同時為山區居民義診。
1995-1997	擔任聖瑪利諾市高中柔道教練。
1995	獲西聖蓋博谷青少年俱樂部傑出貢獻獎。
1996	骨科醫師楊培及譚成裕加入團隊。
1997	獲西聖蓋博谷青少年俱樂部名人堂獎。
1998.1	母親中風,5 月底再度中風,手術無效,於 6 月 2 日往生。
1999	改建聖蓋博市國華戲院廣場,成為包含餐館、銀行、辦公室及購物中心的創世紀廣場。
1999.9.21	集集大地震,偕同玉珠及邱俊杰、張英明兩位醫師返鄉救災,乘直升機往仁愛鄉法治村救災義診。
1999	韋士頓大學醫學院頒發傑出表率獎 (Outstanding Role Model)。
2001.1	偕同慈濟志工前往薩爾瓦多地震災區救災。

2001.3	當選聖瑪利諾市市議員，為聖市百年來首位非白人市議員。
2002	獲聖瑪利諾論壇報頒發年度公民獎。
2003	當選聖瑪利諾市市長，為聖市百年來首位非白人市長，連任至 2009 年，共擔任三屆市長。
2004-2008	聖瑪利諾社區教會基金會董事。
2004.11	偕同醫師及投資夥伴，集資購買嘉惠爾醫院、蒙特利醫院、宏恩醫院及惠堤爾醫院四家醫院，擔任副董事長。
2005	購地，設計及建築完成信安醫院，約四層樓五萬平方呎，內有開刀房、核子共振掃瞄、癌症治療中心、骨外科門診中心及復健中心。
2005.1	南亞海嘯，帶領五位醫師進駐斯里蘭卡的漢班托塔醫院義診。
2005.12	前往紐奧良市協助卡崔那風災的災民。
2005-2007	洛杉磯台灣會館董事。
2005-2009	三藩市理論神學院董事。
2006	玻利維亞地震救災。
2006-2010	與慈濟關山醫院醫師，前往南橫山區巡迴醫療。
2007.1.1	父親往生。（父親自 2006 年 12 月體漸衰弱，在家照顧他一個月。慟於隔年元月一日凌晨一點在睡夢中仙逝，一月中返回花蓮感恩證嚴上人對父母親在世時的護持）
2007	與夥伴共同購入聖蓋博醫學中心。
2007	任美國醫院投顧公司董事長兼總裁。

2008.7	馬拉威孤兒及棄嬰醫療援助。
2008.10	馬拉威人道救援。
2008、2009	中國四川汶川地震醫療救災。
2009	台灣莫拉克颱風及水災，乘直升機前往太麻里，偕同慈濟志工救災。
1996-2017	韋士頓大學醫學院骨外科臨床教授。
2010-2014	仁愛醫科大學董事長。
2014-2017	仁愛醫科大學副董事長。
2010-2014	臺北醫學大學董事。
2011-2017	北加州大學醫學院副校長。
2010-2014	醫院評鑑及醫策會董事會監察人。
2010-2015	新台灣人文化基金會董事。
2010	獲東洛杉磯學院頒發年度最佳公民獎。
2010	購入 270 床位的安納罕醫學中心。
2011	併購中心健保，為紅藍卡退休老人管理醫療保險。
2011	海地地震，與次子士程隨同慈濟志工前往救災。
2011	聖多美普林西比醫療援助。
2011、2012	史瓦濟蘭醫療援助，探訪杜繼誠醫師及訓練骨科醫師。
2011-2013	參與青康藏高原三江源地區赤腳醫生培訓。與經典王志宏總編輯和陽明醫院邱仁輝醫師，前往偏遠地區培訓當地醫生。
2011	在蒙特利公園市構建完成國際癌症中心，引進最新治療儀器。
2011	獲加州醫院協會頒發醫院管理領袖獎。

2012	獲洛杉磯醫師學會頒發醫療貢獻獎。
2012	獲基督教青年會頒發心懷社區獎。
2014	正式宣布從骨外科醫師生涯退休。
2015	尼泊爾地震救災，搭乘直升機赴偏遠山區救災及駐紮醫院手術，並協助重建醫院及急診室。
2016	併購完成聖蓋博的安養中心及養老院。
2016	建構完成 104 單位的假日酒店。
2016	聖蓋博市的共同住宅（37 單位）開工，將於2018 年 9 月完工。
2017.8.21	前往華府，就任美國衛福部副助理部長及少數族裔健康辦公室主任。

元清與玉珠結縭至今，始終相
互扶持並進。元清事業有成，
感恩賢內助陪伴與付出。圖為
結婚二十五週年紀念照。

國家圖書館出版品預行編目資料

白雲度山：醫者林元清 / 林元清主述；曾多聞撰文. -- 初版. -

臺北市：經典雜誌, 慈濟傳播人文志業基金會, 2018.06
　　面；　公分

ISBN 978-986-96609-2-1(精裝)
1.林元清 2.醫師 3.傳記

783.3886　　　　　　　　　　　　　　107009026

白雲度山：醫者林元清

主　　　述／林元清
撰　　文／曾多聞
發 行 人／王端正
總 編 輯／王志宏
叢書主編／蔡文村
叢書編輯／何祺婷
美術指導／邱宇陞
資深美編／黃昭寧
校　　對／任玉
出 版 者／經典雜誌
　　　　　財團法人慈濟傳播人文志業基金會
地　　址／台北市北投區立德路二號
電　　話／02-2898-9991
劃撥帳號／19924552
戶　　名／經典雜誌
製版印刷／禹利電子分色有限公司
經 銷 商／聯合發行股份有限公司
地　　址／新北市新店區寶橋路235巷6弄6號2樓
電　　話／02-2917-8022
出版日期／2018年06月初版
　　　　　2018年09月再版一刷
定　　價／新台幣450元